KB108312

홍콩이라는 문화 공간
香港　　　　文化　空間

홍콩이라는 문화 공간

초판1쇄 발행 2008년 1월 25일
초판2쇄 발행 2008년 8월 14일

지 은 이 유영하柳泳夏
펴 낸 이 유원식
펴 낸 곳 도서출판 아름나무
등   록 2006년 12월 11일
등록번호 313-06-262호

주소 서울시 영등포구 문래동3가 54-66 에이스하이테크시티 2동 1508호
전화 02-707-2910
팩스 02-701-2910
www.arumtree.com
e-mail books@arumtree.com

파본이나 잘못된 책은 바꾸어 드립니다.
책값은 뒤표지에 있습니다.

ISBN 978-89-959896-4-7 ⓒ2008 아름나무

홍콩이라는 문화 공간
香港　　文化　空間

유영하 지음
柳泳夏

도서출판 **아름나무**

차례

6장 루쉰魯迅의 홍콩　　　　　141

7장 홍콩 지식인 천이페이陳逸飛의 비판의식　　169

🌸 서문

1985년 4월 초 나는 홍콩에 첫발을 내디뎠다. 외국으로서는 첫 번째 땅이었다. 그만큼 설레는 마음이었지만 비행기 트랩을 나서는 순간 다시 기내로 들어가고 싶었다. 충격적으로 무더웠던 것이다. 한국의 청명한 봄 날씨를 크게 벗어나지 않으리라는 예상은 처참하게 무너졌다. 그렇게 시작한 홍콩 생활이 만족스러울 리 만무했다. 살인적인 습도의 날씨가 못마땅한 것처럼 나는 홍콩 사람과 홍콩 공간에 짜증을 냈다. 그들의 무표정, 개인적 성향, 작은 방, 더러운 뒷골목, 바라보기만 해도 숨이 막히는 초고층 빌딩들, 철저한 자본주의는 우리나라에서 25년 동안 받았던 각종 이데올로기 학습 때문에 사명감으로 충만했던 청년의 마음을 시시각각 아프게 했다. 그 결과 나는 우선 홍콩의 광동어를 우습게 생각하여 그것을 배우기는커녕 내 알량한 표준어의 순결을 지키기 위해 전전긍긍했었다. 게다가 나는 중원 중심주의 관점으로 철저하게 무장한 채 식민지 홍콩을 타자화하면서 나의 정신적 순결을 내내 자랑스러워했던 것이다.

그것의 증거로 나는 홍콩에서 공부를 하고 있음에도 홍콩을 테마로 한 그 어떤 연구도 상상하지 않았고, 나아가서 '외딴' 변경에서 공부하고 있다는 비정통성을 만회라도 하려는 듯 골수 중국문학, 그것도 사회주의 문학이론을 탐구했던 것이다. 하지만 지연적인 그리고 인간관계상의 운명은 피할 수 없는 법, 학위를 마치고도 한참 시간이 지난 뒤 지도교수인 황웨이량黃維樑 교수는 홍콩문화/문학 쪽으로 나의 관심을 유도했다.

그래서 2001년 12월에 「황웨이량黃維樑 산문散文에 투영된 홍콩 문화의 세계적 현재성」이라는 거창한 제목의 논문이 나왔다. 홍콩 문화가 오늘을 사는 우리들에게 현재적이고 세계적인 보편성으로 다가오고 있음을 알리고 싶었다. 두번째인 「홍콩 지식인 천이페이쏹逸飛의 비판의식」은 지식인의 눈을 통한 홍콩 엿보기, 타산지석으로서의 홍콩 들어올리기의 연속물이다. 연달아 발표한 「홍콩의 문화와 문학의 주체성」은 내놓으라하는 학자들의 홍콩관점을 중심으로 내 자신이 홍콩문화의 정체성을 가늠해보고자 시도한 것이었다. 「루쉰魯迅의 홍콩」은 중국 현대의 거인 루쉰이 부활하여 홍콩을 본다면 뭐라고 할까라는 생각을 발전시킨 것인데, 아무래도 1927년에 홍콩에 와서 홍콩을 비판한 루쉰의 생각에 시공간적으로 종속되어 있다.

「홍콩문학의 정체성—회고와 전망」은 홍콩문학이 보유하고 있는 분명한 아이덴티티를 나 자신이 먼저 인식하고 알리자는 취지의 결과다. 이어서 '중국인'과 홍콩인이라는 정체성의 혼돈 속에서 고민하는 그들을 논문 「둥차오董橋의 산문과 디아스포라 홍콩인」에 담았다. 1997년 주권 이양 이후 중화인민공화국과 홍콩특별행정구 거주민 사이의 대립양상을 영토, 체제, 이념적으로 비교하면서 정리한 것이 「중국과 홍콩—2개 국족 신분의 충돌」이다. 「방법으로서의 홍콩」은 『세계의 문학』특집으로 기획된 「대륙의 동쪽에서 전개된 '포스트 이론'」의 한 장으로 준비된 것이다. 방법론적인 측면에서 홍콩에 대한 나 자신의 모호한 시각을 교정할 수 있는 기회였다. 「홍콩 도시공간의 형성과정과 그 특징에 대한 비판적 접근」은 홍콩이 그냥 좋다는 홍콩 마니아들에 대한 반발심으로 작성되어, 논문 행간에 나의 억지가 다소 보인다.

이 책은 2001년부터 시작된 홍콩에 대한 내 관심과 사색의 결과물이다. 사실 유학시기부터 나는 한국의 대도시, 그리고 사회가 홍콩을 고스란히 닮아가고 있다는 것을 쉽게 알아차렸다. 또 중국 대륙의 여러 도시에서도 나는 홍콩을 발견하곤 했다. 더 이상 남의 일이 아니라는 위기의식이 홍콩으로의 관심을 지속적으로 유도했고, 따라서 내 눈이 홍콩의 큰 장점보다는 작은 단점에 주목하고 있는 것도 사실이다. 앞으로 나는 광동어를 체계적으로 다시 배울 것이며, 홍콩이 '적이 없는 문화'라는 최대의 장점으로 21세기의 대표이자 모범 도시로 발전하는 모습을 경의를 가지고 지켜볼 것이다.

전체 9편의 논문 중 제1장을 제외하고는 모두 학술지에 발표되었던 것이다. 그 중에는 국제학술회의에서 중국어로 발표된 것을 우리글로 옮기면서 보완한 것도 있고, 국제 학술지에 중국어로 실린 것을 다시 우리글로 번역한 것도 있다. 이제 홍콩에 대한 내 고민의 흔적을 독자들에게 직접 보여주고 싶었다. 목차와 내용을 수정했다고 하더라도 그것이 논문집을 내는 염치 없음의 작은 변명에 지나지 않음을 안다. 다만 이 책이 홍콩 관광책자 이외에 홍콩에 관한 서적에 목말라하는 이들에게, 혼종성이나 변경성의 입장에서 홍콩문화를 보고자 하는 사람들에게 작은 도움이 되기를 바랄뿐이다. 목차 순서에 특별한 의도는 없으나 홍콩문제에 대한 독자들의 용이한 접근을 염두에 두었다. 참고로 각 논문의 원래 제목과 실린 학술지를 발표 순서대로 밝힌다.

1. 「黃維樑 散文에 投影된 홍콩文化의 世界的 現在性」 『중국현대문학』 2001.12
2. 「홍콩 지식인 岑逸飛의 비판의식」 『중국현대문학』 2004.09
3. 「홍콩의 문화와 문학의 주체성」 『중어중문학』 2004.12
4. 「魯迅의 홍콩」 『중국현대문학』 2005.06

5. 「홍콩문학의 정체성-회고와 전망」『중국현대문학』 2006.06
6. 「董橋의 산문과 디아스포라 홍콩인」『한중인문학연구』
   2006.12
7. 「중국과 홍콩-2개 국족 신분의 충돌」『중국현대문학』
   2006.12
8. 「방법으로서의 홍콩」『세계의 문학』 2007.08(가을호)
9. 「홍콩 도시공간의 형성과정과 그 특징에 대한 비판적 접근」
   (2007년 10월 20일 개최된 한국중국문화학회 추계학술대회
   에서 발표)

  중국어는 표준어음으로 표기(교육부안 기준)하는 것을 원칙으로
했으며, 예외가 있다면 청淸대까지의 인명은 우리 한자음으로 표기
했다는 것과 지명의 경우 우리의 관용적인 입장을 존중하여 어떤
것은 중국음으로 어떤 것은 한자음으로 했다는 것이다. 홍콩인 인
명의 경우 홍콩 정체성의 입장에서도 그렇고 광동어음으로 부르고
불리는 것이 자연스러우나, 인용된 대부분의 학자들이 중화권에서
표준어로 인식되고 있는 현실을 따라 중국어 표준어음으로 달았다.
인명이나 지명이 되풀이될 경우 더 이상 한자 병기를 하지 않았다.
또 가독성을 위해 책 이름이나 작품/논문 이름도 금방 이해되거나
우리말과 똑같은 한자일 경우 한자제목을 과감하게 생략했다. 자세
한 자료를 원할 경우 원래의 논문을 참고하면 되겠다.
  아름나무 출판사의 김연주 주간님과 유영석 편집장님의 결단과
노력이 없었다면, 이 책은 이렇게 아름다운 모습으로 세상과 마주
하지는 못했을 것이다. 그저 감사하는 것 보다 앞으로 좀 더 높은
내공을 위해 정진하겠다는 다짐을 하는 것이 나을 성 싶다.

2007년 천고마비 즈음에

和而堂에서 유영하柳泳夏

1장 홍콩 도시 공간의 특징

1. 홍콩의 야경

한강의 야경이 홍콩의 야경보다 아름답다고 가르쳐준 건 ○○○
○○○과 함께한 퇴근길이었습니다.[1]

<big>과</big>연 한강의 야경이 홍콩의 야경보다 아름다운가? 홍콩의 야
경을 아름답다고 느끼는 주체는 누구일까? 누군가의 눈에
한강의 야경이 더 아름답게 보인다면 그 이유는? 한강의 야경은 홍
콩보다 아름답다고 할 때, 동원된 홍콩의 야경은 야경에 있어서는
지존무상至尊無上일 것이다. 그만큼 홍콩의 야경이 아름답다는 공식
이 성립되어 있다는 말이다. 그렇다면 한강의 야경은 홍콩의 야경
을 지향해야 한다는 비약까지도 가능하다. 대답이 긍정적이라면 홍
콩의 야경이 아름답게 성장한 배경에 대한 탐색은 필수적이리라.
이것을 도시 공간 서울에 적용한다면, 서울은 홍콩을 흉내내어야
한다는 말까지 가능하다. 나는 홍콩의 야경이 소위 아름답게 보이
는 이유가 홍콩의 건축법 내지는 건축물과 밀접한 관계가 있다고
본다. 밀집형의 초고층 빌딩군이 그것을 만들어내고 있기 때문이
다.

이제 오늘날과 같이 기능주의가 판치는 조건에서는 유럽에 그러
한 고딕 성당이 결코 생겨날 수 없었을 것이다[2]는 클로츠의 말을
홍콩 야경의 배후 탐색에 적용시킨다면 어떤 결과를 얻을 수 있을
것인가? 전지구화 시대 각 도시 또한 대동소이大同小異하게 전환되
고 있는 가운데, '크게 같고, 조금 다른' 성향 중에서도 '조금 다른'
지향은 매우 중요해 보인다. 왜냐하면 모든 도시가 지향하는 바는
관광객과 외자유치라는 '크게 같은' 목표가 있는데, 그것의 선행조

건은 '조금 다른' 그 무엇의 존재여부이기 때문이다. 문제의식을 발동시켜서 도시는 관광객의 것이 아닌 현지인의 것, 특히 거주인의 생활이나 심리안정이라는 관점에서 본다면 홍콩은 우리에게 완연하게 다른 성격을 노정시켜 줄 것이다. 홍콩을 포함한 아시아의 제 도시가 추구하고 있는 목표는 아시아의 쇼핑천국이냐, 아니면 시민 위주의 생활공간인가? 도시 공간 홍콩은 중국어권 중의 심천深圳, 상해, 광주廣州, 대만 그리고 아시아의 서울이나 동경, 서구의 런던이나 뉴욕과 다른 그 무엇이 있을 터 우리에게 시사하는 바가 무엇일까?

2. 효율의 과잉

홍콩은 전 세계에서 가장 밝은 도시에 속한다. 해가 질 때 홍콩섬의 빅토리아산 정상에서 바라보면 멀리 있는 작은 마을부터 가까운 센트럴Central까지 다시 환해진다. 각각의 조명은 사연도 각각이어서 전기료가 싸다는 이유도 있고, 치안의 이유도, 그리고 관광을 위한 이유도 있을 것이다. 더불어 홍콩의 야경에 큰 비율을 차지하고 있는 크고 작은 상점의 간판은 길거리의 허공에 매달려 있다. 그리고 그것의 대부분은 네온사인이다.

2007년 2월 1일, 프랑스 파리의 에펠탑과 이탈리아 로마의 콜로세움을 밝히던 조명이 오후 7시 55분(현지시각)부터 5분간 소등됐다. 환경운동가들이 지구 온난화 문제에 대한 경각심을 일깨우기 위해 요청한 5분간 소등하기 캠페인에 해당 시가 동참한 것이다. 홍콩에서도 2006년 8월 8일 밤 8시경 환경단체인 '그린피스'와 '지구의 친구들' 주도로 처음으로 '라이트 아웃' 캠페인이 추진되

홍콩 사이드 야경

었지만 시민들의 참여는 매우 저조했다. 앞서 홍콩특구정부의 수장인 행정장관이 야경으로 유명한 홍콩에서 조명을 끈다는 것은 도시의 이미지를 잠깐이라도 해칠 수 있다며 캠페인 동참을 거부했었다는 사실은 주목할 만하다. 도시의 이미지를 첫 번째 이유로 드는 상황을 보면 홍콩 야경의 존재 이유는 관광객을 위한 것이다. 그렇다면 야경은 상업이나 국제관광 등의 유용성을 뚜렷한 사명으로 부여받고 있는데, 과거부터 그 목적을 완성하기 위한 도시계획이 우선적으로 적용되었다는 말인가? 아니면 기능의 담지자로서 도시를 발전시킨 의외의 결과물인가 하는 것에 문제의 요해가 자리잡고 있을 터이다.

2007년 1월 홍콩에서는 고급아파트의 '빛 오염'이 문제가 되고 있다. 홍콩의 대표적 재벌기업인 장강실업長江實業이 건설한 명문名門(The Legend) 아파트가 그 명성을 홍보하기 위해 가동하고 있는 네온사인이 인근 주민들의 숙면을 방해하고 있는 것이다. 저녁 6시

초고층 아파트 단지

부터 다음날 아침 9시까지 변화무쌍한 칼라조명으로 운용되는 네
온사인은 주변에 직접적인 영향을 초래하고 있다. 야경문제, 아니
'빛 오염' 문제는 이제 시민들의 민원으로 이슈화되고 있다. 홍콩정
부 환경부에 따르면 최근 3년간(2004년 13건, 2005년 33건, 2006년 35
건)[3] 관련 민원이 부단히 증가하고 있다. 야경을 '아름답다'고 느끼
지 않는 사람들이 많음에도 불구하고 홍콩정부의 환경조례는 공기
나 물, 그리고 쓰레기만을 단속할 수 있는 규정이 있을 뿐이라는 답
변으로 대응할 뿐이다.

　홍콩에 거주하면서 사진을 찍고 있는 독일계 미국인 사진작가 마
이클 울프Michael Wolf[4]의 앵글은 홍콩의 초고층 아파트에 주목하
고 있다. 울프의 사진 화면은 보는 사람을 숨막히게 하는 아파트 단
지의 초고층 아파트 광경이 지배하고 있다. 사진 속의 빌딩들은 우
리를 시각적 혼돈 속에 빠지게 한다. 폐쇄공포증을 즉각 유발시킨
다고 해도 과언이 아니다. 그의 사진에는 세계적으로 인구밀도가

가장 높기로 유명한 홍콩답게 하늘이 보이지 않는다. 초고층 아빠트와 초고층 아파트 사이에는 틈이 보이지 않는다. 초고층 빌딩들이 조금의 틈도 없이 밀림처럼 빽빽하게 늘어서 있다. 프랑스 학자 발레리 줄레조Valérie Gelézeau가 우리나라를 '아파트공화국'이라고 명명했다는데, 홍콩은 초고층 아파트공화국임이 분명하다.

언제부터인가 우리의 뇌리에 미래의 도시로 번쩍이는 빌딩과 넓은 쇼핑매장을 갖춘 공간 이미지가 등장하기 시작했다. 나아가서 고밀도 초고층 빌딩의 시 중심으로 상징되는 황폐하기 짝이 없는 대도시의 무표정한 정경이 자리잡게 되었다. 이 때 건축은 직접적으로 삶과 연관되어 있고 어떠한 다른 예술 장르보다 더 강하게 유용성이라는 이해관계에 얽혀 있다고[5] 한 포스트모던 건축 이론가인 클로츠Heinrich Klotz의 정의는 도시의 이미지가 그렇게 고정된 것에 대한 이해의 도구로 매우 적절하다.

하버드 대학 은퇴 후 홍콩에 거주하면서 도시 공간 홍콩 분석에 열중하고 있는 문화학자 리어우판李歐梵은 홍콩정부의 조기 주택건설에 '전반적 계획'이 결핍되어 있었다고 지적하면서, 동시에 식민지 정부에 의해 장기적으로 진행된 현지 이익을 영국으로 '빼돌리는' 식민정책의 소산[6]이라고 본다. 사실 클로츠의 도시이론이나 리어우판의 홍콩 이해는 동일한 결론으로 귀결되고 있다. 건물과 건물 사이의 간격이 없는 콘크리트 숲이 만들어진 이유가 대량의 대륙이민자를 수용하기 위한 부득이한 조치라고 보거나, 영국 식민정부 타산의 결과물이라고 보는 것의 전제는 분명 유용성에 있기 때문이다.

> 모더니즘 운동이 질적으로 새로운 수요와 기술적으로 새로운 형상화의 가능성이라는 도전을 인식하고 원칙적으로 올바르게 대응한 반면, 시장과 계획적인 행정의 명법적 요청에 대한 체제적인

종속에는 오히려 대책이 없다.[7]

　도시 공간으로서 홍콩을 논할 때 대륙으로부터의 이민 역사를 빼놓을 수는 없다. 그것의 동기가 정치적이든 경제적이든 지속적인 인구유입은 거주 공간의 심각한 부족 상황을 초래하였다. 그 결과 수용기능을 최우선하는 건축물의 양산이 뒤따랐고, 그 이면에서는 경제 효율적 측면의 공간마련을 위한 기제가 최우선으로 작동하였던 것이다. 실례로 1940년대부터 50년간 아파트 거주자가 60배 이상 증가했다. 또 무계획적 건설의 증거로 현재까지 홍콩 전체 면적의 17%만을 건축용도로 사용하고 있고, 총인구의 3분의 2가 시 중심 반경 10킬로미터 이내에 거주하고 있다는 사실을 들 수 있다.

　시각을 조금 좁혀서 홍콩의 학교 건물로 고정시켜보자. 건축비만을 따진다면 공립학교 건설비용은 대만의 세 배이며 중국대륙의 스무 배에 해당한다. 하지만 극소수 사립학교를 제외한 모든 학교(초·중·고)는 철문 및 나무 한 그루없이 콘크리트로 철저하게 덮고 있는 운동장 등의 천편일률적인 형태이다. 거의 모든 학생들은 아파트 현관의 쇠창살문 닫는 소리를 들으면서 집을 나서고, 학교에 도착해서도 철문과 마주한다. 특히 콘크리트 운동장에서 뛰어다니고 있는 학생들을 보고 있노라면 '고층 감옥'[8]의 죄수가 연상되는 것은 당연하다. 이런 학교환경에 대해 환경시민운동가 후언웨이胡恩威는 오만한 홍콩 공무원 건축사의 책임이라고 한탄한다. 또 정부가 건축 설계 방안에 대한 공개적이고도 공평한 제도를 건립하지 않았기 때문[9]이라고 했다.

　그 결과 식민시대의 건축미학을 대표하는 중구 경찰서 건물군과 대표적인 재래시장 완차이Wan Chai 시장이 철거되었고, 인쇄 1번가로 불리던 리둥가Lee Tung St.를 비롯한 오래되고 낡은 것, 키가 작은 건축물, 그리고 협소한 거리와 오래된 골목이 철거되면서 휘황찬란한 초고층 건물에게 자리를 양보했다. 그런 과정을 통해서 부동산 업자는 큰돈을 벌어 왔고, 지가와 임대료는 폭등했다. 홍콩 전 지역에서 오직 80개의 건축물만이 《유물 및 유적 조례》로 보호되고 있다. 홍콩의 건축업자들은 15년 이상 된 건물이면 예외 없이 가리지 않고 파괴했다.[10]

이런 관점에서 본다면, 홍콩의 도시 계획은 철저한 불간섭 정책의 결과이자 경제 효율과 운영 효율이 주도한 시정방침과 사회가치의 결과물이다. 그래서 홍콩에서 길을 따라 걷다보면 부지불식간에 도시에서 가장 유용한 공간일지 모르는 쇼핑센터로 들어서게 되는 것이다. 일찍이 하버마스J. Habermas는 "산업주의와 함께 궁정-교회적인 기념 건축과 도시와 시골에 산재해 있는 고유럽 건축 예술의 토대를 앗아가는 새로운 삶의 공간이 형성된다"[11]고 했는데, 도시 공간 홍콩은 이렇게 신구가 병존하는 특색을 상실했다.

집약형 초고층 빌딩군의 경제 효율 원칙하에 탄생한 새로운 삶의 공간에 빠질 수 없는 것은 체인화된 가게이다. 홍콩 영남대학 문화연구학과의 쉬바오치앙許寶强 교수는 홍콩정부의 관리방식이 줄곧 경제 주도인데, 그 중에서도 부동산과 금융위주였다고 본다. 장기적으로 보면 이것은 매우 위험한 방식인데, 기타 경제활동의 발전을 억압하면서 임대비용의 상승으로 소상인의 생존공간이 날로 좁아져서 대형 경제 집단의 독점과 집중화가 갈수록 심해진다[12]는 것이다. 왜냐하면 유용성의 공간은 또 다른 유용성의 공간을 호객하기 때문이다. 그 결과 프랜차이즈 또는 체인화된 가게 아니면 버티지 못하는 공간으로 재빠르게 재편되었다. 따라서 단위 면적당 최고의 생산성을 가장 큰 가치로 추구하는 맥도날드야말로 우생학의 적자일 수밖에 없다. 모든 구역에 꼼꼼하게 산재하는 맥도날드 매장은 홍콩식 거주 공간을 상징한다. 홍콩의 초고층 아파트 구석구석에 맥도날드 매장이 운영되고 있다. 그만큼 거주공간이 밀집되어 있다는 말이고, 그만큼 단위면적당 생산성이 높다는 말이다. 홍콩인들의 뇌리에서 맥도날드는 '고향' 홍콩의 중요한 미장센이다. 이곳이야말로 하버마스가 말한 "진정한 만남이 빈약한 상호 작용에 전형적인 장소"[13]일 것이다. 홍콩에서 태어나 미국으로 이주한 맨디 콴Mandy Kwan은 이렇게 회상했다.

> 나에게 맥도날드는 항상 '멋진cool' 장소였다. 현대적이고 멋진 중국 부모들은 아이들을 패스트푸드 가게에 데리고 갔는데, 이는 미국의 자본주의를 받아 들이고 포용한다는 것을 의미하기 때문이다. 홍콩은 기꺼이 패스트푸드를 받아 들였고, 많은 사람들이 이런 프랜차이즈에서 즐거움을 얻고 경탄하기 위해 기다리고 있다. (interview, 1999)[14]

조악한 공간에서 협소한 마음으로 경쟁의 틈바구니에 살면 식사도 점점 빠른 것을 찾게 된다. 요리할 시간이 많지 않은 사람들에게 맥도날드는 '모든 것'[15]으로 다가온다. 그들의 필요에 맥도날드는 '59초 서비스'로 어김없이 보답한다. 그래서 도시 공간 홍콩의 큰 길이나 작은 길모퉁이에서 맥도날드가 번성하는 것이다. 일찍이 김현은 아도르노T. W. Adorno에 있어 합리화는 자연지배의 모델로 나타나며, 푸코M. Foucault에 있어서는 사회통제의 모델로 나타난다고 생각했는데, 그 때 합리화는 "생산력의 강화이거나, 통제 수단-권력 수단의 강화"[16]라고 보았다. 이렇듯 합리화는 시대마다 장소마다 각기 다른 형태로 나타나지만, 그 이면을 들여다보면 시간과 공간을 다 장악하고픈 상업적 마인드가 지배적이다. 물론 때로 그것으로부터 해방되고 싶은 인간의 원초적 본능이 미약하게나마 작동하지만, 결국 승자는 상업적 효율성일 뿐이다. 상업적 마인드의 승리는 효율이라는 가면이 승리인네, 그것은 부단한 승리를 예고하고 있다.

세계 최초의 편의점 '세븐 일레븐SEVEN-11'이 홍콩의 모든 지역으로 확대 개설되고 나서, 어느 날부터 신문 한 부를 사면 티슈 한 개를 끼워주기 시작했다. 이제는 찾기가 쉽지 않은 거리의 신문가판대도 울며 겨자먹기로 신문을 팔면서 티슈를 끼워 주고 있는데, 몇 개 남지 않은 신문가판대가 얼마나 더 버틸 수 있을지는 아무도 모른다. 이것은 거리시장으로 유명했던 춘영가Chun Yeung St.가 1990년대 초부터 진행된 정리 작업으로 상당 부분 사라진 현상에 비하면 아무것도 아니다. 따라서 소상인 정책이 왜 중소기업정책이 아니고 공공 위생 정책의 범주에서 관리되어야 하는가?[17]라는 질문이 가능한 것이다.

홍콩에는 세계 최고를 자랑하거나 최대를 지향하는 건축물이 많은데, 그것은 소위 자율적인 시장 경쟁과 효율의 부산물이다. 리어우판은 홍콩이 자랑하는 신공항도 경쟁의 부산물인데, 그것을 '과도한 근대성'이 초래한 결과[18]라고 본다. 이런 효율 과잉의 결과 세계 최고의 공항을 지향하는 첵랍콕 국제공항의 공항 체크인 카운터 부근에는 대기승객이 쉴 수 있는 의자가 단 한 개도 없다.

3. 소통의 부재

최근 구룡Kowloon사이드의 최대 공원인 구룡공원이 리모델링을 했다. 군주둔지에 조성된 예전의 공원은 구식 건물과 방공호, 호수와 숲길, 잔디 등으로 자연스러운 신비감을 연출하여 시민들로부터

춘영가

사랑을 받아왔다. 하지만 개조된 뒤 조명시설과 활동공간이 규격화
되었고, 흙을 밟을 수 없는 공간으로 탈바꿈했다. 그냥 공지로 내버
려두어야 할 아주 작은 공간까지도 콘크리트로 도포했다. 요즈음
우리나라의 경우도 예외는 아니어서 얼마 전 필자가 살고 있는 아
파트 옆에 있던 자연공원이 사라졌다. 숲이 우거져서 그늘이 많았
고 벤치가 드문드문 놓여 있고 꽤 넓은 공간의 맨땅이 있어, 동네
어른들과 아이들이 배드민턴도 족구도 축구도 부담 없이 수시로 즐
겼던 공원이었다. 한 달 전부터 공사에 묻혀 있던 그 공원이 이제
'근대화' 된 모습을 드러내고 있다. 시멘트 화단과 시멘트 바닥도
벽돌 길로 단단하게 변신했다. 이제 배드민턴도, 족구도, 축구도 할
수 없는 죽음의 공원으로 재편된 것이다. 이렇게 도시 계획은 후언

웨이의 경고처럼 우리의 가치, 개인의 가치, 가정의 가치, 친구와 친구 사이의 가치, 커뮤니티의 가치, 그리고 인간존재의 가치에 직접적으로 영향을 준다.[19]

1949년 중화인민공화국의 수립 초기, 중국이 낳은 세계적인 건축가 량쓰청梁思成은 북경시의 행정중심을 북경시의 서쪽 교외로 이전할 것을 건의한 바 있다. 하지만 당시 마오쩌둥毛澤東이 "모 교수가 우리 공산당을 북경에서 몰아내려고 한다"[20]고 반발하여, 행정수도의 이전이 논의조차 되지 못한 적이 있다. 그 때부터 지금까지 '근대화'라는 미명 하에 줄곧 파괴되어 온 고도古都 북경을 생각하면 당시 량쓰청의 안은 탁견이 아닐 수 없으나, 예전이나 지금이나 순순한 문제가 정치문제로 비화될 경우 상황은 엉뚱한 방향으로 발전하고 피해는 우리 모두가 입게 된다.

홍콩에서 드넓은 신계New Territories 지역의 아파트 군을 보더라도 여전히 초고층 밀집 형태로 고집되고 있음을 보면 배후에 철저한 상업논리가 지배하고 있음을 알 수 있다. 우리가 홍콩이 좁다고 말할 때 그것은 홍콩사이드나 구룡사이드를 두고 말하는 것이다. 하지만 10년 전이나 지금이나 상당수의 홍콩인들은 더 넓은 미개발의 신계 땅은 완전히 제쳐 두고, 홍콩이 좁기 때문에 어쩔 수 없다는 변명만 힘없이 되풀이한다.

리어우판은 홍콩의 역사와 문화 뿌리는 매우 풍부한데, 다만 최고 땅값을 자랑하는 센트럴Central 가치와 끊임없이 개발해야만 하는 개발심리에 가려져 있다[21]고 본다. 정부기관을 비롯한 공공기관의 분산을 과감하게 추진해야 한다. 아울러 콘크리트 숲의 형성 배후에 건축업자들의 계산이 숨어 있다는 전제 하에, 건물과 건물간의 최소 간격을 통제하는 건축법의 개정이 절실히 필요하다. 신계 지역은 홍콩이 좁아서 초고층 빌딩이 들어설 수밖에 없다는 일부 홍콩인들의 변명과 억지를 여지없이 반박할 수 있는 공간이다. 그럼에도 불구하고 신계 지역에서 건설되었거나 건설되고 있는 건축물이 여전히 홍콩이나 구룡사이드식의 초밀집형이라는 사실은 매우 의미심장하다.

홍콩 이공대학의 경우로도 도시 공간 홍콩 내 부족한 소통기제를 엿볼 수 있다. 이 대학은 최근 시각 장애인을 위한 최첨단 시스템을 개발했다. 하지만 해당 지역 내 5센티 높이의 장애물이나 계단, 맨홀에 대한 정보가 입력되어 있는 GPS가 제대로 기능을 할 지 모른다는 우려는 매우 현실적으로 다가온다. 홍콩의 길거리에는 장애물이 너무 많아 시각 장애인이 걸을 때마다 경고가 울리면 제대로 걷지 못할 정도이기 때문이다.[22]

스탠리Stanley 버스 정류장 옆에 있는 '웰컴WELCOME' 수퍼마켓 건물은 1859년에 건축되어 2002년까지 경찰서 건물로 사용되어 왔다. 2002년부터 역시 홍콩 최대 재벌 기업인 '웰컴'이 임대하여 2007년 7월 31일 임대계약이 종료된 후에도 계속 임차하겠다는 방안에 유물 보호론자들의 반대가 거세다. 최근 홍콩에서는 개발이냐 보존이냐를 두고 홍콩 전역의 오래된 건물에 대해 찬반논란이 한창이다.

250억 달러(이하 홍콩 달러)가 투입되어 2012년에 완성될 '서구룡 문화예술지구' 프로젝트는 그동안 홍콩에서 진행되어 온 도시화에 대한 문제의 역사를 압축적으로 보여 주고 있다. 정부는 박물관 4개, 오라토리움 3개가 계획에 포함되어 있다는 사실을 자랑스럽게 발표했다. 현존 최대공원인 빅토리아 공원의 2.5배에 해당하는 홍콩 핵심구의 마지막 금싸라기 땅에 대한 문화계의 대대적인 이슈화 움직임은 도시 공간 홍콩에 대한 총체적 반성이다. 도대체 누구를 위해서 건설되는지 알 수 없다[23]는 심사가 문화계의 보편적인 정서다. 장기적인 청사진과 과학적인 조사 없이, 홍콩에 어떤 것이 있고 어떤 것이 부족한지 홍콩의 강점이나 약점에 대한 조사 없이 준비 안 된 상태에서 정부에 의해 일방적으로 발표되었기 때문이다. 서구룡의 특징이나 그것의 구성, 자랑거리 만들기에 집중하여 홍콩의 기타 지역에 건설된 기존 박물관과의 역할 분담에 대한 면밀한 분석이 없었다고 보는 것이다.

> 예를 들면 도심의 밀집화와 그에 따르는 대지 가격 상승과 세입의 증가는 주민과 그 이웃 사람들의 생활 세계의 지평선에서 볼 때 결코 기능적이라 할 수 없다. 도시계획의 문제는 1차적으로는 구성의 문제가 아니라, 도시의 삶의 세계를 침입하고 도시적인 본질을 갉아 버리는 익명의 체제 명령들을 조종하고 제한하고 해결하는 문제인 것이다.[24]

돌이켜보면 홍콩을 상징하는 대표적인 미장센의 하나인 빅토리아 항만의 바다매립 프로젝트 역시 중장기적 계획의 수립 없이 그때 그때 즉흥적으로 진행되어 왔다. 최근의 서구룡 논쟁은 현재까지 홍콩 사회의 각종 요구에 부합하는 완전한 계획정책이 부재하고 있음을 나타낸다. 즉 후언웨이의 지적처럼 고지가 정책 하에 홍콩의 도시 계획은 근시안적인 경제적 이익과 관료의 효율적인 서비스만을 위하기에 계획 자체가 인구분산, 환경보호, 문화와 사회가치에 미치는 영향에 대한 심각한 고려가 결핍되어 있다.[25]

최근 홍콩사이드 중심 애드미럴티Admiralty 해변 소재의 첨마함添馬艦 광장 문제를 중심으로 전개된 논쟁을 보더라도 상황은 크게 바뀐 것 같지 않다. 그곳은 영국식민지 당시에는 영국군 사령부의 주둔지였고, 주권이 이양된 후에는 중국 주둔군의 사령부가 자리 잡고 있었다. 정부는 4.2헥타르의 이곳을 2헥타르에는 문화오락

서구룡 문화예술지구 조감도

광장을, 나머지 2헥타르에는 3-40층의 초고층 건물 4동을 건설키
로 했다. 사실 이곳을 개발하여 초고층 정부종합청사를 짓고자 하
는 것이다. 정부는 기존 정부청사의 공간부족을 이유로 내세우고
있는데, 그들이 말하는 '공간'과 '부족' 역시 '근대'와의 소통이
부족하다.

　홍콩의 시민단체와 환경단체는 이 계획을 반대하기 위해 노력했
지만, 결과적으로 공무원의 승리로 끝이 났다. 신계 지역에 광대한
토지가 전대되어 있으나, 이미 초고층 건물의 포화상태를 보이고
있는 홍콩사이드에 여전히 집착하는 주된 이유는 그들의 관료의식

이라고 할 수 있다. 초고층 빌딩군과 살인적인 인구밀도로 국제저
인 명성을 얻고 있는 흥쿵사이느의 시 중심에 초고층 정부청사 건
립 계획이야말로 시대착오적이며 자가당착적인 계획이라고 할 수
있다. 정부, 공무원 등의 행정편의주의와 건설회사의 경제성 제일
주의가 만들어낸 합작품이다.

타이베이시의 문화국장을 지내고 최근 홍콩에 체류하면서 홍콩
문화에 대해 충고를 아끼지 않고 있는 룽잉타이龍應台는 "지금까지
홍콩에서 문화시장과 시민문화소비 행위에 대한 전면적인 조사 분
석이 없었다"[26]고 본다. 근대와 근대의 기획 자체가 실패하였다고
포기하는 대신에, 우리는 근대의 기획을 수반하였던 오류들과 근대
성을 지양하려고 했던 터무니없는 기획의 실수로부터 무엇인가를
배워야 한다.

4. 계몽의 강제

1995년 여름에 귀국하여 가장 크게 느낀 점은, 우리나라에 일방
적 계몽 작업이 여전히 난무하고 있다는 점이었다. 우선 지하철을
타면 너무나 많은 계몽 방송이 흘러나왔다. 홍콩 지하철에서는 역
이름과 내릴 때 조심하라는 내용만이 나오는데 비해 우리 지하철에
서는 간첩신고는 어디로, 노약자에게 자리를 양보하라, 잡상인 금
지 내용이 계속 흘러나오고 있었다. 그것이 그렇게 귀에 거슬리던
기억이 생생하다. 인간에게는 듣고 싶지 않은 것을 듣지 않을 자유
가 있다. 그런 점에서 자신도 모르게 계몽의 대상이 되어야 하는 대
중교통수단은 불편하다. 하지만 방송은 방송을 청취하는 구성원의
사회적 수준을 대변한다. 당시 우리의 교양 수준은 그러한 방송을

끊임없이 들어야 하는 정도였을 것이다.

또 하나 귀에 거슬렸던 것은 바로 공중파 방송이었다. 텔레비전을 켜거나 라디오를 틀면 진행자들은 한결같은 철학으로 청중들을 가르쳤다. "행복은 질서에 있다, 친구 전화 한 통화에도 행복할 줄 알아야 한다, 커피 한 잔으로도 행복하다, 된장찌개가 우리를 얼마나 행복하게 하느냐! 행복은 가까운 곳에 있다" 등등. 물론 현재까지도 우리나라에서 이런 주입식 계몽은 여전히 계속되고 있다.

1980년대 초기 홍콩 지하철 1기가 개통되자 홍콩의 시간과 공간 개념이 바뀌기 시작했다. 홍콩 지하철은 독일 뮌헨의 베스트프리드 호프역처럼 카페 같은 분위기를 연출하지는 못하지만, 20년이 지난 지금까지도 그것이 허술해 보인다든지 촌스럽다는 생각은 전혀 들지 않는다. 홍콩섬의 지하철 승강장은 각기 다른 서법예술로 역명을 표기하고 있다. 하지만 홍콩 지하철의 계몽은 단지 청각적이 아니라는 것이지 철저히 시각적으로 강요되고 있다. 기술 수준으로 홍콩 지하철을 바라본다면 모더니티를 수용하고 있는 것처럼 보이지만, 인간의 완전한 해방이라는 시각에서 보면 그것의 모더니티는 제한적일 수밖에 없는 것이다.

먼저 구룡사이드의 최고 중심역인 침사추이Tsim Sha Tsui 지하철역 입구에 들어서면, 포스터 부치지 말라는 포스터로부터 잡상인 금지경고가 나란히 보이고, 계단을 내려가면 휴대하지 말아야 하는 물품(개와 새, 큰 보따리, 풍선, 유류와 독극물)이 그림과 함께 소개되고 있다.[27] 개찰을 할 때는 일반 성인이 학생용 지하철 우대증을 무단 이용할 경우 5백 홍콩달러(6만 5천원 상당)가 부과된다는 내용을 큰 포스터를 통해 교육받아야 한다. 그것을 통과하면 바로 잡상인 또는 구걸행위 신고해라, 침 뱉지 마라, 미끄러짐 조심하라는 공지사항이 수시로 보인다. 승강장에는 비상벨을 무단 사용하면 5천 달러의 벌금이 부과된다는 포스터가 승객에게 경고를 보내고 있다. 승차를 하면 음식물을 섭취하지 말고 흡연하기 말라는 경고 밑에 벌금 2천 달러와 5천 달러가 정확하게 기재되어 있다.

하기야 불황의 여파 때문이지 2005년까지만 해도 열차 내에는 소비가 홍콩경제의 발전을 가져올 것이라는 표어가 붙어 있었다. 하지만 그렇게 집요하게 계몽이 강제되고 있는 홍콩 지하철 역사에는 결정적으로 화장실이 없다.

벌금이 부과되는 강력한 계몽 외에도 물론 배려 차원의 계몽도 꾸준히 제시되고 있다. 승강장에는 신체 컨디션이 안 좋은 사람이나 도움이 필요한 자는 역무원에게 연락하라는 큰 포스터가 있다. 열차 내에도 몸 컨디션이 안 좋은 자는 다음 역에서 역무원에게 협조를 요구하라는 안내가 눈에 띈다. 하지만 구룡과 중국 광저우를 왕래하는 기차에서도 계몽의 강제는 여전하여 열차 내 음식물 섭취 금지, 흡연 금지가 지하철과 마찬가지로 수십만 원의 벌금과 함께 고지되어 있다. 기차에서는 심지어 '정숙객실'이 설치 운영되고 있는데, '정숙객실'의 표지가 없는 일반객실에서는 어떤 상황을 유지해야 하는 것일까? 침사추이 기차역 승강장 내에는 '음식물을 섭취하지 말라'는 대형 그림(엄마가 아이를 말리는 동작)이 걸려 있다. 친절한 경고는 산꼭대기(빅토리아 산 정상)까지 연장되고 있는데, 당당한 정부 관계당국의 이름으로 설치된 '개똥 수집통'에는 'Clean up After Your Dog'라는 글귀가 선명하다. 하지만 쓰레기통 위 재떨이에 담배꽁초 이외에 다른 것을 버릴 경우 1천 5백 달러가 부과된다는 경고에는 아연실색해진다.

고대 게르만법은 살인을 포함한 가장 무거운 범죄를 벌금형으로 처벌했다. 교회의 속죄가 7세기부터 돈으로 대체될 수 있었던 반

小心!
地面濕時慎防滑倒
Take care!
Floor slippery when wet

非法擺賣或行乞
請舉報
Help us keep the passage clear and safe
Please report illegal hawking or begging
請聯絡任何當值車站職員或致電
29221400

请勿饮食
NO EATING OR DRINKING

请勿吸烟
NO SMOKING

請勿攜帶以上物品入閘
Please do not bring these items
into the MTR

保持車站及車廂清潔
請勿飲食
To keep the station and the train clean -
No eating or drinking

Clean Up After
Your Dog

USE THIS BIN
LAGAYAN NG DUMI NG ASO

除煙蒂外，
不可棄置其他垃圾/
廢物在煙灰缸
Cigarette butts only.
Don't put other
litter/waste in the ashtray.

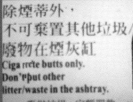

亂拋垃圾　定額罰款　**$1,500**
Littering Fixed Penalty

면에, 근대법은 벌금형을 비교적 가벼운 범행에 국한시킨다. 이것은 돈의 의미가 축소된 것을 입증하는 상징이 아니라, 오히려 논의 의미가 확대된 것을 입증하는 상징이다.[28]

음식물 섭취에 2천 달러와 흡연에 5천 달러의 벌금이 부과되는 사실은 지하철이나 기차 외에도 이층버스를 포함한 모든 교통수단에 적용되고 있다. 길거리에서도 예외는 아니어서 길에서 침을 뱉고 휴지를 버리면 벌금 1천 5백 달러가, 가래를 뱉으면 5천 달러가 부과된다는 경고가 행인을 호시탐탐 지켜본다. 따라서 벌금이 병기되지 않은 담장(빅토리아 공원)의 표어 '도박에 빠지면, 본인은 물론이고 타인도 괴롭다' 같은 계몽은 바라보는 이에게 편안함을 주기까지 한다. 왜냐하면 콘크리트로 철저하게 도포된 홍콩공원 입구 철제문에 8가지(개 출입금지, 스케이트보드 금지, 스케이트 바이킹 금지, 조류에게 모이 금지, 자전거 금지, 노점 금지, 나무 훼손 금지, 물고기 방생 금지 등) 금지 표지판이 한자리에 모여 출입하는 시민들을 '협박'하기 때문이다.

당연히 벌금형 계몽만으로는 부족하기에 이제 징역형 계몽이 추가될 수밖에 없다. 무허가 거리 노점상은 5천 달러에 6개월 징역형이다. 거리에 불법 광고물을 부착하면 5천 달러에 3개월 형이고, 쓰레기 무단투기자는 2만 5천 달러 벌금에 6개월 징역형에 처해지는데, 바다에 쓰레기를 무단 투기하면 1만 달러에 6개월 형으로 벌금과 형량을 조금 깎아준다는 것까지 이해가 가능하다.

홍콩정부는 2007년 1월 1일부터 공공지역(식당, 로비, 상가, 엘리베이터)에서의 흡연을 금지했다. 이런 곳에서 흡연 또는 불이 붙은 담배, 시가, 파이프를 휴대할 경우 최고 벌금 5천 달러가 부과된다. 2007년 2월 1일부터 공공 장소에서의 흡연이 전면 금지된 프랑스의 경우를 보면, 이 땅에 사는 우리 역시 도시와 자유의 의미를 되새길 수밖에 없다. 이제 프랑스의 공공 장소에서 담배를 피울 경우 약 8만 5천원의 벌금이, 담배꽁초를 버릴 경우 약 17만원이 부과된다. 프랑스 특유의 문화인 톨레랑스 정신이 결여된 법이라는 비난에 정부는 항의하는 사람보다 동의하는 국민이 훨씬 많다는 주장을 하고 있다.[29] 이제 일률적임에 굴복해야 하는 시대가 분명하다. 내가 싫더라도 법의 강요에 그냥 따라야 하는 시대가 된 것이다.

> 객관적 문화의 우세 때문에 주관적 문화가 위축되는 것, 바로 이것이 가장 극단적인 개인주의의 설교자들이, 특히 누구보다 니체 F. Nietzsche가 대도시를 격렬하게 미워하는 이유이다.[30]

다른 이, 그러니까 담배를 피우고 싶은 이들의 욕망을 죄악시하고 그것도 모자라서 벌금으로 그리고 형벌로 강제하는 반反계몽의 여세는 도시공간의 필요악인가! 계몽주의를 말할 때, 밤을 밝히고자 삼나무 숲에 불을 지른 저 유명한 원숭이 이야기는 현시점에서 도시 공간 홍콩을 해석하는 데에도 그 가치를 발휘한다. 원숭이에 의해 밝혀진 빛은 숲을 태우는 파괴의 빛이기 때문이다. 그래서 계몽은 곧 반계몽으로 전도된다고 하는 것이다. 권용선은 기아와 살육, 약탈과 지배로 대표되는 인류의 어두운 역사는 모두 계몽 속의 반계몽이 만들어 낸 역사라고 본다. 또 그것이 문명 속에 감추어진 야만의 얼굴이라는 것이다.[31] 벌금으로 야기되는 홍콩의 반계몽은 그것을 바라보는 자를 피동적으로 만들거나, 돈이 매우 무서운 것이라는 인식을 확산시킨다. 자본에 의해 통제되고 지배당하고 있는 자신의 현실을 시시각각 확인하게 만든다.

그래서 자본으로 통제되는 계몽이라는 그것이 다시 우리의 의식

수준을 어두운 퇴보의 길, 즉 반계몽의 길로 인도하는 것은 아닌지! 다시 말하면 벌금으로 가해지는 계몽을 볼 때마다 우리의 피지배적 상태를 확인함으로써 더해지는 무능력에 대한 좌절이 가슴 깊숙이 자리잡는다. 깊은 좌절감 속에 잉태되고 있는 반발적 심리, 바로 그런 반계몽 말이다.

5. 홍콩 느와르

유엔인구기금UNFPA이 발간한 『2006 세계 인구 현황보고서』에 따르면 홍콩은 0.94명으로 세계 최저 출산율을 기록했다.[32] 세계 최저 출산율을 야기한 요인이 무엇일까? 그것의 직·간접적인 요인이 경제적이든 환경적이든 생활공간으로서의 홍콩은 매우 각박한 조건이 아닐 수 없다. 후언웨이는 홍콩인들의 희박한 가정 관념에 대한 이유를 고밀도 초고층식 발전 하의 산물로 본다. 그래서 거리와 이웃이라는 개념이 거의 사라졌고, 사람과 사람 사이의 괴리감이 커졌다고 보는 것이다.[33] 비좁음으로 대표되는 홍콩에서 스트레스는 더 많은 계몽을 요구하게 되고, 그것을 위한 상시 노력의 일환으로 경고성 표어가 등장하는 것이다. 효율의 과잉, 소통의 부재가 계몽이 강제되는 차원으로 연결되고 있는 것이다. 결국 심각한 표어는 홍콩인들의 심리적 공간을 더욱 축소시키는 역할을 하는 것이다.

자본주의의 부흥 이후 대도시는 모더니티의 상징이 된 지 오래다. 경제 효율이 주도하는 도시가 대두되고 있는데, 비단 홍콩의 경우만이 아니다. 앞으로 홍콩에서는 커뮤니티도 이웃도 가정도 개성 있는 개체도 필요하지 않고, 다만 더욱 많은 소비를 부추기는 신용

카드와 유명 브랜드가 필요할지도 모른다. 도시를 배경으로 한 비관적이고도 운명적이며 절망적인 분위기의 영화가 바로 홍콩느와르인데, 그것은 천편일률적으로 바뀌는 도시에 대한 거대한 저항이다. 그래서 리어우판도 영화예술은 20세기 도시문화를 대표한다[34]고 말했다.

도시 공간 홍콩의 형성은 대륙으로부터의 대거 이민과 식민지 정부의 상업성이 만들어 낸 작품이다. 제한적인 지형과 공간부족을 이유로 한 (빅토리아만) 바다 매립 프로젝트로 홍콩의 도시 경관은 처음부터 짜임새가 결여되었던 것이다. 이민 풍조에 대응하는 미래 도시 청사진은 애초부터 기대하기 어려웠지만, 인구를 수용하는 공간으로만 건축물을 이해하는 단초를 제공한 일차적 책임은 과거에나 현재에나 정부에 있다고 해야 할 것이다. 적어도 도시 공간의 형성에 있어 의사소통 과정의 주도권은 정부에 있기 때문이다. 앞으로 정부를 중심으로 하는 이권단체들은 모더니티로 가득한 도시 '계획'에 대한 개념이 무엇인지 되새김해야 할 것이다. 홍콩에서 도시 공간의 재편을 둘러싸고 2005년과 2006년에 걸쳐 진행된 정부와 시민 간 그리고 시민 상호 간에 진행된 토론으로 이제 대학의 언론정보학과, 문화연구학과, 건축학과, 도시계획과, 공공행정학과의 관심이 유도되고 있음은 변화의 작은 조짐인 것 같다.

공익광고의 내용이 그 사회의 현실을 반영한다고 할 때, 홍콩을 방문하는 관광객들이 명심해야 할 것이 있다. 홍콩의 텔레비전 공익광고 중에서 가장 오랜 생명력을 지니고 있는 것 중의 하나는, 초고층 아파트의 거주민들에게 창문 난간 부근에 놓인 화분 등의 추락을 조심해 달라는 것이다. 아주 작은 물건이라도 고층에서 낙하할 경우 엄청난 파괴력을 지닌다는 설명이 함께 나오는 이 광고는 그 피해자가 쇼핑을 위해 거리를 활보하고 있는 당신이 될 수도 있는 장면을 사실적으로 보여준다. 이렇게 홍콩 야경의 직접적 배후인 밀집형 초고층 건물은 관광색이나 거주민의 안전을 위협하고 있다. 이런 측면에서 보면 한강의 야경이 홍콩의 그것보다 더 '아름다운' 것이 사실이다. 아직은 적당한 거리와 높이를 유지하고 있는 건축물군이 만들어 내는 야경이기 때문이다. ❀

2장 홍콩문학의 정체성

1. 타자로서의 홍콩

홍콩은 1840년 중국과 영국 간에 발발한 제1차 아편전쟁의 결과로 역사무대에 등장하기 시작했다. 중원의 입장에서 보면 해적이 창궐하던 버림의 땅에서 서구제국주의 침략의 상징으로 신분이 전환되었던 것이다. 하지만 정치적 신분의 급격한 변화에도 불구하고 160여 년이 지난 지금까지 '뜨내기', '도망자', '피난민', '엘도라도'라는 기호로 정착된 홍콩의 이미지는 요지부동인 것처럼 보인다. 목숨을 구명받기 위한 '피난지'로서 홍콩, 일확천금을 꿈꾸는 자들의 '천당'으로서 홍콩은 그것을 요구하던 자들을 실망시키지 않고 지금까지도 당당하게 임무를 수행해 왔다. 피난지는 그들의 정치적 안전을 보장해 주었고, 적어도 천당은 작은 경제적 행복이라도 담보했다.

반면에 불안한 피난지는 그에 걸맞은 철학을 탄생시키는데, 당연히 인간관계의 잣대와 기준은 '돈'이 될 수밖에 없었다. 경제력으로 가치를 저울질하는 철학을 탄생시킨 배경 분석에 영국의 식민지라는 신분 또한 간과될 수 없다. 150여 년 간의 통치기간 동안 영국정부는 홍콩을 '자유는 있으나 민주는 없는 곳'으로 운영할 수밖에 없었으며, 홍콩의 거주민들은 '돈'으로 보상을 받았다. 그래서 홍콩인들은 자의 반 타의 반으로 고정된 정체성을 고집하기보다는 자기 자신의 안전이나 이익을 위해 변화를 추구하는 홍콩식 정체성을 확보하기에 이른 것이다.

'혼종'과 '변경'이 최근 문화읽기의 주요 코드로 등장하면서 홍콩은 학계의 주요 이슈로 당당하게 주목받기 시작했다. 왜냐하면 '순종'과 '중심'으로 스스로를 규정해 오던 동아시아 여러 도시를 비롯한 전 세계 주요도시가 전지구화라는 유령에 의해 알게 모르게 홍콩을 흉내내고 있었던 것이다. 이제 전 세계가 그동안 자신의 정체성으로 자랑해 오던 알량한 그 '순종'과 '중심'이 포기되고 유기되는 시점이 빠른 속도로 도래하고 있다.

1927년에 루쉰魯迅은 이미 홍콩의 현재와 미래를 예견했다. 루쉰은 "홍콩은 하나의 섬에 불과하지만, 중국 여러 도시의 현재와 미래의 살아있는 사진"[1]이라고 하면서 홍콩사회를 양놈 주인, 고등 중국인, 앞잡이 노릇하는 동포들과 대부분의 원주민으로 구성되어 있다고 비판하고 있다. 즉 양극화의 현실을 적나라하게 지적한 것인데, 최근 양극화가 급속히 진행되고 있는 중국과 한국의 입장에서 보면 루쉰의 지적은 아프다.

한 때 우리는 술자리에서 '홍콩 간다'라는 말을 많이 사용한 적이 있고 지금도 그 말은 여전히 회자되고 있다. '홍콩 간다'에서 '홍콩'의 의미는 대단히 높은 정도의 쾌락, 통속, 모험이라는 단어로 압축될 수 있을 것이다. 적어도 지금까지 홍콩은 우리나라 사람들에게 쾌락과 모험을 주는 통속적인 공간으로 와닿고 있다는 말이다. 물론 '홍콩 간다'라는 말이 생기고 우리나라에서 그런 의미로 정착한 배경의 기원을 따지자면 1960년대 베트남 전쟁까지 거슬러 올라가야 한다. 당시 홍콩은 베트남 전쟁의 군수창고이자 '배설기관'의 역할을 같이 수행하고 있었다. 따라서 우리에게나 세계인들에게나 홍콩은 돈만 있다면 구하지 못하는 것이 없었고, 인간이 탐할 수 있는 어떤 쾌락도 얻을 수 있는 공간으로 인식되어지게 된 것이다. 1960년대와 1970년대 베트남 전쟁의 특수에 힘입어 홍콩은 비약적인 발전에 발전을 거듭한 것이 사실이다.

그 후 홍콩은 중국인들에게는 기회의 땅으로, 세계인들에게는 관광 또는 쇼핑의 천국으로 인식되기 시작했던 것이다. 그것 또한 우리나라 사람들은 물론 세계인들이 홍콩을 인식하는 주요 이미지이기도 하다. 우리가 또 하나 간과할 수 없는 것은 빌딩숲으로 대표될 수 있는 홍콩이 공간적 측면이다. 홍콩의 홍콩을 다녀온 관광객들의 뇌리에 가장 크게 각인되는 것은 무엇보다도 홍콩의 화려한 야경을 첫 번째로 손꼽을 수 있다. 무릇 홍콩을 다녀온 사람치고 야경을 배경으로 한 사진 한 장 없는 사람이 없고, 홍콩의 야경을 '홍콩다움'의 엄지로 치켜세울 만큼 관광객들에게 각별한 그 무엇으로 다가온다. 하지만 홍콩이 왜 화려한 야경을 소유하게 되었는지 또는 그것이 왜 아름다워 보이는지에 대한 배경조사는 관광객들의 관심사가 아닌 것 같다.

필자는 인간의 생활 공간적 입장에서 홍콩의 야경을 보면 비극에 다름 아니라고 생각한다. 왜냐하면 아름다운 야경은 밀집된 고층건물이 만들어 내는 것이기 때문이다. 빌딩과 빌딩 사이의 거리가 가장 좁은 곳이 홍콩일진대, 그것은 경제성 그러니까 생산성의 개념에서 마련한 공간이지 인간적인 삶을 염두에 둔 공간은 아니다.[2]

경제논리가 지배하는 곳, 비교적 심각한 상태의 양극화가 진행되어 온 곳, 생활공간이 여유롭지 못한 곳으로 홍콩을 정의한다면, 홍콩의 특징은 이제 남의 일이 아닌 것이다. 따라서 홍콩의 정체성 읽기는 미래를 준비하는 우리의 의무이기도 할 것이다. 세계 여러 도시의 앞날을 징계하기 위해 홍콩은 자신의 정체성을 좀 더 분명하게 드러내어야만 하는 시간이 도래한 것이다. 도대체 저 홍콩이라는 공간에서는 그동안 어떤 일이 일어났던 것일까? 또 앞으로 어떤 일이 일어날 것인가?

2. 홍콩문학

홍콩문학 또는 홍콩대만문학이라거나 홍콩마카오대만문학이라거나 대만홍콩 및 해외화문문학이라는 어휘가 학계의 주목을 받게 된 지 이미 오래되었다. 하지만 홍콩문학이 매우 빈번하게 회자되고 있다고 하더라도, 그것은 홍콩의 문화적 위상만큼이나 매우 복잡해서 일거에 어떤 그릇에 담아내기란 어려운 일임이 분명하다.

사실 황쯔핑黃子平이 '미확인 비행 물체UFO'에 비유한 '미확인 창작 물체Unknown Writing Object, UWO'[3]라는 말로 홍콩문학을 규정할 만큼 홍콩문학의 정체성을 찾아내기란 쉽지 않다. 우선 홍콩 작가에 대한 정의를 내리면서 동시에 홍콩문학의 시기별 특징을 조명해 보면 홍콩문학에 대한 정체성은 자연스럽게 드러나리라는 생각을 한다. 홍콩 작가에 대해서 1985년에 '홍콩문학 병론에 관한 첫 번째 전문서적'으로 공인받고 있는 『홍콩문학초탐』을 세상에 내놓은 황웨이량黃維樑은 '4종 유형설'을 제시하고 있다.

첫째는 홍콩에서 나고 자라서 홍콩에서 창작하고 이름을 얻은 경우이며, 둘째는 외지에서 나서 홍콩에서 자라고 홍콩에서 창작하고 이름을 얻은 경우이며, 셋째는 외지에서 나고 자라서 홍콩에서 창작하고 이름을 얻은 경우이며, 넷째는 외지에서 나고 자라서 외지에서 이미 창작하고 심지어 이미 이름을 얻은 후 홍콩에 정착 또는 체류하면서 계속 창작하는 경우이다.[4] 홍콩과 문단의 현실을 고스란히 반영한 담론으로 홍콩을 중심으로 적극적으로 활동하고 또 나름대로의 창작 능력을 인정받아야 한다는 요구 성격의 규정이다. 하지만 홍콩이라는 공간을 다소 협소하게 정의하고 있고, 아울러 작가 이름의 유무를 매우 중요한 조건으로 내세우고 있어 홍콩문학의 범주가 축소되고 있는 것도 사실이다.

홍콩 작가 중 최고 원로로 인정받고 있는 류이창劉以鬯은 '7년 자격설'을 제시하고 있다. 류이창은 『홍콩문학 작가전기』를 편집할

류이창劉以鬯(1918~   )   황웨이량黃維樑(1947~   )

때 홍콩작가의 범주를 반드시 홍콩거주민 신분증을 소지하거나 또
는 홍콩에서 7년 이상 거주한 상태에서 문학작품을 출판하였거나
매체에 자주 평론 또는 번역 등의 문학작품을 발표하는 사람으로
규정하고 있다.[5] 이 범주는 홍콩 작가의 정체성을 현행 홍콩이민법
의 관련 규정과 연계시킨 매우 엄격한 접근법이라고 할 수 있다. 하
지만 이 담론은 지나치게 숫자에 집착하고 있어 홍콩공간이 내포하
고 있는 역동성이나 가변성을 담아내기 어려워 현실적인 접근법이
라고 보기는 어렵다.

　『홍콩문학사』를 펴낸 중국의 원로 학자 류덩한劉登翰은 '영향/신
분 병행설'을 내놓고 있다. 즉 홍콩의 특수한 신분 즉 피난처, 항일
운동 등의 원인으로 홍콩과 직·간접적 관계를 맺고 있었던 작가와
작품 역시 홍콩 작가로 보아야 한다는 입장이다. 협의적인 홍콩 작
가의 문학 활동과 광의적으로 볼 때 홍콩 신분이 없다고 할 수 있는
중국대륙, 대만, 동남아, 구미 등에서 온 외래 작가를 포함해야 한

다는 것이다.[6] 국제도시로서의 홍콩이라는 특수한 입장을 충분히 인정하는 매우 광범위한 접근법이다. 동시에 최근 문학 정체성 논의의 흐름을 집약한 것으로 향후 홍콩문학은 물론 세계 지역문학의 정체성을 규정하는 중요한 모델이 될 수 있다는 점에서 주목할 만하다.

홍콩 작가의 자격 규정에 대한 이상의 대표적 논의를 지켜보면, 홍콩에서의 문학은 작가의 유동성과 밀접한 관계를 지니고 있음을 알 수 있다. 즉 문학의 주체인 작가가 중국-홍콩이나 외국-홍콩 그리고 중국-홍콩-외국이나 외국-홍콩-외국이라는 활동범위를 구축하고 있는 것이다. 이러한 사실은 작가의 유동성을 보여줄 뿐만 아니라 홍콩 시민들의 유동성을 보여주는 것이다. 따라서 홍콩문학의 범주 규정이 어려울 뿐만 아니라 유동성으로부터 범주 규정을 시도해야하는 그 사실 자체가 홍콩문학의 특징이 되기에 충분하다.

한편, 홍콩문학의 시원에 대하여 살펴볼 필요가 있는데, 중국어 백화문으로 창작된 작품만을 홍콩문학의 범주에 넣는다고 한다면 홍콩문학의 역사는 식민지 역사만큼 길지는 않다. 대륙 학자 위안 량쥔袁良駿에 의하면 1924년 7월 출판된『영화청년英華靑年』계간에 백화소설 5편이 실린 적이 있다고 한다.[7] 하지만 그 작품들을 홍콩문학 정체성의 기원으로 인정하기에는 다소 무리가 있다고 본다. 대륙과 다른 홍콩의 정체성이 반영되었다고 보기는 어렵기 때문인데, 대륙으로부터의 홍콩적 정체성이 확보되기에는 상당한 시간을 기다려야만 했다.

특히 1949년 이전까지 중국과 홍콩 간 내왕에 문제가 없었다는 점은 홍콩문학의 정체성을 말하는데 매우 중요하다. 아편전쟁의 결과로 홍콩섬이 영국에 양도된 1842년부터 중화인민공화국이 수립된 1949년까지 적어도 1백여 년간 중국-홍콩 간 일반인의 왕래에 전혀 제약이 없었다는 점은 홍콩의 정체성을 규정하는데 있어 매우 중요한 전제조건이다. 내쌍이 세한되면서부터 홍콩인들의 뇌리에서 홍콩의 독립적 국족신분에 대한 상상력이 전개되는 등 홍콩 나름의 신분이 정립되기 시작했다고 볼 수 있다.

한편, 홍콩문학이라는 말은 1952년 홍콩대학 중문과 교수 뤄샹린羅香林의 연설 『최근 백년의 홍콩문학』에서처럼 역사적으로 한두 번 등장한다. 하지만 그 단어가 출현했다고 해서 홍콩에서의 문학적 정체성이 확립되었다고 보는 것에는 무리가 따른다. 천궈추陳國球의 주장대로 그것이 정상적으로 공인되기 위해서는 1970년대 자생하기 시작한 '홍콩의식'의 출현까지 기다려야 했다.[8]

'홍콩의식'의 확립과정에 대한 이해를 위해서는 홍콩인의 신분 인식 과정을 살펴볼 필요가 있다. 쑤야오창蘇耀昌은 홍콩인의 신분 변화 과정을 1949년 이전:기거 신분sojourner identity, 1949-60년대:난민 신분refugee identity, 1970년대:홍콩인 신분의 탄생the birth of Hongkonger identity, 1980-1997년:다층적 신분a multi-layered identity, 후 1997:진취적 신분an enterprising identity으로 나누고 있다. 그는 '후 1997 시기'에는 홍콩의 경쟁력과 진취적 역량의 회복이 관건이라고 보았다.[9] 그가 1970년대를 홍콩인 신분의 탄생시기로 규정하고 있음에 주목할 필요가 있다.

홍콩문학의 시기구분에서 왕젠충王劍叢은 『홍콩문학사』에서 1950년대를 홍콩문학의 자립기, 1960년대를 모더니즘 전파기, 1970년대를 통속문학 번영기, 1980년대를 다원화 문학기로 구분 지었다.[10] 1950년대를 홍콩문학의 자립기라고 보는 이유는 1949년 중화인민공화국 수립과 더불어 중국-홍콩 간 소위 국경이 그 고유한 역할을 시작했기 때문일 것이다. 황캉셴黃康顯은 1950년대를 피난기, 1960년대를 부흥기, 1970년대를 전환기, 1980년대를 홍콩문학기로 나누고 있다. 그가 1980년대를 홍콩문학기라고 분명하게 규정한 이유는 홍콩의 물질화 외에도 정치화와 경제도약에 따른 출판업의 호황이다.[11]

판야둔潘亞暾/왕이성汪義生은 『홍콩문학개관』에서 1984년 중국-영국 간 연합성명을 경계로 전기를 '천신만고의 30년', 후기를 '과도기의 홍콩문학'으로 나누었다. 그리고 전기를 다시 '좌우파의 대치가 분명한 1950년대 문단', '현실주의와 모더니즘이 병존한 1960년대 문단', '횡적 교류가 시작된 1970년 문단'으로 보고 있다.[12] 따라서 중국-영국 간 주권의 이양을 합의한 1984년의 《연합성명》은 그것을 중심으로 홍콩문학의 전·후기로 나눠질 만큼 홍콩으로서는 역사적 사건임이 분명해 보인다.

위에서 살펴본 대로 대상이 홍콩의식이던 홍콩문학이던 1970-80년대의 경제성장과 주권 이양을 합의한 1984년 중-영간의 《연합성명》은 그것의 시기구분에 매우 중요한 잣대가 되고 있음을 알 수 있다. 곧 경제와 정치적 이슈가 홍콩에서 얼마나 중요한 위치를 점유해 왔는지에 대한 인식의 공유인 것이다. 나아가서 홍콩적 정체성은 양자와 직접적인 관계망을 형성하고 있다는 점 또한 주목의 대상이다.

한편, 황웨이량은 홍콩문학을 홍콩인들에게 정신적 양식을 제공한다는 점에서 '연기없는 공업'[13]이라고 명명한 적이 있다. 그가 '공업'이라는 어휘로 홍콩문학을 말하는 것으로부터 우리는 홍콩에서 문학이라는 위치에 대한 짐작이 가능하다. 공업은 시의적절해야 하며 효율적이며 생산적이라야 하는데, 역으로 즉각적 반응과 효율성이나 생산성의 공간이 공업을 창출하기도 하는 것이다. 홍콩은 그만큼 즉각적인 반응의 공간이라는 점을 유추할 수 있다. 홍콩과 문학은 그렇게 긴박하게 연결되는 것이다. 문학을 조금 더 거시적으로 본다면 문학적 활동 역시 문학의 영역에 속한다는 사실을 다시 제기하지 않더라도 홍콩에서의 문학적 세반활동은 문학작품 자체만큼 중요하다.

따라서 홍콩에서의 문학적 정체성을 도출해 내고 싶다면 문학 활동과 문학창작 자체를 연결시켜 분석해야 한다. 왜냐하면 홍콩에서의 문학적 정체성은 정치상황에 따른 홍콩의식의 성장과 직접적인 연관이 있는 것이 분명하기에, 문학 내부는 물론 문학의 외부적 상황 즉 환경적 측면도 홍콩문학의 범주에 포함시키지 않을 수 없다. 문학세미나 개최나 문학관련 서적 출간 등 큰 의미의 문학활동도 홍콩의식 특히 문학적 성장에 매우 중요한 역할을 담당하였고, 하고 있기 때문이다. 이것 자체가 홍콩문학에 있어 또 다른 정체성이라고 할 수 있다.

3. 홍콩문학 회고

1) 정치성

아편으로 인해 발발한 중국-영국 간의 전쟁이 1842년의 《남경조약》에서 홍콩섬을 할양하기로 합의하면서 종결되었고, 1856년에 시작된 제2차 아편전쟁이 1860년의 《북경조약》으로 종지부를 찍으면서 구룡반도까지 영국에 영구히 할양되었다. 다시 1898년 양국 간 《홍콩경계선조약》의 신계 조차협정에서 홍콩섬, 구룡반도, 신계 전체를 99년간 조차하기로 합의했다.

이후 60년 만에 홍콩 인구는 50배 증가했다. 그 주요 원인은 태평천국(1851-64) 등 아편전쟁 이후 계속 이어진 중국 내 각종 혁명운동이나 동란으로부터 홍콩은 훌륭한 피난지였기 때문이다. 그 후

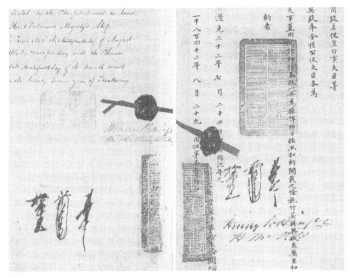

남경조약

항일전쟁 기간에 마오둔茅盾, 다이왕수戴望舒 등 중국 문단의 유명 작가들이 홍콩에서 문학과 문화 활동을 통해 항일운동에 적극적으로 종사하기도 하였다. 하지만 그들의 의식 속에는 홍콩 문화사업의 발전을 위한 목적의식이 차지하는 비중이 매우 협소했는 바, 그들은 홍콩을 목적으로 본 것이 아니고 '항일抗日'과 '구망救亡' 활동을 하기에 적합한 공간으로 보고 있었다. 따라서 당시 유명 작가들의 문학적 활동을 홍콩문학이라고 규정하기에 무리가 따른다.

홍콩에서 가장 먼저 진지하게 홍콩문학을 연구한 루웨이란盧瑋鑾, 小思은 1949년 이전에는 홍콩문학이라는 개념이 존재하지 않았다고 본다. 당시까지 홍콩문학은 독자성을 전혀 형성하지 못하고 있어 대륙문학의 일부라고 할 수도 있는 상태였다. 왜냐하면 1949년 이후 사회주의로부터 이탈하기 위해 홍콩을 선택한 피난민이 홍콩인 정체성의 출발이라고 할 수 있기 때문이나. 1950년대 대륙의 각종 정치운동을 비롯한 1960년대 문화대혁명을 피해 유입된 피난민 때문에 홍콩의 인구는 꾸준히 증가했다.

문단 내외에서 존경받고 있는 원로 작가 류이창에 의하면 1950년 이전에 홍콩에 온 중국작가들은 홍콩 현지의식의 중요성에 주목하지 못했다.[14] 루웨이롼은 "홍콩에 잠시 거주한 그들은 홍콩을 선전문학을 하는 곳으로 여겼다. 그들의 마음과 눈은 중국대륙을 향하고 있었다"[15]고 보았다. 정린絵人은 "몇 십 년의 홍콩문단을 회고해보면, 수많은 문예작품 대부분이 중국대륙과 대만 정치세력의 부속품이었다. …… 작가들의 시야는 결코 홍콩에 있지 않았다"[16]고 했다. 홍콩의 문단 활동이나 문학작품에 있어 정치적 성분이 상당히 긴 시간 동안 매우 뚜렷하게 자리했음을 시사하고 있다.

사실 1949년 이후 홍콩은 영국의 조차지라는 특수한 입장으로 인해 대륙이나 대만과 미묘한 3각 관계를 구축하였다. 아울러 홍콩 내에서도 친국민당의 우익세력, 친공산당의 좌익세력, 서구적 민주사회를 지지하는 친서방세력 등이 각자 상대적으로 독립된 공간을 확보하고 있었다. 이런 정치적 현상은 향후 홍콩문화 자체의 정치적 경향성에 큰 비중으로 자리 잡게 되었다.

실례로 우익세력은 미국 공보처와 아주기금회의 지원으로 『인인문학人人文學』, 『중국학생주보』, 『조국』, 『대학생활』 등의 잡지를 창간하여 반공의식을 고취하였다. 좌익세력은 삼련서점, 상무인서관, 중화서국 등의 출판사를 기지로 『대공보大公報』, 『문회보文匯報』, 『신만보新晚報』 등 3개 신문의 문화면으로 반격을 하는 형국이었다. 하지만 실질적으로 그 당시의 강렬한 정치의식 때문에 정치적 비판이 왕왕 예술 논쟁을 대체하였다. 왜냐하면 모든 논쟁의 배후는 정치적 득실에 따라 재단되었고, 나아가서 정치적 입장에서 논쟁을 평가하였기 때문이다. 따라서 홍콩에서 문학이론 논쟁, 나아가서 예술 논쟁이 설자리를 찾지 못했던 것이다.

황지츠黃繼持는 홍콩에 "문예사조가 있었다면 대부분 대륙이나 대만의 반격이나 모사본이었다"[17]고 말한 바 있다. 당시 장기적인 동서냉전이 이런 정세에 큰 영향을 주었음은 주지의 사실이다. 아울러 이런 영향으로 인해 1950년대 생산된 홍콩의 문학작품에는 정치적 색채가 매우 짙게 부각되었다. 주지하다시피 냉전 이후 홍콩에 있어 가장 큰 정치적 이슈는 주권 이양 문제였다. 1979년 홍콩의 주권 이양 문제가 당면 현안으로 대두되면서부터 홍콩문학에 대한 각종 세미나가 활발하게 개최[18]되기 시작했다. 동시에 홍콩문학에 대한 연구 활동[19]도 진지하게 추진되기 시작했다.

사실 1980년대 이전에는 대륙이나 대만에서도 홍콩문학이라는 개념은 근본적으로 존재하지 않았다고 한다.[20] 홍콩에서 문학연구라는 측면에서 홍콩문학의 개념 정리 역시 마찬가지 상황이었다. 루웨이롼은 1970년대 하반기부터 홍콩문학에 관한 자료를 수집하기 시작하여 1981년에 그 결과를 「홍콩에서 중국작가들의 문예활동」이라는 제목의 석사논문으로 정리했다. 하지만 황웨이량이 1985년에 '홍콩문학 평론에 관한 최초의 전문서적'으로 인정받고 있는 『홍콩문학초탐』을 내놓기까지는 홍콩에서 전문가에 의한 문학 연구 활동은 미미했다고 할 수 있다.

1982년 영국의 대처 수상이 중국을 방문하여 덩샤오핑鄧小平과 주권 이양 문제를 거론하면서 홍콩은 공전의 신분 위기에 직면하였다. 그 후 1984년 12월 19일, 중국과 영국 간 《연합성명》이 체결되어 주권 이양 계획이 수립되면서 홍콩은 새로운 역사시기로 진입했다. 《연합성명》 체결 이후부터 1997년 7월 1일까지는 홍콩의 정체

횡웨이량의 저서
『홍콩문학초탐』

성에 있어 중차대한 과도기이지만, 홍콩문학이나 홍콩문화의 입장
에서 볼 때 명실상부한 정체성을 확보하기 시작한 시기였다.[21] 외
부적 충격이 내부 정체성의 확립을 유도하기 시작했던 것이다.
1980년대 그리고 주권 이양 전까지의 홍콩인들의 최대 화두는 당
연히 주권 이양과 그것에 따른 미래 불안이었다.

　1984년 중국-영국 간 홍콩반환협정이 정식으로 체결되면서 홍
콩시민들은 자신들의 신분 정체성에 대해 의문을 심각하게 제기하
기 시작했다. 그것은 그들이 이제 그들 자신의 사회를 소유하게 되
었다는 것을 의미한다. 즉 자기 공간의 진정한 주인으로 거듭나는
고통이 시작된 것이다. 필자가 보기에 1984년부터 1997년까지의
과도기 13년이라는 시간은 홍콩인의 정체성 확립에 있어 관건의 시
기라고 해도 과언이 아니다. 물론 지금도 확립과정의 연속선상에

있기는 하지만 말이다.

방황하는 정체성 이슈는 홍콩문학에 고스란히 반영되는데, 홍콩을 대표하는 작가의 하나로 손꼽히는 시시西西는 『비토진회란기肥土鎭灰闌記』에서 누가 나의 부모인지는 중요하지 않다고 하는 등 자신의 부모에 대해 끊임없이 탐구하고 있다. 바로 홍콩의 정치적 정체성에 대한 회의라고 볼 수 있다. 리비화李碧華의 소설 『연지구胭脂扣』역시 정치적 정체성 문제를 다룬 대표작의 하나이다. 이 작품은 소설의 발표(1985)와 영화화(1989)[22] 그리고 발레극 공연(1990)으로 이어져서 꾸준히 홍콩인들의 관심을 받았다. '50년 불변' 약속에 대한 의심과 이에 대한 자포자기적 심리가 주제인데, 이것이 바로 시의적절하게 홍콩인들의 공명을 대대적으로 불러일으켰던 것이다.

그즈음 류이창의 『1997』, 예웨이나葉尾娜의 『긴 복도』, 타오란陶然의 『천평天平』, 량시화梁錫華의 『머리 위 한조각 구름』, 바이뤄白洛의 『복의 땅』, 천하오취안陳浩泉의 『홍콩 97』 등 홍콩 및 홍콩문화의 정체성에 대한 문제 제기가 대량으로 나타났다. 신중하지 못한 언론매체에 대한 비판, 맹목적인 이민 풍조를 비판하거나 지쯔李子의 『1991』 등과 같이 홍콩인의 불안 심리를 조장하는 작품도 있었다. 12년 동안 홍콩에 거주한 후 위광중余光中은 떠나기 전에 남긴 「이별홍콩」, 「홍콩맺음」, 「사자산 터널을 지나면서」, 「홍콩4제」 등의 산문에서 신분적으로 불안한 홍콩의 앞날에 대한 정서를 표현하기도 했다.

2) 이산성Diaspora

"아빠는 홍콩팀이 질 거라고 생각하시는 모양인데, 그렇게는 안
될 걸요"

"시합은 이기기도 하고 지기도 하는 것인데, 누구 탓도 아니지?"

"홍콩 사람이 홍콩팀을 응원해야죠. 나빠요!"

"뭐, 너는 중국 사람이 왜 중국팀 응원 안 해?"

"우리는 지금 홍콩에 살고 있어요. 당연히 홍콩 사람이죠!"

"홍콩은 중국의 일부야. 그건 알고 있겠지?"

"홍콩은 홍콩이고 중국은 중국일 뿐이에요. 중국이 뭐가 좋아서, 화장실은 냄새가 지독하지!"

"냄새나는 화장실? 너도 그 곳에서 왔잖아?"

"내가 어떻게 알아요? 부모님이 그 냄새나는 곳에서 나를 낳은 거지. 내가 낳아달라고 한 것 아니잖아요!"[23]

　　1949년 중화인민공화국이 수립되고 그것을 피해 수많은 작가와 학자가 홍콩으로 이주해 왔는데 그들은 중국어를 통해서 그들의 신분상을 서술하기 시작했다. 피난민이 대다수이기에 그들의 문학은 '피난민문학'으로 불리기도 한다. 이후 그들의 난민 의식은 홍콩문화 곳곳에 대한 자신들의 문제의식의 주요 근간을 형성하게 된다. 즉 중국에서 태어난 중국인으로서 조국의 여러 가지 '동란'을 피해서 '어쩔 수 없이' 홍콩에 정착했음에도 시시각각으로 다가오는 자신의 정체성에 대한 고민은 피할 수 없는 것이다. 이민족이 지배세력인 곳에서의 '유복한' 생활은 간혹 '도망자'의 비애를 더 깊게 만들기도 하는 것이다. 물론 지식인 외의 소시민 역시 이 문제로부터 완전히 자유로울 수는 없다.

　　홍콩에서 태어나서 성장한 후 프랑스에 정착한 뤼치스綠騎士는 산문 「고향」에서 "중국은 용이고, 홍콩은 원래 용이 토해낸 한 알의 진주다. 이민족의 손에서 찬란한 빛을 발하고 있다. 반짝이는 그 사이에 아름답지만 약간의 쓸쓸함이 묻어난다. 달이 빠진 추석처럼"[24]이라고 한 바 있다. 용으로 상징되는 중국이 토해낸 진주인 홍콩이지만 영원히 외로운 곳이라는 메시지를 전달하고 있다.

리잉하오李英豪는 산문 「협죽도와 매화 마니아」에서 "우리는 대나무인가 복숭아인가? 우리 홍콩 거주민의 신분은? 우리는 평생 어떤 신분을 추구하는가? …… 해외 화교는 '바나나'로 불린다. 속은 하얗게 되려고 노력하지만 밖은 여전히 노랗다. 하지만 그래도 그들은 바나나류에 들기는 든다. 우리 홍콩의 협죽도는?", 이어 "모체는 이미 존재하지 않는다. 고통의 상처를 따라 조용히 사라졌다. 다음 세대는 더욱 연약해질 것이고 당혹스러워 할 것이다"[25]고 했다. 협죽도夾竹桃는 사물의 애매한 정체성을 고민할 때 중국인들이 자주 인용하는 대상이다. 그는 이제 모체는 사라지고 다음 세대는 더욱 큰 아픔을 겪게 될 것임을 확신한다. 차라리 홍콩이 아닌 다른 해외에 사는 화교들을 부러워하는 리잉하오의 심정은 처절해 보인다.

하이신海辛의 소설 『망처석望妻石』은 중국인 화가가 미국화가와 미국의 여자 재벌에 기대어 살아가면서 겪는 민족적 굴욕감을 부각시키고 있다. 미국인 여자 재벌과의 사이에서 아들을 낳은 중국인 화가는 '그의 성씨도 따르지 않고, 그의 말도 쓰지 않고, 그의 글도 쓰지 않는'[26] 아들로 인해 번민한다. 이것은 홍콩인들이 해외 중국인 사회와 연결되어 있으며, 그들이 정체성 문제에 관한 한 같은 문제의식을 공유하고 있다는 사실을 보여준다.

최근 주목받고 있는 황비윈黃碧雲은 소설 『잃어버린 도시』에서 캐나다로 이민한 홍콩대학 졸업생을 통해 "우리는 자유를 추구해서 캐나다로 왔다고 생각했지만 여기는 얼어붙은 감옥이다.…… 벗어나서 또 다른 감옥으로 왔다"[27]고 이민자의 고민을 토로하고 있다. 류이창의 『술꾼』, 시시의 『나의 도시』와 함께 홍콩 모더니즘 소설의 대표작으로 꼽히는 황비윈의 『잃어버린 도시』는 1980년대와 1990년대 중국-영국 간에 발생한 각종 정치적 힘겨루기가 야기한 해외로의 이민열풍을 부각시켰는데, 캐나다로 이주한 주인공은 정신적으로 여전히 표류히면서 홍콩을 그리워하고 있다. 황비윈은 『전쟁일기』에서 뉴욕에도 홍콩에도 속하지 않고 안주하지 못하는 홍콩이민자들의 심리를 묘사하고 있다. 이처럼 디아스포라는 홍콩 작가들의 주선율인데, 작가는 작품 속의 주인공들을 통해서 당대 홍콩인들의 고민을 여실히 그려 내고 있는 것이다. 해외 이민조차도 홍콩인들에게 영원한 안식을 주지는 못하고 있음을 보여준다. 이외에도 시시의 『춘망春望』(1980)은 대륙과의 관계, 대륙 친인척에 대한 애정이 주제이며, 『부성지이浮城志異』는 상승하지도 하강하지도 못하고 공중에 떠있는 도시 홍콩을 묘사하고 있어 홍콩인의 디아스포라를 실증하는 작품으로 손꼽을 수 있다.

홍콩인 디아스포라가 짙게 깔린 산문으로는 저명한 언론인인 뤄푸羅孚에 의해 홍콩의 특산품이라고 인정받은 둥차오董橋가 있다. 류사오밍劉紹銘은 『둥차오 자선집』 서문에서 "둥차오의 책이 하루라도 시장에 나와 있다면, 홍콩의 독서인들은 하루라도 심심하지 않을 것이다"라고 했다. 이렇게 본다면 둥차오는 '중국과 서양이 복잡하게 얽히는 곳이자, 동양과 서양의 회통(華洋雜處 中西匯流)'으로 대표되는 홍콩브랜드의 간판 상품이라고 할 수 있을 것이다. 나아가서 그의 신세 역시 대륙에서 출생하고 해외에서 거주하다가 대만에서 대학공부를 하고 졸업 후 홍콩에서 일하다가 다시 영국에서 유학하고 홍콩에 정착한 형태는 홍콩인 특히 홍콩지식인의 전형이라고 할 만하다. 뤄푸의 적극적인 소개로 둥차오는 홍콩의 대표 브랜드 문학상품으로 대륙에서도 큰 호응을 받아 한 때 '둥차오 열풍'을 일으키기도 했다.

3) 도회성

'비좁음'에 대한 홍콩의 명성이 세계 최고의 반열에 오른 것은 어제 오늘의 일이 아니다. '비좁음'은 아마도 전지구화에 시시각각 직면한 인류 대다수의 피할 수 없는 운명일 수 있다. 따라서 세계 각 지역의 여러 도시가 홍콩을 주목하고 있는 또 다른 이유가 된다. '비좁음'은 홍콩문학의 정체성을 창출하고 규정하는 중요한 요소임에 틀림이 없다. '비좁음'은 도회의 상징인 인산인해, 고층 빌딩군, 교통문제와 등식을 이룬다.

홍콩의 문학 장르 중 주도적 위치에 있다고 할 수 있는 산문의 경우 인산인해, 빌딩군, 교통수단에 대한 주제가 많다. 위광중余光中은 '스피드 숭배'(「고속의 연상」)[28]라는 표현을 사용했다. 리모李默는 '청결, 폐쇄, 쾌속'(「지하철」)[29]으로 홍콩 지하철을 규정했다. 예쓰也斯는 "자동차는 신음하고 폭발하고 거칠게 성질을 낸다. 자동차는 모든 것을 교란시키고, 모든 것을 내팽개친다. …… 당신의 가정으로 돌진한다"(「텔레비전의 자동차」)[30]는 것으로 도시 홍콩에서 자동차가 주는 스트레스를 표현했다. 계속해서 예쓰는 "앞서가고 있는 냉정한 빛을 쫓아간다. 시간은 이미 되었으나 늦어 버렸다. 따라가고 또 쫓아간다. 문이 거의 닫힌다. 철문에 발이 끼이고, 예리한 칼날은 손가락을 자른다"(「악몽」)[31]고 도시 홍콩의 급한 그리고 긴장된 이미지를 한탄한다.

어빙 호Irving Howe의 관심이 도시는 어떻게 문학에 영향을 주고, 문학은 도시에 또 어떤 영향을 주는지인 것[32]처럼 도시와 문학은 지식인의 중요한 화두가 된지 오래이다. 상공업 중심의 도시리듬은 농촌사회의 리듬과 분명 다르다. 상공업사회는 일체의 효율을 강조하기 마련인 것이다. 이제 효율은 시간과 필연적으로 건곤일척의 승부를 벌인다. 류이창은 단편소설 『시간』에서 출근하는 부부의 대화를 통해 시간에 쫓기는 홍콩인의 긴장리듬을 소개했다. 모순의 통일체로서 도시는 물질문명을 대표하는 번영의 상징이기도 하지만 다른 면에서는 정신의 사막이자 사람살이의 지옥이기도 하다.[33]

도시화에 따른 산림훼손이나 도시환경의 변화 역시 산문작가의 주요 관심사이다. 쓰마창펑司馬長風은 무분별한 채벌을 "산과 골짜기에 가득한 시체들", "평생 본 것 중 가장 잔인한 대도살"(「임풍애계원臨風哀繼園」)[34]이라고 격노했다. 후옌칭胡燕青은 "도로변의 가게들은 하나하나 바뀌었다. 야채와 두부를 파는 곳이 이제 패스트푸드점이 되었고, 쌀가게는 수퍼마켓으로 변했다. 골목 입구의 그 전당포는 17·8년을 끈질기게 지켜오기에 이젠 지탱하는구나 싶었는데, 하룻밤 사이에 전자오락실로 변신해서 아이들을 불러 모으고 있었다"(「채점彩店」- 1985년 홍콩중문문학상 산문 최우수작)[35]고 나날이 바뀌어 가고 있는 도시풍경에 실망을 나타내고 있다. 하이신의 소설 『망처석』에서도 고층 빌딩군, 자동차 홍수 등은 스토리의 배경으로 일관되게 그려지고 있으며, 출현인물들 대부분이 사상이나 관념적으로 고도로 긴장된 홍콩인으로 묘사되고 있다.

『홍콩소설사』를 집필한 위안량쥔은 홍콩소설의 특징으로 1.고도로 근대화된 국제도시로서 홍콩의 발전이 1980-90년대 소설 작품에 반영, 2.살벌한 전쟁터 같은 비즈니스 현장에서 벌어지는 경쟁, 이용, 사기 등과 금융, 재벌 이미지가 풍부, 3.현대사회의 폐단(살인, 강도, 마약, 인간소외) 반영, 4.1997년 주권회귀를 둘러싼 홍콩인의 복잡 미묘한 심리상태, 5.백 년 동안의 굴욕 및 반세기의 번영이 가져온 복잡하고 독특한 심리상태 등 다섯 가지를 들고 있다.[36]

직접적으로 도시를 제재로 한 작품은 쿤난崑南의 『땅의 아들』, 시시의 『나의 도시』, 류이창의 『술꾼』, 예쓰의 『전지剪紙』, 신위안心猿의 『광성난마狂城亂馬』 등인데, 모두가 홍콩문학의 진수로 손꼽히는 작품들이다. 특히 1950년대부터 70년대로 이어지는 이 시기에 주목하지 않으면 안 되는 작가는 바로 시시이다. 그는 앞에 나열한 현실주의 관련 문학잡지의 주요 작가인 바, 문학형식과 수법에 있어 영향력이 가장 컸던 전위작가[37]로 평가받고 있다. 그 전위적인 성향으로 볼 때 시시 자체가 도시 홍콩의 산물이라고 할 수 있다.

한편, 1955년은 홍콩문학에 새로운 가능성이 출현한 시기였다. 『시잡詩雜』이라는 시 간행물을 통하여 모더니즘이 소개되기 시작했던 것이다. 1956년에 창간된 『문예신조』를 시작으로 『신사조』, 『호망각好望角』, 『홍콩시보』의 문화면 『천수만淺水灣』 등의 매체는 모더니즘의 전성시기를 가져왔다. 굳이 이 시기 홍콩문학의 특징을 개괄한다면 정치적 이슈에 휘둘리면서도 한편으로는 강력한 모더니즘적 특징이 지배적인 조류였다고 볼 수 있다. 이 시기는 홍콩이 이제 막 소위 근대적 대도시로서의 형태를 구축하기 시작한 시점이라는 것에 주목할 필요가 있다. 이렇게 본다면 도시감성과 모더니즘적 경향은 불가분의 관계에 있다고 할 것이다. 홍콩 모더니즘의 특징은 금전이 인성에 미치는 왜곡, 그리고 시장의 문화 잠식이다. 홍콩문학의 모더니즘 계열 대부분이 홍콩인의 정신 분열[38]을 그리고 있다. 중국현대문학사상 최고의 도시적 감성을 지녔다고 평가되는 장아이링張愛玲의 경우가 대표적이라고 할 만한데, 도시작가 대다수가 도시의 소란스러움을 싫어할 때, 그는 전차 소리가 들려야만 잠이 들 수 있었다고 한다.[39]

1960년대 홍콩문학을 대표할 수 있는 작품은 1963년에 출판된 류이창의 『술꾼』을 손꼽아야 한다. 주인공인 '술꾼'은 전업 작가이다. 14세부터 문학창작에 몰두하여 순수 문예잡지의 편집에 심혈을 기울이기도 했고, 출판사를 경영하여 '5 · 4 운동' 이래의 우수 문학작품의 출판에 전념한 우국지사형의 문인이다. 홍콩도착 후 생활방편을 위해 부득불 성애소설을 창작하기도 하였으나 곧 양심의 가

책을 느낀다. 알코올로 자기 마취를 시작하여 사회와 동료로부터 철저하게 소외당힌다.

중국 최초의 심리 장편소설로 분류되는 이 작품은 현대 도시인의 정신 상태 즉 자본에 의해 지배당하는 현대인의 심적 고통을 초현실주의와 상징주의 수법으로 그려냈다는 평가를 받고 있다.[40) 소설 주인공의 여러 가지 정신적 문제는 홍콩이라는 대도시가 핍박한 결과라는 것이며, 홍콩이야말로 이 소설의 진정한 주인공이라는 것이다.[41) 주인공 '술꾼'은 편지에서 "홍콩의 문화공기가 갈수록 희박해지고 있다. 서점에는 무협소설, 색정소설, ……, 가짜 문예 …… 모두가 상품일 뿐이다"[42)라고 하면서 1960년대 초에 이미 상품성이 우선되는 사회적 분위기로 전이되고 있는 홍콩의 상황을 묘사하고 있다.

4) 통속성

황슈지黃修己는 『20세기 중국문학사』에서 "홍콩의 통속소설의 최고 중 하나는 진융金庸의 무협소설이고 하나는 이수亦舒의 애정소설이다. 이 둘은 각기 다른 정도로 전통문화와 도시감성에 연결되어 있으며 현대소설에 새로운 문체를 보탰다"[43)고 했다. 또 쉬쯔둥許子東은 "20세기 중국어 문학의 문학사라는 틀 안에서 본다면, 홍콩에서 유행하는 통속문학은 홍콩의 순수문학보다 훨씬 중요하다"[44)고 하여 홍콩에서 통속문학이 차지하는 비중의 중요성을 말하고 있다.

1994년에 왕이취안王一川은 『20세기 중국문학대사문고』를 편집하면서 홍콩의 무협소설가 진융을 루쉰, 선충원沈從文, 바진巴金 뒤에, 라오서老舍, 위다푸郁達夫, 왕멍王蒙 앞에 배치했다.[45) 당시로서는 매우 파격적인 평가로 전 세계 중국문학 학자들의 시선을 한 몸에 받았었다. 그리고 중국의 대표적 인터넷 검색엔진 중 하나인 시나닷컴(www.sina.com.cn)은 '중국인에게 가장 크게 영향을 끼친 20세기 서적' 심사에서 최다 득표한 10권 중 두 권을 진융의 소설이 차지했다고 발표했다. 그의 『사조영웅전射雕英雄傳』은 루쉰의 소설집 『납함吶喊』에 이어 차석을 차지했으며, 『녹정기鹿鼎記』는 9위에 랭크되었다.[46]

진융은 1956년 1월 1일 『홍콩상보香港商報』에 『벽혈검碧血劍』을 연재하기 시작했다. 그해 9월 5일에 진융의 『서검은구록書劍恩仇錄』이 『신만보』에 연재되기 시작하였다. 역시 신파무협소설의 대가로 공인되는 량위성梁羽生의 『용호투경화龍虎鬪京華』는 1954년에, 진융의 『서검은구록』은 1955년에, 량위성의 『백발마녀전白髮魔女傳』은 1957년에, 진융의 『신조협려神雕俠侶』는 1959년에, 진융의 『녹정기』는 1960년대 말에 발표되었다. 1950-60년대에는 무협지의 탄생이 매우 활발했다. 홍콩이 도시로서의 안정적 위치를 확보하기 시작하였으며, 신문이 홍콩인들에게 중요한 매체로 깊숙이 자리 잡게 되었고, 그 신문의 판로를 위하여 무협지가 경쟁적으로 연재되기 시작했음을 알 수 있다. 바야흐로 신문이라는 언론매체가 홍콩사회의 정체성을 만들어가는 매우 중요한 상징이자 상업성의 전도자로서의 역할을 다져가고 있었던 것이다.

공상과학소설 『위사리衛斯理』는 1960년대 『명보明報』에 연재하기 시작했으나 유행은 1970년대 중엽 이후라고 한다.[47] 애정소설의 대가 이수는 1960년대 작품 발표를 시작했으나 자신의 개인적 창작특징을 확립한 시기는 1970년대이다. 1983년에 황웨이량이 홍콩의 55개 중국어 신문사 중 13개를 조사한 바에 따르면, 무협소설, 애정소설, 공상과학소설 400개 이상이 고정적으로 연재되고 있었다.[48] 1980년대 대만문학과 홍콩문학은 연애소설이나 무협소설의 형태로 대륙문단에 강력한 영향력을 행사했다. 쉬쯔둥은 주로 사람들이 일반적 욕망인 성, 폭력, 금전, 권력 욕망을 발산시켜 주어서 대다수 시민들의 백일몽을 충족시켜 준다[49]는 점을 통속문학의 특징으로 본다. 따라서 통속문학은 또 다른 입장에서 홍콩의 신분을 명확하게 규정하고 있다.

황웨이량은 홍콩의 통속문학을 잡문, 무협과 공상과학소설, 애정소설로 나누었다.[50] 무협소설, 애정소설, 공상과학소설이야말로 홍콩문학의 정체성을 보여준다고 할 수 있다. 왜냐하면 성, 폭력, 돈, 권력을 소위 통속문학의 주요 성분이라고 한다면 대륙에서 그것은 적어도 30년 동안 단절되었다고 볼 수 있기 때문이다. 주지하다시피 대만의 그것 역시 질과 양에 있어 홍콩의 수준에 미치지 못한다.

한편, 정수선鄭樹森은 홍콩에서 무협소설이 성공하고 있는 이유에 주목하고 있다. 그는 무협소설에서 자주 보이는 전통윤리, 강호의 의리는 모종의 옛 질서와 구 윤리에 대한 미련이나 그리움이 아닌지? 바꾸어 말하면 현대 공업 문명사회가 야기하고 있는 심리적 불안 및 외부 스트레스에 대한 해결방식이 아닌지?[51]라고 묻는다. 무협소설 탄생의 가장 큰 영광을 도회 공간 홍콩에게 돌리고 있는 것이다. 반면에 차이이화이蔡益懷는 『녹정기』의 주인공 웨이샤오바오韋小寶를 들어 처절한 생존공간으로서의 홍콩 사회를 비판하고 있다. 웨이샤오바오는 철두철미한 세속주의자로서 그의 상황은 당대 홍콩인의 신세와 생존철학을 대변하고 있다는 것이다. 즉 기생집, 도박장, 시장, 관료 사회 등의 사회 영역이 그 같은 복잡한 성격을 주조해냈으며 그의 인격을 왜곡시켰기에 도박성, 노예근성, 허위성과 동시에 강호의 의리와 충효를 겸비했다[52]고 본다.

그렇다면 통속문학은 고도의 물질 문명도시 홍콩이 생산한 것으로 사회 경쟁으로부터의 도피심리가 만들어낸 홍콩문학의 간판이라고 할 수 있다. 따라서 전지구화가 심화될수록 통속문학의 번성을 점칠 수 있다는 것이다. 즉 정치화나 상업화가 심화될수록 양극화가 진행되고 그 한 쪽에서는 체제 이탈적 정서가 고양될 것이기 때문이다. 그런 현실적 측면에서 홍콩에서 작가들은 작가의 사회적 사명에 고민하기도 하는 것이다. 작가 천하오취안陳浩泉은 『객관성을 소홀히 했다』에서 홍콩은 매우 현실적인 상업사회이기에 작가도 밥을 먹어야 하고, 집이 있어야 하고, 가정을 책임져야 한다[53]고 말했다. 또 류이창은 "작가가 사회에 대해 책임이 있다고 한다면, 사회는 작가에 대해 책임이 없는가?"[54]라고 질타하여 통속문학과 홍콩공간의 그 특별한 관계를 규정하기도 했다.

4. 홍콩문학 전망

지금까지 타자로서의 홍콩적 정체성을 파악하기 위해 문학 현상의 외연과 내연을 조명해 보았다. 그 결과 필자는 정치성, 이산성, 도시성, 통속성을 홍콩문학의 주요특징으로 결론내릴 수 있었다. 따라서 굳이 관성의 법칙을 들먹이지 않더라도 향후 홍콩공간의 문학적 정체성은 이 범주를 크게 벗어나지 않을 것임을 알 수 있다. 왜냐하면 우선 정치성을 따져 보더라도 큰 변화는 보이지 않기 때문이다. 주권 이양 후 10년차를 기록하고 있는 홍콩은 1997년이라는 시기를 중심으로 역사적으로 큰 변화가 발생한 듯 그리고 발생하고 있는 듯 보인다.

하지만 영국 대신에 중국이라는 새로운 빅브라더의 등장이라는 점 외에 뚜렷한 변화는 없다고 할 수 있다. 다만 새로운 지배자가 '중국인'인 홍콩인의 신분적 정체성의 주류라고 할 수 있는 중국이기에, 또 홍콩에 대한 지배권의 확보과정이 중국으로 대표되는 숭희인민공화국 석 국족國族신분의 회복과정이라는 점에서 다소 복잡한 의미를 지니고 있다는 점 외에는 말이다. 따라서 중국(본토)-홍콩(이산)의 구도로 볼 때 홍콩인의 이산성에 있어 문제 해결이라는 방향성이 조금은 더 분명해진 것처럼 보인다. 하지만 이것 역시 지난한 통과의례가 기다리고 있다.

적어도 주권 이양 후 50년간 불변이라는 기본법의 규정[55] 기간 동안 홍콩인들은 '우리는 누구인가?'라는 정체성 찾기에 골몰할 것이다. 왜냐하면 중국은 중국대로 홍콩인들에게 중국적 정체성 부여라는 막중한 임무에 충실할 것이고, 홍콩인들은 홍콩인들대로 기존에 구가해오던 자기이익에 위반되는 상황에 철저하게 대항해야 할 것이기 때문이다. 따라서 홍콩은 향후 외부 충격의 직접적 동기인 정치적 중국과 진퇴를 거듭할 것은 자명한데 1997년 주권 이양 이후 중국-홍콩 간 여러 가지 갈등이 표면화되고 있음이 이를 뒷받침한다.

중국은 홍콩 주권을 회수한 뒤 이중/삼중의 안전장치를 마련해 홍콩의 민주화 속도를 조절하고 있다. 홍콩 특구의 수장인 행정장관 간접선거는 그 단적인 사례 중 하나이다. 선거인단을 친중파로 채우고, 100명 이상의 추천자를 등록 요건으로 정했다. '이견분자異見分子'의 본선 진출을 원천 봉쇄한 것이다. 민주파 정당들은 망신을 당하느니 후보를 내지 않겠다는 자세였다. 하지만 민주당의 리융다李永達 주석이 불공정한 선거제도와 싸우겠다며 주변의 만류를 뿌리치고 후보 등록을 추진했었다. 홍콩특구정부의 수장인 행정장관의 선출은 선거인단에 의한 간접선거로 '체육관 선거'란 비아냥거림을 듣는다. 둥젠화董建華가 2005년 3월 사퇴한 뒤 쩡인취안曾蔭權 전 재무부장관을 후임 행정장관으로 앉히는 작업이 완료된

것이다.[56]

　중국이 그동안 펼쳐온 홍콩 경제 부양책이라는 정책이 홍콩인들에게 정확하게 어필되고 있는 것이다. 이것을 증명할 중요한 증거의 하나가 바로 2005년 7월 1일 홍콩거리의 표정이었다. 50만 명이 넘는 인파가 거리로 쏟아져서 홍콩의 민주화를 요구했던 2004년 7월 1일에 비해 2005년은 그야말로 조용하게 넘어갔다. 민주화시위에 2만여 명이 참가했고, 주권 반환을 축하하는 친정부 행사에는 3만 명이 참가한 반면, 공룡전시회에는 무려 20만 명의 인파가 몰렸기 때문이다. 매년 7월 1일을 기대하는 민주진영이나, 매년 그날을 노심초사하는 중국정부 공히 허탈하기는 마찬가지였다.

　중국-홍콩 간 원심력과 구심력의 역학적 힘겨루기는 이미 고정 패턴화되고 있는 실정이다. 그것은 당근과 채찍으로 변신에 변신을 거듭하면서 홍콩사회에 시시각각 적용되고 있다. 2006년 3월 중국 전인대의 업무보고에서 원쟈바오溫家寶 총리는 중국정부의 11차 5개년 계획을 발표했다. 그는 향후 중국정부는 홍콩, 마카오와의 관계를 더욱 공고히 할 것이라고 공언했다. 홍콩과 경제, 무역, 과학, 교육, 문화, 체육 방면에서 교류와 협력을 강화해 나가겠다는 것이다. 구심력의 발전을 위해 가동 가능한 채널을 확대하겠다는 것이다. 향후 원심력, 즉 중국과 억지 거리두기나 구심력에 대한 부정적 관점해소를 위한 노력의 경주에 더욱 박차를 가할 것이라는 점은 자명하다.

　홍콩의 경우를 볼 때 정치적 위기는 경제적 위기를 초래하였고, 그것이 결국 정치적 부담감으로 작용하여 홍콩 정체성을 규정해 왔다. 따라서 경제적 상황은 홍콩은 물론 향후 전지구화 시대의 가장 큰 화두로 자리 잡게 될 것이다. 역으로 보면, 홍콩인의 경우 그들이 요구하는 정치적 자유의 최대 이유는 그것이 경제 상황과 밀접하게 연결되어 있기 때문이다. 호황을 누릴 때 홍콩인들은 자신들이 주도적 '중국인' 문화를 주도하는 세력임에도 불구하고 그것이 비록 식민지 영국의 정부라 하더라도 매우 적극적으로 수용했다. 반면에 1997년 주권 이양 과정이나 주권 이양 이후 모든 홍콩인들의 의식구조 속에는 정치(즉 민주)에 대한 관심이 급속하게 증폭되고 있었는데, 그것이 바로 홍콩사회의 경제력 또는 경제 상황 즉 자신들의 경제적 이익에 직결되어 있었기 때문이다.

따라서 향후 전 지구적 흐름이 대세인 요즈음, 홍콩은 다양성의 사회를 지향하겠지만 상대적으로 주도적 문화가 나름대로 부각될 것이고, 또 그 주도적 문화는 경제적 상황에 의해 크게 지배받게 될 것이다. 우리나라에서도 노무현 정부 출범 직후부터 나타난 정부 비판의 가장 중요한 기준은 경제였다. 국민들 대부분은 경제 상황이 나쁜 것은 모든 것이 나쁜 것인 바, 그래서 '노무현 정부는 잘못하고 있다'는 등식에 쉽게 동의했다. 따라서 바야흐로 경제 논리가 절대 담론으로 등장한 것은 홍콩이나 우리나라나 마찬가지이다.

결론적으로 정치성, 이산성, 도회성, 통속성이 과거 홍콩문학의 상징이었다면 관성은 여전히 홍콩문학을 분석하는 가장 강력한 방법임이 분명한 것 같다. 적어도 정치성, 이산성, 도회성, 통속성의 영향력이 홍콩문학의 전 영역을 지배할 것이라는 의심은 지속될 것이다. 주권 이전이나 이후의 정치적 상황을 보면 홍콩사회의 관성적 경향을 볼 수 있는데, 정치적 민주가 아무리 절실하더라도 홍콩경제에 위협이 될 경우 즉각 포기되어진다. 1997년 이후의 상황으로 한정할 경우 그런 현상은 더욱 뚜렷해진다. 따라서 굳이 관성의 법칙을 들먹이지 않더라도 향후 홍콩공간의 문학적 정체성은 이 범주를 크게 벗어나지 않을 것이라는 판단은 자연스럽다. ❀

3장 중국과 홍콩

1. 탈국족 상상

> 정치경제의 위장은 이데올로기 안에 있으면서 이데올로기에 의한 것이다. 그런 작동에 쓰일 수 있는 것이 바로 국민국가 이데올로기, 민족주의, 민족해방, 종족성, 종교다.[1]

1970년대와 1980년대 또는 그 이전부터 우리나라를 강력히 지배하고 있던 이데올로기의 머리는 단연 '애국'과 '민족'이라고 할 수 있다. 정치적으로 좌우를 막론하고 나아가서 남과 북을 막론하고 더 나아가서 상업적으로 '애국'과 '민족'이라는 기호를 전가의 보도처럼 휘둘러 온 것이다. 특히 '애국'의 경우 최근의 황우석 교수 사태와 월드컵 응원 광풍만 보더라도 우리가 '애국'이라는 콤플렉스로부터 벗어난다는 것이 얼마나 지난한 일인지 알 수 있다. 소위 국위를 선양하고 국가에 충성하는 것이라면 그것이 기만이거나 광기일지라도 용서되어야 한다는 논리를 보면서 이제 '애국' 역사와 그것의 해체를 생각해본다.

우리나라에서 '애국'이 다시 전열을 가다듬고 우리의 뇌리에서 그것의 가치를 재인식 또는 의미를 재편성 당하는 동안, 인근 중국에서도 그것의 선동적 효과로 인해 정부로부터 충분한 대접을 받고 있다. 최근 중국의 문화코드를 '애국'으로 집약할 수 있을 터인데, 아마도 '애국'만큼 국족[2]이라는 공동체의 신분 정체성을 확인시켜주기에 가장 적합한 소재도 드물 것이다. 아니 적어도 국족은 '애국'이라는 기호로 표기될 수밖에 없는 물적 존재라는 점은 분명해 보인다. 최근 중국정부에 의해서 국족 신분인식의 가장 중요한 수단으로 사용되고 있는 '애국'은, 중국이 홍콩의 주권을 접수한 이후 홍콩에 대한 중국국족으로의 편입유도를 위한 강력한 수단으로 이용되고 있다.

홍콩의 경우, 문화대혁명의 영향으로 1967년에 좌파주도의 대규모 폭동이 발생한 이래 홍콩정부는 유사한 '애국' 운동의 발발을 방지하기 위해 일관된 탈중국화, 탈국족화, 본토화 정책기조를 유지했다.[3] 이러한 시도를 전통적 개념으로 중국에 대한 '탈국족화'로 정의할 수 있다. 따라서 홍콩은 '조국'이 없다는 점이 유형무형으로 입력되기 시작했는데, 그것은 그동안 '홍콩은 우리 집'이라는 공익 광고로 구체화되기도 했다. 홍콩인 대부분이 대륙으로부터 이민을 왔고 대륙인과 친인척관계를 유지하고 있기에 '대륙인'이라고 할 수 있는 홍콩 자신에 대한 국족인식 훈련이 그즈음 시작되었다고 보아야한다. 홍콩정부에 의한 노력의 결과 홍콩에 거주하는 사람들에게 홍콩인은 진보, 부유, 문명으로 대륙인은 낙후, 빈궁, 반문명[4]으로 기억되었다. "비서구 세계가 야만과 혼돈과 악의 세계라면 문명과 질서와 선이라는 서구의 긍정적인 가치가 …… 여기에서 서구의 비서구 세계에 대한 침략의 정당성이 확보"[5]된다는 논리의 현실적 구현인 것이다.

최근 중국–홍콩관계를 보면 상호인식의 문화기호가 다시 '애국'과 '민주'로 재편되고 있음을 알 수 있다. 물론 그것의 이면에 작동하는 기제는 정치·경제이다. 정치와 경제는 공히 국족의 이면에서 가장 강력한 힘을 발휘하는 전제조건인데, 그것은 국족의 구성과 해체를 추동하는 중요한 일익을 담당하고 있다. 주권 이양 후 최근 홍콩의 변화를 필자는 중국국족에 대한 탈피시도라는 점에는 동의하지만, 그것을 다시 홍콩국족의 탄생이라는 관점에서 조명해 보고 싶다. 그것을 위해서는 1997년 주권 이양 이후 '1국가 2체제'라는 새로운 형태의 종속 관계적 틀 속에서 중국–홍콩의 양자 관계가 문화적으로 어떻게 재배치되고 있는지를 보아야 한다. 중국국족에 의

해 전 방위적으로 선양되고 있는 '애국', 그리고 그것과 '민주'와
이 대립구조는 새로운 문화현상으로 자리 잡고 있다. 우선 국가
State와 국족Nation에 대한 개념 정립이 필요한 것 같다. 국가의 지
배계급 도구성을 비판한 플란차스N. Poulantzas에 따르면,

> 국족은 커뮤니티가 상상하는 공동체이다. 국가는 통상적으로 국족
> 인구를 통제하는 행정체계로 정의되고 있다. 동시에 국족을 농단
> 하는 권력실체이기도 하다. 국가는 왕왕 스스로를 국족의 화신으
> 로 묘사하는데, 국가는 국족을 완전히 포용하지는 못할지라도 국
> 가공간은 늘 국족이 몸을 기탁하는 장소로 인식된다.[6)]

필자는 플란차스의 의견에서 국가는 왕왕 국족의 화신이 된다는
사실에 주목하고자 한다. 그러니까 정치실체인 국가는 국족의 또
다른 신분전환으로 보아야 한다는 것인데, 이 때 국족은 국가와 동
일시된다. 따라서 국가는 왕왕 국족을 대변한다는 의미일 것이다.
나아가서 국가가 국족을 완전하게 포용할 수 없을지라도 국가는 국
족이 의지하는 실제로 인식되는 것이다. 1997년 주권 이양 후 9년
간의 결과로 볼 때, 중국-홍콩 간 2개 국족 신분의 첨예한 대립이
날로 격화되고 있다. 물론 이러한 설정은 정치적 실체의 움직임으
로 보아 가능한 것이다. 즉 중국이라는 거대한 정치적 실체와 홍콩
이라는 종속적 지위의 정치적 실체 간 상호 정치적 교량의 차원에
서 노출되는 것이다. 바꾸어 말하면 중국이라는 국가는 그것이 보
유하는 정치적 후진성답게 국족의 정서를 단일한 톤으로 대변하고
있고, 홍콩은 나름대로의 '민주'적이고도 다양한 방식으로 국족 정
서를 표출하고 있다. 이 과정에서 중국국족과 홍콩국족의 신분은
대립구도를 형성하고 있다. 현시점 중국국족의 상징이라고 할 수
있는 '애국'이라는 기호가 홍콩국족의 형성에 일정하고도 지속적

인 영향을 미치고 있음은 홍콩국족의 방어기제가 작동하는 것으로 증명되는데, 그것은 '민주'라는 기호로 구체화되고 있다.

역사적으로 제3자의 출현이 없었다면, 홍콩인은 '조국'의 동포와 마찬가지로 '애국'하는 '중국' 사람으로 생존하고 있을 것이다. 하지만 170여 년 전부터 홍콩은 중국의 방향과는 반대로 대영제국이 의도하는 방향으로 발전해 왔다. 더불어 홍콩의 기억은 그렇게 단순하지 않아 중국에 대한 기억과 함께 영국에 대한 생생한 기억도 있다. 주권 이양과 더불어 매우 강력한 모습으로 중국국족은 재림하고 있다. 동시에 그것과 더불어 홍콩국족은 새로운 방향을 설정하고 있는 중이다.

2. 중국국족의 재림

1) 1국가

《중화인민공화국 홍콩특별행정구 기본법》은 중국 중앙정부와 홍콩특별행정구와의 관계를 명확하게 규정하고 있다. 즉 홍콩특별행정구는 중국의 지방행정구로서 고도의 자치권을 향유(12조)한다. 하지만 중앙정부는 외교와 국방을 책임지며, 외교부는 홍콩에 사무소를 설치하고, 중국군은 홍콩에 주재(13, 14조)한다고 했다. 아울러 중앙정부가 홍콩의 행정수반Chief Executive을 임명(15조)한다는 점도 분명히 하고 있다. 이것으로 볼 때 정치적으로 중국의 주도적 입장과 홍콩의 종속적 지위는 분명해 보인다. 따라서 이 관계의 확인과 주입에 대한 지속적 노력은 중국정부의 당연한 의무사항인지도 모른다. 중앙정부의 지도급 인사들에 의한 확인과 주입은 때로는

홍콩특별행정구 기본법

정치적으로, 때로는 경제적으로 반복되고 있다.

중국 중앙정부의 원자바오 총리는 2003년 6월 홍콩을 방문하여 주권회귀 6주년 행사에 참석하였다. 6주년이라는 시점과 총리의 방문은 주권 이양 후의 상황과 결과에 대한 자신감을 나타내고 있다. 원자바오 총리 등 중국 국가 지도자들은 기회가 있을 때마다 홍콩이 기회를 놓치지 말고 경제발전해야 한다[7]는 당위를 수시로 확인시킨다. 하지만 최근 홍콩특별행정구를 중심으로 전개되고 있는 정치 정세는 홍콩에 대한 홍콩인들의 지대한 관심을 불러 일으키고 있는 동시에 대륙인들의 깊은 우려를 야기하고 있다고 한다. 대륙의 학자들 역시 다방면으로 꾸준히 홍콩이 처한 정치경제적 딜레마에 대한 각성을 촉구하고 있다. 즉 홍콩의 정치적 안정과 순차적 발전, 홍콩의 경제 발전과 사회 안녕, 홍콩과 대륙 사이 '1국가 2체

홍콩 구기區旗와 중국 국기國旗

제'틀 속에서 건설적 관계 구축인데, 이 3대 기본 가치를 손상시키는 어떠한 기도나 행동은 용납될 수 없다는 점[8]을 수시로 강조하고 있다. 소위 '자본의 행진'에 대한 애국주의 이데올로기의 완벽한 작동인 것이다.

'1국가 2체제'의 구상은 덩샤오핑이 한 것으로, 당초 대만문제를 해결하기 위해 마련되었으나 결과적으로 홍콩과 마카오에 우선 적용되었다. 기본 내용은 중화인민공화국 내 국가의 주체(13억 인구의 대륙)에는 사회주의를 계속 시행하고, 홍콩/마카오/대만은 자본주의를 시행하는 것이다. 당시 '1국가 2체제'가 억지로라도 홍콩인과 영국정부에 받아들여진 이유는 이 제도의 중점이 '2체제'와 '고도의 자치'에 있었기 때문이다. 하지만 최근 중국정부는 '2체제'보다는 '1국가' 원칙을 최대한 강조하고 있다. 그래서 '애국자가 홍콩을 통치한다'는 덩샤오핑의 원칙[9]을 되풀이해서 발표하면서 홍콩의 친중파 매체를 충동원히여 에고지에 대힌 해석을 꾸준히 내놓고 있다. 애국자에 대한 언론의 보편적 해석은 정치체제 개혁의 문제에 있어 중국정부의 의견을 지지하는 자는 애국자이기에 따라서 홍콩을 통치할 자격과 능력을 갖추었다는 것이고, 중국정부와 의견이 다른 사람은 비애국자로서 홍콩을 통치할 자격도 능력도 없는 사람이 된다. 심지어 '매국노'나 '간첩'이 되기도 한다.

2004년 2월 10일, 중국공산당 중앙의 유관부서 책임자는 '애국자'가 홍콩의 지도자가 되어야 한다고 했다. 더불어 '1국가'는 '2체제'의 전제이며, '홍콩인이 홍콩을 통치한다'에서 홍콩인은 애국자가 전제가 되는 홍콩인을 말하는 것이며, '고도의 자치'는 홍콩특구가 중앙이 부여하는 권한 하에서 고도 자치를 말하는 것[10]이라고 밝혔다. 물론 이 말은 어제 오늘 갑자기 대두된 말이 아니다. 홍콩정치체제 발전의 선상에서, 정치개혁을 요구하는 홍콩인들의 강력한 요구에 대하여 주권 이양 이후 중국정부는 표면적으로 시종일관 불간섭 정책으로 일관해 왔다. 하지만 2003년부터 '1국가'는 '2체제'보다 절대적으로 우선하며 중앙정부의 통치권은 홍콩인의 자치권에 우선한다는 점을 반복 강조하고 있는 실정이다.[11]

2) 애국

2003년 9월-10월, 중국정부는 중국의 최초 우주인 양리웨이楊利偉를 국가 영웅으로 부각시켜 홍콩을 방문하도록 했다. 그가 홍콩에 체류하는 동안 대대적인 환영프로그램이 이어졌음은 물론이다. 이런 방식으로 중국정부는 매우 강력한 국가주의 분위기를 조성하기 시작했다. 이것은 2003년부터 이어진 '애국' 프로그램의 일환으로 홍콩전체는 '애국'의 용광로로 거듭난 듯 했다. 그즈음 중국정부에 의한 애국주의는 '애국애항愛國愛港'에 집중되고 있었다. '국가사랑愛國'과 '홍콩사랑愛港'을 동시에 제기하는 이런 방법은 개념 바꿔치기나 시선 옮기기[12]수법으로 비유되기도 하는데, 정치체제에 관한 논쟁을 '애국'논쟁으로 바꾸거나, 모호한 애국주의 기치로 사실을 호도하는 수법일 수도 있다. 따라서 애국주의 기치 아래에서 '1국가'는 '2체제'의 절대적 전제가 되는 것이다.

2004년 1월 16일, 중국의 법률전문가 샤오웨이윈蕭蔚雲은 《1국가 2체제 연구센터》가 주최한 『정치체제 발전과 기본법 세미나』에서 홍콩특구정부의 권력은 중앙으로부터 나온다며, 홍콩이 '뿌리가 없는 나무, 근원이 없는 물'이 아님을 강조한 바 있다. 물론 이 때의 '뿌리'와 '근원'은 근본을 가리킬 텐데, 유교적 정서로 볼 때 '근본' 없는 인간은 얼마나 욕된 존재인가! 이것은 홍콩에서의 '애국' 논쟁의 개시를 알리는 서막이었다. 2월부터 중앙정부는 덩샤오핑의 관련 담화를 인용하면서, '중앙정부는 홍콩입법회의의 해산을 명령할 권한이 있다'는 점을 되풀이 강조하기도 했다. 이어서 그해 10월 1일, 중화인민공화국 국가國歌인 《의용군행진곡》 단편영상물 《마음은 고향과 국가에 연결되어 있다(心繫家國)》가 홍콩의 주요 텔레비전 방송을 통해 방영되었을 때 중국의 국가주의 선동은 절정에 달한 듯 했다. 하지만 그것을 기점으로 홍콩사회에 오히려 강렬한 반 '애국' 정서가 출현하기 시작했다. 도도한 만리장성, 장려한 장강 삼협, 중국 최초의 우주인 양리웨이를 배경으로 한 국가 단편영상물은 홍콩인의 심리적 반발을 초래하기에 충분했다. 하물며 중화인민공화국의 국가인 《의용군행진곡》(작곡:니에얼聶耳, 작사:톈한田漢)의 가사는 서슬 시퍼런 애국주의의 상징임에 틀림없음에랴.

일어나라! 노예가 되고 싶지 않은 사람들아!
우리의 피와 실로 새로운 만리장성을 쌓자!
중화민족에게 가장 위험한 때가 도래했으니,
모든 사람은 최후의 함성을 질러야 한다.
일어나라! 일어나라! 일어나라!
우리 모두는 한마음으로,
적들의 포화를 무릅쓰고 전진한다!
적들의 포화를 무릅쓰고 전진한다!
앞으로! 앞으로! 가자!

2004년 10월 1일, 이 날은 홍콩의 텔레비전에서 처음으로 중화인민공화국의 국가인 의용군행진곡이 방송되기 시작한 날이다. 공중파를 통해서 국가가 방송되었다는 사실이나 2004년이라는 시점은 모두 중국-홍콩 간이라는 목표 분석에 매우 중요한 상징성을 띄고 있다. 원래 항일 전쟁이라는 비상시기에 군가로 유명했던 이 국가는 홍콩인을 긴장시키기에 충분했다. '노예'와 '중화민족' 그리고 '적'이라는 어휘가 등장하는 이 국가의 방영은 중국국족으로의 귀환을 희망하는 중국 정부의 의도와는 달리 역으로 홍콩 본토의식의 제고에 기여했다.

사실 중국은 1990년대부터 민족주의의 보수성을 인정하고 이의 극복을 위해 노력한 바 있는데, 그 노력의 일환으로 민족주의의 배타성을 인정하고 공리주의적 민족의 건설을 위한 국족 개념을 제시했다[13]고 한다. 그래서 황하나 장강 그리고 만리장성은 그것의 배경으로 사용된 지 오래였다. 하지만 공리주의와 부합되는 새로운 개념 도출에 실패하여 민족으로 회귀할 수밖에 없었다[14]는 논지는 중국-홍콩 간 대립구도의 범주에서 본다면 아무래도 성급한 결론처럼 보인다.

2004년 9월경, 중국에서 국가의 방영시간 변경을 두고 벌어진 네티즌 간의 논쟁을 보면, 국가가 왜 중국국족의 중요한 상징일 수밖에 없는지 알 수 있다. 네티즌들의 반응은 이상하리만치 격렬했다고 하는데[15], 네티즌 중의 소수가 국가방영이라는 이러한 형식주의적 수단이 필요없다고 한 반면에 대다수는 국가 단편영상물은 생활과 분리될 수 없는 부분이라는 것이었다. 그들의 반응은 대체로 국가는 국가의 상징이기에, 황금시간대에 국기를 게양하는 장면과 함께 국가를 방송하는 것은 애국주의 교육에 매우 중요하다[16]는 것이다.

특히 어떤 네티즌은 자신의 네 살짜리 아이는 텔레비전에서 국가가 들려오기 시작하면 모든 행동을 중단하고 텔레비전 앞으로 달려가서 차렷 자세로 경례를 한다면서, 국가 방영이 조국의 실체에 대한 인식에 매우 중요하다고 하였다. 이것으로 짐작컨대, 중국에서 중국국족의 '애국' 의식은 매우 뚜렷하다[17]고 할 수 있다. 나아가서 '애국' 이라는 정서가 그것의 중요한 상징으로 자리 잡고 있음을 알 수 있다. 따라서 홍콩인들이 중앙정부에 대한 감사의 말 한마디 없이, 온종일 그들의 민주를 파괴한다고 떠들고 있으니 정말 양심이 없다[18]고 비난할 수 있는 것이다. 여기에서 4세 아이의 행동을 역으로 본다면 그리고 수많은 네티즌의 '긍정적' 사고를 보면 중국정부의 주도에 의한 애국주의 선양사업은 매우 성공적인 것처럼 보인다. 그리하여 중국정부가 홍콩문제를 애국주의 홍보선상에서 해결해 보려는 시도의 청사진을 유추해 볼 수 있는 것이다.

만일 국가國歌 논쟁이 국가가 일개 국가의 권위를 상징하는 매우 중요한 매개임에 동의한다면 국가를 매일 방송하기 시작했다는 점은 중국이 홍콩에서 명실상부한 주권을 행사하기 시작했다는 신호라고 보아도 무방하다. 반면에 1997년 7월 1일이라는 주권 이양의 역사적 시점에 입각해서 문제제기가 가능한데, 명名과 실實이 상부되 주권 이양의 시점을 과연 2004년으로 볼 수 있느냐는 것이다. 7년의 시간은 중국이나 홍콩이나 관건의 시기가 분명했다는 점을 들어 이에 답할 수 있을 것이다. 즉 주권 이양이라는 엄청난 문제의식 앞에 중국과 홍콩은 함부로 내둘릴 수 있다는 사실이 그것인데, 그것은 7년 정도의 비교적 평탄한 시간이 지나서야 일정 부분 해소되었다고 간주되었던 것이다. 그리고 10월 1일 중화인민공화국의 국경일이라는 초점 역시 우리의 상상력을 안정시켜주는 동시에 문제의식의 근간이 될 수 있다는 사실이다.

한편, 중국이 홍콩을 '관리'하는데 가장 큰 장애 중의 하나는 바로 홍콩의 언론이다. 그동안 홍콩의 언론은 세계에서 가장 자유로운 상태에서 나름대로의 사명을 다해왔음은 주지의 사실이다. 물론 언론의 독립성에 대해서도 기본법에 분명하게 명시되어 있다. 하지만 언론 길들이기 작업은 중국정부에 의하여 주권 이양 전부터 '교묘하게' 지속적으로 추진되어 왔다. 가령 친중국계 신문인 『대공보』 등을 통해 "사고방식이 편파적이거나, 정부 당국에 적대적인 자들만이 불안감을 느낄 것"[19]이라고 하거나, 중국의 외교부장관이 공개적으로 "'애국'적인 방송매체는 검열을 조금도 두려워할 필요가 없다"[20]라고 언급하는 것이다. 이런 유화적 태도 역시 이미 매우 위협적이어서 상당한 효과를 거두고 있지만, 가끔 좀 더 강한 방법을 동원하여 주위를 환기시키기도 한다. 잊어버릴만 하면 한번씩 터지는 스파이 사건인데, 기자를 스파이 혐의[21]로 구속시키는 방법이 바로 그것이다. 그 와중에도 '애국'은 가장 강력한 이유이자 목적으로 작용하고 있다.

3) 보통화普通話

중국 교육부는 최근에 발표한 「국내 언어학습 보고서」에서 홍콩인들은 표준어 구사능력을 길러 (중국)사회적응력을 높여야 한다고 했다. 중국 교육부 언어정보 행정처 리위밍李宇明 국장은 "최근 홍콩인 중 보통화 구사자가 꾸준히 늘고 있지만 아직은 외국과 다름없다면서, 중국인으로서 경제나 문화 공감대 확산을 위해선 표준어 구사가 필수적이라는 걸 홍콩인들은 알아야 한다"고 했다.[22] 이처럼 중앙정부가 홍콩의 언어문제를 구체적으로 지적하고 나온 것은 주권 반환 이후 9년 만에 처음 있는 일이다. 홍콩 행정청의 조사에 따르면 홍콩인구 640만 명 중에서 89.2%가 광동어를 사용하며 표준어 사용자는 0.9%에 불과하다.

중국 정부는 홍콩사회에서 그동안 지속되어 온 보통화로 쓰기 − 광동어로 말하기를 보통화로 쓰고 말하기로 일치할 것을 요구하고 있는 것이다. 이 시점에서 1949년 국민당 당국이 대만으로 옮겨오면서 대대적으로 추진했던 '국어운동'의 기억은 새삼스럽다. 국민당 당국이 대만에서 전개했던 '국어운동'이 외성 족군의 정치적 지배를 강화시킨 반면에, 또 무수한 본성 자제의 학습과 족군 신분 인식 문제를 야기했다[23]는 지적은 현시점 시사하는 바가 매우 크다.

중국은 2010년까지 전 국민이 기초적인 표준어를 구사할 수 있게 하고, 이어 21세기 중반까지 각 지방은 물론 소수민족들까지도 표준어를 쓸 수 있도록 한다는 목표를 가지고 있다. 비록 중국이 마오쩌둥 덕분에 표준어로 통일되었다고 하더라도 여전히 40% 이상의 중국인은 보통화를 제대로 구사하지 못한다. 2006년 9월 5일자 『차이나 데일리China Daily』는 교육부 당국자의 말을 인용해 현재 13억 인구 중 보통화를 말할 수 있는 비율이 53%에 그쳤다고 전했다. 당국자는 정부의 노력으로 상황이 개선되고는 있으나 아직도 40% 이상이 ~~표준어~~를 말하지 못한다고 밝혔다. 정부는 공통의 언어를 제대로 보급하지 않을 경우 경제성장에도 악영향을 미친다고 강조하며 9월 세 번째 주를 보통화 강조주간으로 정했다. 북경과 상해를 비롯한 대도시에서는 공무원의 경쟁력 제고를 위해 2004년 표준어 시험을 보아서 일정한 수준에 미달되는 자는 해임할 것임을 꾸준히 공언하고 있는 실정이다. 중국이 표준어의 사용과 확립에 이렇게 노력하는 이유는 분명하다. 국족인식에 가장 중요한 전제조건 중의 하나가 언어통합이기 때문이다.

보통화는 '중화인민공화국'의 국어다. 따라서 주권 이양 이전의 홍콩사회에서 보통화는 비교적 드물게 통용되었다. 당시 홍콩의 길거리에서 보통화를 사용할 경우 대부분 대륙에서 막 건너온 시골뜨기로 취급받아 무시당하는 수모를 각오해야만 했다. 조금 더 좋게 대접받는다해도 대만인이나 싱가포르인 등 '외계인'일 뿐이었다. 1997년 주권 이양 이후 중화인민공화국의 홍콩특별행정구에서 보통화를 구사하는 사람들이 매우 많아졌다. 특히 주목할 만한 사실은 보통화를 알아듣는 사람이 매우 많아졌다는 것이다. 무엇보다도 홍콩의 저자거리에서 보통화를 말하는 사람을 무시하는 태도가 개선되었다. 그 뿐만이 아니라 어떤 홍콩인들은 보통화 보급을 돈을 벌 수 있는 기회로 삼아 보통화 보급을 위한 책이나 CD를 대량으로 출시하고 있다. 물론 방송국은 보통화 교육 프로그램에 많은 시간을 할당하고 있다. 이러한 변화의 가장 큰 이유는 홍콩을 방문하는 외국 관광객 중 70% 이상이 '중화인민공화국'에서 오는 중국인이라는 사실 등, 보통화가 홍콩인의 경제적 이익에 직접적인 영향을 주고 있기 때문이다.

한편, 1984년 체결된 《연합성명》에서 홍콩의 주권을 1997년에

중영연합성명 조인식

이양한다는데 합의한 후, 홍콩정부는 1986년 9월부터 초등학교 고
학년(4-6학년)에서 보통화 교육(1주에 1개 교시)을 실시하기 시작했다.
이어서 1988년 9월부터는 중학교 저학년(1-3학년)에서도 보통화 교
육(1주에 1개 교시)을 실시하여 연속성을 확보하기 시작했다. 그리고
1994년 7월부터 중국의 CCTV가 홍콩에 방송되기 시작했다. 특히
공무원의 경우, 1997년 주권 이양 전부터 중국정부가 순차적으로
모든 공무원에 대하여 북경현지에서 보통화 교육을 실시했기에 대
부분 유창하게 구사한다.

이제 홍콩인들에게 보통화는 중국 관광객을 유인하고, 중국에서
크게 장사를 하기 위한[24] 수단으로 인식되기 시작했다는 점은 주목
할 만하다. 나아가서 홍콩에서 보통화를 많이 말하고 많이 듣게 되
면 조국을 더욱 사랑할 수 있고, 중화민족의 우수한 문화를 흡수할
수 있다[25]는 데까지 발전한다. 그것은 매우 중요한데, 왜냐하면 문

화가 없는 상인은 큰 사업을 할 수 없기[26]때문이다. 이렇게 본다면 홍콩에서 신중국계인사에 의해 홍콩의 모어mother tongue인 광동어 해체 작업이 진행되고 있는 것처럼 보인다.

3. 홍콩국족의 출현

1) 2체제

1982년부터 중국은 '1국가 2체제' 이론을 확립하면서 자신의 영토 안에 홍콩특별행정구의 설치를 적용하기로 한다. 동시에 외교적 압력과 경제적 협박을 가하여, 모든 협상은 독점적으로 북경에서 이루어지되 2년 안에 모든 협상이 마무리되도록 했다. 영국과의 협상에서 무엇보다도 강조한 것은 '홍콩문제는 중국과 영국, 두 정부 간의 일'이라는 것인데, 사전에 당사자인 홍콩인의 개입을 철저히 차단한 것이다. 이는 마지막 총독으로 부임한 패튼C. Patten의 대중국 공세에 중요한 모티브를 제공하여 이후 영국은 대 중국 협상에서 '홍콩인'에 의한 홍콩 '통치'를 정책의 최우선 방향으로 선전한다. 하지만 중국정부의 의도와는 반대로 중국정부가 제시한 구호인 '홍콩인이 홍콩을 통치한다'로 홍콩국족은 구체화되기 시작했다고 할 수 있다. 이로서 홍콩국족의 의식 속에 구체적으로 '1국가'보다는 '2체제'가 더욱 뚜렷하게 자리 잡게 된다.

중화인민공화국 홍콩특별행정구 기본법에 홍콩특별행정구The Hong Kong Special Administrative Region는 중국의 일부로서 '고도의' 자치권을 향유(1, 2조)한다고 규정되어 있다. 아울러 홍콩의 현 자본주의 제도는 50년간 불변(5조)하며, 토지와 자원은 국가소유(7조)이며, 홍콩특별행정구 정부는 토지와 자원의 운영권을 보유하며, 홍콩특별행정구는 중국 국가의 국가상징 이외의 '별도의' 지역 국가 및 지역상징을 사용(10조)한다고 명시되었다. 당초 홍콩의 주권을 안정적으로 이양받기 위해 홍콩에게 보장해준 이 조항들은 중국은 달갑지 않겠지만 사회주의 중국과 자본주의 홍콩의 공존을 담보한다. 그리하여 홍콩국족이 탄생될 수 있는 충분한 공간을 제공하면서 '1국가' 보다는 '2체제' 로의 무게중심 이동을 준비시킨다.

1990년에 변호사 리주밍李柱銘의 지도하에 홍콩민주동맹UDHK이 탄생하는 것은 정치 발전의 도로에서 매우 자연스런 과정일 것이다. 홍콩민주동맹은 1991년과 1995년에 치러진 입법의회 선거 때 홍콩인들의 상당한 지지를 확보했다. 이후 진보적인 홍콩인들로부터 홍콩민주화의 상징으로 공인된 리주밍은 그 여세를 몰아 중국 정부와 사사건건 충돌한다. 이에 대해 중국 정부는 그가 국가 전복의 술책을 꾸미고 있다고 비난한다. 홍콩특별행정구의 기본법에서 드러나는 통탄할만한 불확실성에 대항해 줄기차게 투쟁하고 있는 그는 홍콩인들에게 부여한 '같은 나라 사람' 이라는 신분과 자율권의 약속이 결국 홍콩인 개개인의 자유를 침해하는 양상으로 드러날 것이라고 주장한다.[27]

1996년 설문조사에 따르면[28] 홍콩주민 30%는 자신이 중국인, 28%는 홍콩의 중국인, 35%는 홍콩인, 5%는 영국인이라고 답변했다. 적어도 60% 이상은 중국인이 아니라는 인식을 가지고 있는 것으로 보아 이미 지난한 정체성 충돌은 예고된 바 있다. 이것 역시 홍콩국족의 탄생을 위한 담지자인 동시에 홍콩국족을 지탱하는 출발점이라고 본다. 1997년 주권 이양 직전의 한 조사에서도,[29] 홍콩에서 출생하고 교육수준이 높을수록 자신이 홍콩인이라는 생각하는 비율이 현저히 높게 나왔다. 이 비율은 높은 수준의 자율성으로부터 이익을 담보 받는 공간으로서 '2체제' 를 우선시하는 홍콩국족의 구성원이 곧 형성되리라는 것을 예고한 것이다.

2) 민주

> 그가 백인 지배자를 신이나 아버지, 어머니라고 부르는 것은 결코
> 아첨이나 순진함이 아니며 '불안에 대한 방어'로서 단지 백인과
> 의존관계를 맺음으로써 안정감을 확보하려는 것이다. 식민관계는
> 바로 이런 점에서 피지배자의 정신적 욕구를 만족시켜 준다.[30]

1992년 7월 마지막 총독 신분으로 홍콩에 부임한 패튼은 부임과
동시에 홍콩의 민주화를 적극적으로 추진할 것임을 내외에 천명한
다. 영국 보수당 의장을 역임한 영국 정계의 거물 패튼 총독은 메이
저J. Major 영국 수상의 두터운 신임을 배경으로 중국과의 사전 협
의없이 홍콩의 민주화 방안을 발표한다. 당시 홍콩학계와 언론계에
는 영국의 강력한 정치적 배경을 가진 거물이 마지막 총독으로 부
임하여 중국정부와 일전을 불사할 것이라는 소문과 분석이 광범위
하게 유통되고 있었다.

1992년 10월 7일, 그는 중국 측과 충분한 상의없이 홍콩입법위
원회 연두 보고 시 1995년 홍콩입법회의 선거와 관련한 구체적 민
주화 방안(직선 의원수 확대 등)[31]을 일방적으로 제시함으로써 중국
측의 강력한 반발을 초래했다. 그는 순교를 앞둔 전도사처럼 상황
을 극적으로 만들고 있었다. 그를 보면 전도사나 순교를 각오한 신
부들이 서구의 가치를 적극적으로 원주민 사회에 전파했음을 염두
에 둔다면, 식민지배의 양상은 크게 보아 원주민에 대한 서구 이데
올로기적 조작과 지배임을 알 수 있다[32]는 말이 거짓이 아닌 것 같
다.

홍콩특별행정구 기旗와 휘장

　영국의 식민지로서 홍콩은 그동안 '자유'는 있으나. '민주'는 없
는 공간으로 회자되어 왔다. 혹자는 홍콩의 '민주'를 '관리된 민주
Managed Democracy'라고 정의하기도 한다. 최근 발행된 『장쩌민
문선江澤民文選』을 보면 중국정부는 홍콩의 민주는 홍콩인의 자발적
인 것이 아닌 누군가에 의해 조종되고 있다[33]고 일관되게 주장해왔
다. 따라서 패튼의 시도가 중국정부 논리의 근거가 되기도 한다. 실
제로 주권 이양 전에 홍콩에서 중국정부의 공식기구 역할을 담당한
신화사 홍콩지사의 사장 저우난周南에 의해 영국의 '정치를 민중에
게 돌려준다'와 '중국으로 중국을 제어한다'가 구체적으로 지명 비
판[34]되기도 한다.

　중국 측은 그 방안이 《중영연합성명》과 《홍콩특별행정구 기본법》
및 영중 외상 간 합의사항 등 3개 기본원칙을 위반한 것으로서 민
주화 명분하에 1997년 이후 설립될 홍콩특별행정구의 권한을 약화
시키려는 책동이라고 강하게 반발함으로써 영중 간 외교적 마찰[35]
을 노정했다. 계속해서 1997년 7월 1일까지 중국-영국 상호간 '야

만'과 '악惡'이라는 화두의 치열한 언론전이 전개되었다. 이를 보면 영국 당국은 "짐이 신음하는 동안에, 태양이 잠기는 서쪽에서 낯선 종족이 몰려와 초석 하나하나를 바로 세워 놓으니, 진리, 평화, 사랑, 정의가 도래하고 이곳에 자리 잡는구나!"[36]라는 자부심의 연장선상에서 매우 '성스러운' 작업을 추진하는 것을 목적으로 하고 있는 듯 했다. 그 작업을 진행시킬 역량 배양에도 매우 적극적이어서 '두뇌 유출Brain Drain' 현상을 방지하기 위한 조치라는 이유로 홍콩의 엘리트 계급에게 '민주'를 부식시키고자 했다. 이렇게 교육시킨 식민지 엘리트들에게 홍콩의 장기적 안정에 도움을 준다는 이유로 영국거주권을 부여했다. 영국은 거주권 신청자의 연령(30-40세), 경력(15년), 연봉, 교육수준, 가정배경, 영국과의 연계 등을 종합적으로 고려하여 홍콩인 5만여 명에 대해 영국본토의 거주권을 부여한 것이다. 영국거주권 부여 문제는 홍콩 장래문제 대두 이후 계속되어 온 홍콩 인력의 해외유출 현상이 1989년 '6·4 천안문 민주화 운동' 이후 심화될 조짐[37]을 보이자 이들 유능 인력의 홍콩 내 장기거주를 유도하기 위해 취해진 조치였다.

인도의 식민교육정책 책임자였던 맥콜레이Thomas B. Macaulay는 우리와 우리가 통치하는 수백 만의 인도인을 이어줄 통역계급 － 혈통과 피부색은 인도인이지만 취향과 견해, 소양과 지성은 영국인인 집단양성[38]을 식민교육의 목적이라고 정의한 바 있다. 홍콩의 마지막 총독인 패튼은 사실 5만 명의 교두보를 확보한 셈인데, 이제 5만 명은 '홍콩국족'을 상징하는 신분으로 대두했다. 물론 이 작업은 식민당국에 의해서 지속적으로 추진되어 온 이미지 메이킹의 일환으로 볼 수 있다. 영국은 홍콩을 '선진', '고귀', '문명'으로 포장해 왔는데[39], 중국은 당연히 그 반대의 개념으로 정형화되어 왔다고 할 수 있다. 이것 역시 영국식민지 당국이 매설해 놓았다고 전해지는 수많은 '지뢰' 중 하나일 것이다.

2002년 9월, 홍콩정부 행정회의는 홍콩의 국가보안법이라고 할수 있는 기본법 23조 입법을 건의하였다. 이에 대한 반발은 2003년 7월 1일에 50만 명의 시위참가라는 결과로 나타났다. 이 결과는 특구정부 6년에 대한 평가이며, 기본법 23조 입법에 대한 거부감의 표현이라고 보아야 한다. 중국정부는 2003년 기본법 23조 문제로 야기된 긴장관계와 그것에 대한 불만이 야기한 50만 명의 시위 (7월 1일)를 '급진'세력이 '민중의 힘people's power'에 기대어 특구의 기본적 정치 제도를 신속하게 바꾸려는 시도로 규정했다. 이어서 7월 9일, 5만 명의 시민이 입법회의 건물을 포위하기도 했다. 7월 13일, 《홍콩민주발전네트워크》의 주도로 센트럴에서 2만 명이 참가하여 2007년 특구행정장관 직선과 2008년 입법의원의 전면적 직선을 요구하였다. 마침내 9월 5일에 홍콩정부는 기본법 23조 입법초안의 철회를 선포하였다. 그리고 11월 23일, 지역 선거참여율이 44%에 달하여 정치에 대한 홍콩시민의 관심을 반영하였으며, 친정부파가 대패하고 민주파가 80%의 지지를 얻으며 승리했다.[40]

2004년 1월 1일, 10만 명의 시민이 '정치를 민중에게 돌려주고, 민생을 개선하라'의 구호 아래 시위에 참가하였다. 2월6일, 이제 '민주'는 21세기의 '천명天命'[41]으로까지 부상한다. 3월 2일, 4명의 민주파 인사가 미국의회의 홍콩민주청문회에 출석하였다. 4월 1일, 기본법 45조에 대한 해석권한이 최종적으로 중앙의 전국인민대표대회에 있다는 사실에 반대하는 촛불집회가 시민 3천명이 참가한 가운데 진행되었다. 4월 11일, 2만 명이 '기본법에 대한 최종해석권을 중국 전국인민대표대회가 가지는데 항의하고, 민주를 쟁취하자'는 타이틀의 시위에 참가하였다. 5월 30일, '6·4' 15주년 시위에 주권 이양 이래 최대 인원인 5,600명이 참가 '민주'에 대한 관심을 표명했다. 6월 4일, 8만 2천 여 명이 '6·4' 15주년 촛불집회에 참석하였는네, 14년 이래 신기록이었다.[42]

주목할 만한 사실은 2004년 6월 7일, 학계, 경제계, 문화계 인사 등 전문직 종사자 294명이 《홍콩 핵심가치 선언》을 하였다는 점이다. 그들은 자유, 인권, 민주, 다원, 포용, 성실, 안정, 조화 등으로 대표되는 홍콩의 핵심적 가치가 나날이 침식되고 있다는데 인식을 같이 하고, '홍콩적' 가치를 지켜 나가자는 결심을 밝혔다. 전문직 위주인 《선언》 참가자의 구성으로 볼 때, 홍콩에서 출생하고 교육 정도가 비교적 높을수록 스스로 홍콩인이라고 생각하는 경향[43]이 현저하게 높다는 설문조사 결과와의 연결이 자연스럽다.

2004년 7월 1일, 50만 명의 시민이 시위에 참가하여 민주와 보통선거에 대한 열망을 토로했다.[44] 2005년 12월 4일에는 25만 명의 시민이 조속한 민주화를 요구하는 시위에 참가했다. 2005년 12월 21일 홍콩 정부의 정치개혁안이 행정장관 직선제를 요구하는 민주화 세력의 반발 때문에 입법회의에서 부결되었다. 홍콩 입법회의는 이날 표결에서 찬성 34, 반대 24표로 정치개혁안을 부결시켰다. 반대표는 민주파 의원 25명 가운데 24명이 던진 것이다. 개혁안은 미니헌법인 홍콩 기본법을 개정해야 하기에 전체 의석(60석)중 3분의 2 이상의 찬성이 필요하다.

개혁안에 따르면 홍콩정부는 2007년부터 행정장관 선거인단을 1600명(현재 800명)으로 늘리고, 입법회의 의석을 60석에서 70석으로 확대할 계획이었다. 이에 대해 민주파 의원들은 행정장관 직선제 도입 일정이 빠졌다는 이유로 반발했다. 이날 입법회의 건물 밖에서는 수백 명의 시민들이 직선제를 요구하는 촛불 시위를 벌이고 있었다. 이날의 개혁안은 12월 4일 25만 명이 참가한 가두시위가 벌어진 뒤 쩡인취안 홍콩 행정장관의 주도로 준비되었던 것이다.

그는 입법회의 임명직(현재 30명) 의원의 수를 2008년 10명으로 줄이고 2012년에 완전히 없애겠다는 타협안을 제시했던 것이다. 이에 대해 민주파는 2012년에는 행정장관을 직선으로 뽑는다는 내용을 주문했다.[45)]

홍콩의 정치 개혁안에는 민주화에 대한 일정이 명시되어 있지 않다. 쩡인취안 홍콩 행정장관은 개혁안을 설명하면서 직접선거는 2007년 이후에 논의하자고 했다. 중국정부의 입장을 대변한 것이다. 홍콩특별행정구의 수반인 행정장관은 선거인단에 의한 간접선거 방식으로 선출된다. 임기는 5년이며, 중국정부가 임명한다. 그리고 총 60석인 입법의원 중 직선은 30명이고 나머지 30명은 직능별 간접선거로 선출한다. 이날 시위에는 '홍콩의 양심'으로 불리는 천팡안성陳方安生 전前 정무사장政務司長(국무총리 격) 까지도 가세하여 직접선거에 대한 구체적인 시간표 제시를 요구했다. 재야 민주세력들과 민주당은 2007년까지 민주화 실현을 위해 노력하기로 했고, 홍콩학생연맹도 앞으로 직접선거 쟁취를 위해 무기한 투쟁할 것이라고 했다.

이에 대한 중국정부의 입장은 단호했다. 차오샤오양喬曉陽 전국인민대표회의 상임위 부주석은 "홍콩정부는 민주화 일정을 제시할 권한이 없다. 따라서 2007년 이후의 정치일정을 결정할 수 없다. 중국 정부는 결코 시위에 굴복하지 않을 것"[46)]이라고 말했다. 2006년 6월 4일, 홍콩의 빅토리아 공원에서는 중국민주화애국단체연합이 주최한 '6·4 천안문 민주화 운동' 의 희생자를 위한 추도회에 4만5천명의 홍콩인이 참가했다.[47)] 이렇게 중국정부와 주고받는 형식으로 '민주' 는 홍콩인들 사이에서 중국을 타자화하는 수단으로 그리고 스스로의 정체성을 확립하는 이념으로 성장해 왔다.

3) 광동어廣東語

> 하나의 '국가'로서 벵골에 대한 감각은 벵골어로 추정되는 정체
> 성에 지배된다.[48]

여러 가지 내부 사회문화 요인 중, 앤더슨Benedict Anderson
(1983)과 스미스Anthony Smith(1991)는 방언의 존재와 보급이 지극
히 중요한 전제라는 데 인식을 같이 한다.[49] 리징중李敬忠은 광동어
가 한어족군漢語族群 중에서 독립된 언어라고 주장한다.[50] 블룸필드
L. Bloomfield 역시 "중국어는 단일 언어가 아니라 상호 의사소통이
되지 않는 다양한 언어로 구성된 어족이다"[51]라고 본다. 이것은 중
국 방언 간의 심각한 차이를 역내 방언의 범주를 넘어서는 각기 다
른 언어로 본다는 뜻이다. 한어족군의 7대 방언권이나 10대 방언권
사이에서 서로 방언으로 대화할 경우 의사소통이 거의 불가능하다.
독일어, 이태리어, 불어 사이에 분명한 차이가 존재한다면, 한어족
군의 방언 간에도 그와 비슷한 차이가 존재한다.

주지하다시피 언어문제는 매우 중요한 신분문화의 상징이다. 특
히 방언은 커뮤니티의 형성과 발전에 주도적 역할을 담당한다고 해
도 과언이 아니다. 나아가서 커뮤니티의 신분적 정체성은 변화를
읽기 위한 중요한 근거가 된다. 왜냐하면 모어mother tongue는 커
뮤니티의 구성원이 서로를 인식하는 가장 기본적인 요소의 하나[52]
이기 때문이다. '어문' 문제에 관하여 《기본법》9조에 이렇게 명시
되어 있다.

> "홍콩특별행정구의 행정기관, 입법기관과 사법기관은 중국어를 사
> 용하는 이외에도 영어를 사용할 수 있다."

이 조항의 초점이 '중국어'가 아니라 '영어'라는 사실이 매우 흥미롭다. 이곳에서 나온 '중국어'가 도대체 무엇을 가리키는가에 대한 재미있는 결과가 있다. 왕자잉王家英의 조사에 따르면[53], 여기에서 '중국어'는 광동어를 가리킨다고 생각하는 사람이 36.6%, 보통화를 지칭한다고 생각하는 사람이 38.2%, 양자라고 생각하는 사람이 12.4%, 모르겠다고 답한 사람이 12.9%로 나타났다. 더욱 흥미로운 사실은 기본법 중의 '중국어'는 광동어라고 생각하는 사람들의 분포가 비교적 젊고(30세 이하), 홍콩에서 출생하였고 또 교육수준이 비교적 높다는 사실이다.[54] 1997년 이전 홍콩에서 보통화를 사용할 경우 '대륙촌놈'으로 무시되었다.

실제로 필자는 1997년 주권 이양 전 홍콩에서 북경어를 사용하였을 경우 홍콩 사람들이 어떤 반응을 보였는지 잘 알고 있다. 한국인이라는 사실을 알리지 않은 상태, 즉 식당 등에서 북경어를 사용하였을 경우 식당종업원의 표정은 경멸에 가까울 정도였음을 여러 차례 경험한 적이 있다. 사실 보통화를 먼저 배운 사람은 홍콩에 도착하는 즉시 주위로부터 들려오는 소음공해에 시달린다. 광동어, 아주 정확히 말하자면 홍콩 사람들이 사용하고 있는 광주어廣州語는 보통화를 먼저 배운 사람에게는 소음으로 다가온다. 아니 귀를 막고 싶은 지경이다. 대만의 대작가 보양柏楊이 왜 '시끄러움'과 '더러움'으로 중국문화를 특징지웠는지 금방 깨닫게 된다. 지하철이나 버스의 옆자리에서 그 '천박한' 억양에 매우 발달한 비음으로 그들이 대화하는 것을 듣다보면 괴롭다 못해 짜증이 난다. 북경어의 성조는 네 개인 반면에 광동어는 아홉 개다. 광동어는 그래서 고저등락이 매우 심한 편이다. 따라서 광동어는 말을 조금이라도 끌게 되면 노래하는 것이 되고, 조금이라도 따지는 말투는 그야말로 멱살 잡기 일보 직전의 상황인 것으로 오해될 수 있다. 그만큼 광동어의 정체성은 뚜렷하다 할 것이며, 한걸음 더 나아가서 광동어를 사용하는 사람들의 정체성은 그만큼 강하다.

1997년 이후에도 홍콩에서 보통화는 현실적으로 여전히 제2외국 어일 뿐이다. 장차 보통화가 홍콩에서 공식 언어로 성장할 수 있겠지만, 가정에서 사용되는 언어는 여전히 광동어가 지배적일 것이다. 과거 식민지 시절 장기간 동안 영어가 우세적 지위를 차지하고 선양되고 필요하였으나 홍콩인들이 광동어로 정체성을 확보하였음은 중요한 기억인 것이다. 광동어의 배후 역량 역시 만만치 않은 것이, 동남아의 상권을 장악하고 있는 화교 대부분과 중남미에 진출한 화교권 역시 광동성 출신이 복건성 출신과 양대 산맥을 이루고 있기 때문이다. 중국을 읽기에 방언은 대단히 중요하다. 따라서 '중국을 10개 방언권의 10개 국가로 보아야 한다'는 담론은 그래서 매우 적절하다.

물론 홍콩의 경쟁력 제고를 위해 학교에서 영어와 북경어만 쓰자는 제의가 공식적으로 제기되고, 대학에서는 중국인과 외국인 학생의 편의를 위해 광동어 사용을 자제하라는 권고가 나오기도 하지만 광동어는 홍콩의 중요한 상징으로 남을 것이다. 내륙 각 지방에서 이민 온 사람들 모두가 광동어 학습에 매우 적극적인 태도를 보이고 있는 것 또한 홍콩의 특수성을 잘 보여주고 있다.

4. 신국족 상상

보편적으로 국족은 '상상'(Anderson, 1983)이자, '전통의 반복창조'(Hobsbawn and Ranger, 1983)이며, 나아가서 '혼잡한 후식민 쟁탈'(Bhabha, 1990)로 인식되어 왔다.[55] 따라서 국족은 전통적으로 반복되는 문화적 상상이라고 할 수 있는데, 홍콩은 결국 과거와 현재의 (신)식민주의에 대한 지속적인 탈식민화운동의 연장에 있다고 보아진다.

탈식민의 잣대를 들이댄다면 '민주'는 민족보다 중요하다. 그런 점에서 패튼의 민주화정책은 뚜렷한 결실을 맺고 있다. 그래서 혹자는 홍콩에서 영국−중국과의 건곤일척의 승부는 계속되고 있다고 보는 것이다. 즉 중국은 '애국'으로, 홍콩은 '민주'로 상호간 세뇌가 진행 중이다. 앞으로도 점차 '애국'과 '민주'는 일상국족주의 이론의 일상의 자태로 '홍콩국족'의 머리에 각인될 것이다. 《마음은 고향과 국가에 연결되어 있다》식의 홍보나 '애국' 정서의 전파 등이 일상국족주의의 전파수단이라면, 그것의 대립구도인 '민주' 또한 일상국족주의의 전파수단이 되어 '홍콩국족' 스스로를 더욱 분명하게 부각시키고 인식시킨다는 점을 간과해서는 안 된다. 심지어 그들의 잠재의식 중 아직 홍콩을 내지內地 도시와 동일시할 수 없기에, 각종 문서 양식을 메울 때 여전히 국적란에 '홍콩'이라고 쓴다.[56] 이런 사실은 대다수 홍콩인들이 대륙으로부터의 이민자고 동시에 대륙중국인과 가족관계를 여전히 유지하고 있음에도, 대륙은 여전히 홍콩인의 상상 밖에 위치하고 있음을 뜻한다.

그동안 홍콩인들은 돈을 버는 데만 몰두, 자식들에게 국가와 민족 같은 화제를 제기하지 않았다는 사실은 향후 국족 상상에 중요한 동기를 부여하고 있다. 줄곧 '자유'는 있으나, '민주'는 없는 공간으로 회자되어 온 식민 공간이 중국국족이나 홍콩국족에 의해 '민주'의 성지처럼 인식되고 있음은 매우 흥미롭다. 그것의 배경은 정치경제적인데, 사실 조금 더 구체적으로 말한다면 경제적이다. 국족화는 이익공동체로 재탄생하는 것이라고 할 수 있는데, 중국은 '애국'으로 홍콩은 '민주'로 자신의 이익에 대한 확대를 도모한다는 점에서 각기 국족 신분으로서의 뚜렷한 정체성을 보여주고 있다. 즉 홍콩국족 상상은 경제적 이익의 창배에 민감한 홍콩인의 상상일 것이라는 점이다. 결국 '대륙타자'와 더불어 '홍콩타자'는 '애국'과 '민주'로 형성되고 있다. '민주'를 네트워크로 한 토대 위에서 국족 상상은 진행형이다.

이제 홍콩은 중국대륙이 정의한 민족주의와 홍콩의 자유 민주라는 기호 사이에서 어떤 선택을 할 것인가?[57]라는 질문은 수시로 제기될 수 있다. 앞으로도 '민주'를 상징하는 5만 명과 홍콩인을 디아스포라 중국인으로 확신하고 있는 '애국' 집단 중국인 등의 양대 조직은 사사건건 충돌할 것이다. 주권 이양 이후 내지 중국인들은 홍콩인들의 중국인 디아스포라를 촉구하여 자신들의 이익을 추구하면서, 전제적 정치체제와 자신들의 관행을 실천하며 '중국인다움Chineseness'이란 개념을 자신들의 보호막으로 이용해 왔다.

홍콩국족 정체성 형성의 계기가 1949년 중화인민공화국의 건국과 더불어 단행된 국경의 폐쇄라고 본다면, 그 이후 "홍콩인들이 경험한 정치적 현실은 주로 영국식민통치"[58]라고 할 수 있다. 비록 중국 대륙으로부터 홍콩으로의 이민이 부단히 지속되었지만 중국 국족 경험을 고스란히 보유하고 있는 이민자는 홍콩에서 소수이자 비주류일 수밖에 없었다. 새로운 공간은 그들에게 회고의 여유를 허락하지 않았고, 아울러 '홍콩은 우리 집'이라는 인식이 작동되기 시작했기 때문이다. 정치적으로 본다면, 영국 식민정부는 식민주체를 비인간적이라거나 이교도 혹은 원시인이라고 규정한 덕분에 제국주의를 문명화 사명으로 정당화[59]할 수 있었다. 따라서 대륙의 이민자는 자기 정체성에 대한 의지를 영국정부에 의탁하는 것이 훨씬 현실적이라는 데 동의하고 있었을 것이다. 즉 영국식민 치하에서도 그들은 영국의 타자였고 주권 이양 후에도 중국의 타자로 남았다는 것이다. 1997년 이전 중국은 홍콩의 지배자 영국에 대해 지속적으로 타자화했고, 영국식민지 당국 역시 중국을 타자화하는 작업을 지속적으로 추진해 왔다. 1997년 이후 양자 간 타자화는 심화 확대되어 왔는데, 중국의 '애국'과 '민족', 그리고 그것에 대응하는 홍콩의 '민주'는 그것의 상징이라고 할 수 있다.

저우레이周蕾는 홍콩 후식민의 장래를 '이중 불가능Double Impossibilities'으로 정리하고 있는데, 영국 식민주의에 굴복하지 않았듯이 중국 국족주의의 재림에도 굴복하지 않을 것이라는 것이다.[60] 결론적으로 필자는 두 가지 점에 주목하고 싶었다. 하나는 그동안 중국-홍콩 상호간 타자화되어 온 상황이 주권 이양 이후에 더욱 심화되고 있다는 점이다. 홍콩의 '민주' 코드가 점점 더 정형화되고 있고, 더불어 그것이 홍콩을 상징하는 문화적·정치적 기호로 자리 잡고 있다는 것이다. 그 같은 기류의 형성에 중국의 '애국' 코드가 큰 영향력을 발휘하고 있다. 물론 그에 앞서 영국식민지 당국이 자신의 공고한 통치를 위해서 중국을 타자화하는 수단으로 '민주'를 도입했다면, 이제는 홍콩의 문화적 기제 스스로가 '민주'를 작동시킬 만큼 성숙했다는 점은 중요하다. 그럼에도 불구하고 중국의 '애국' 정서는 자연스럽게 홍콩의 정체성을 부각시키고 있다는 점은 간과할 수 없다.

하나는 국족 신분의 정립이다. 지금까지의 관련 연구가 중국 국족을 기정사실화하고 그것이 홍콩사회에 미치는 영향을 분석한 것이라면, 본인의 연구는 홍콩국족의 탄생에 초점을 둔 것이다. 주위를 타자화하면서 강화하는 자신의 국족 신분은 타자를 긴장시켜 자신 또한 철저히 타자화된다고 할 것이다. 중국이 홍콩을 포함한 주변을 '애국'으로 타자화할 경우 그들의 타자 역시 새로운 개념으로 자신의 정체성 확립에 매진할 수밖에 없다. 즉 타자에 대한 강도에 따라 타자 역시 그 방법과 이념을 학습한다는 사실이다. 중국이 '애국'으로 홍콩을 타자화하는 동아 홍콩 역시 '민주'로 중국을 타자화하면서 서서히 국족을 형성하고 있다. 다시 말하면 홍콩은 그리고 홍콩인은 '애국'으로 '민주'를 교육받고 있다는 말이다. 즉 중국은 '애국'으로 홍콩은 '민주'로 상대를 타자화하는 동안, 중국은 비 '민주'로 홍콩은 비 '애국'으로 규정화되면서 동상이몽의 공간은 확대되고 있다는 것이다. 그것은 중국이 '1국가'로 분명한 정체성을 가지기에 홍콩은 '2체제'로 더욱 큰 정체성을 소유하게 되는 논리인 것이다. 상호 타자화하는 일정한 기제로 충분히 작동하고 있음과 정착하였음이 드러났다.

따라서 플란차스의 말대로 국가공간은 국족신분이 몸을 의탁하는 공간으로 인식된다고 볼 때 '홍콩국족'에 의해 홍콩공화국은 상상된다. 홍콩사회를 구성하는 '홍콩적' 장치에 익숙해진 홍콩인들은 사실 영국–중국 간의 자리 이동에 대하여나 새로운 국족 이슈의 출현에 대한 사단들에 대해 애매한 입장을 취하면서도, 자신의 경제적 이익과의 관계에 대해서 주목하는 것이 당연하다. 따라서 '홍콩적' 가치에 익숙해진 그들이 관성의 지배를 어떠한 방식으로 이겨낼지는 앞으로 시간의 흐름을 지켜보아야 한다. 🌸

4장 홍콩문화와 문학의 주체성

1. 공간인식

홍콩의 첵랍콕 공항에 도착해서 공항 대합실로 들어서면《아시아의 세계 도시에 오신 것을 환영합니다.Welcome to Asia's World City》라는 플랜카드가 관광객을 반긴다. 이 문구를 보면 우리는 홍콩이 스스로 아시아의 세계 도시로 자부하고 있음을 알 수 있다. 이 때 아시아라고 한 것은 홍콩의 지역적 위치를 규정하는 것이고, 세계 도시라는 것은 아마도 세계화된 도시를 말하는 것일 것이다.

주지하다시피 세계화의 함의는 쉽게 규정할 수 있는 것이 아니다. 다만 짐작하건데 세계는 정말 선진국이나 후진국이나 모두가 포함된 이 세상 전체를 지칭하는 것은 아닐 터인바, 세계는 근대화된 사람들이 살기에 불편함이 없는 공간이라는 뜻이다. 분명한 것은 세계화라는 의미구조에 대형빌딩군으로 대표되는 공간적 특징이 상당히 넓게 자리 잡고 있다는 사실이다. 공항의 플랜카드에서 사용하고 있는 세계 도시라는 어휘에서 시골 도시를 연상하기란 쉽지 않은 것이 작금의 현실이기 때문이다. 따라서 우리가 홍콩을 분석할 때 거주 공간적 의미구조에 대한 관심을 최상위에 두지 않을 수 없는 이유가 여기에 있다.

한편, 정치 공간적 측면에서 보면 홍콩은 1841년부터 150여 년간 영국 식민주의 당국으로부터 통치를 받아왔다. 그 오랜 시간동안 영국 식민지 홍콩은 아이러니컬하게도 중국 대륙의 피난처 역할을 담당해왔다. 멀리는 태평천국(1851-64년), 5 · 4운동(1919년)부터 가깝게는 중화인민공화국의 건국(1949년), 문화대혁명(1966-76년) 시기까지 홍콩은 중국의 정치적 피난처 역할을 충실하게 담당했다. 식민지 정부의 통치, 자본주의적 사회 건설에 따라 홍콩은 서구문명의 영향을 직접적으로 받았던 것이다. 따라서 정치 공간적 측면이던 생활 공간적 측면이던 공간 홍콩에 대한 분석은 쉽지 않은 것이 사실이다. 홍콩에 대하여 그동안 수많은 학자들이 자신의 관점에 따라 다양하게 평가해왔다. 홍콩에 대하여 해외학자들 특히 중국대륙이나 대만을 생활공간으로 삼고 있는 학자들의 비판은 매서웠다. 일찍이 현대 신유학의 대가 머우쭝싼牟宗三은 홍콩이라는 사회적 공간에서 살아가는 청소년들이 처한 상황에 대해 이런 결론을 내린 적이 있다.

> 어쨌든 대만사회가 홍콩사회보다 좀 더 건강하고, 정상적이라고 할 수 있다. 그들은 그래도 자신의 국가가 있고, 자신의 정부가 있고, 기껏해야 국외로 달아나는 것 역시 청소년의 불만을 표현하는 일종의 형태라고 할 수 있다. 아무도 건드리지 않는 홍콩이라는 곳에 거주하면서 우리는 홍콩의 정세가 변할까봐 두려워하고, 깡패가 불행히도 나를 털까봐 겁을 내고 있는데, 정말 안전감이 없다.
> 이 작은 섬에서 오래 살게 되면 누구라도 '개인주의'로 변할 것이니, 이것은 더욱 불안하지 않은가? 오늘의 홍콩청소년들에게 만약 현실에 대한 불만적 정서가 있다면, 그들은 우선 보이지 않는 질곡인 '개인주의'를 타파할 수 있는지를 살펴야 할 것이다.[1]

홍콩에 대한 머우쭝싼의 비판을 분석해보면 홍콩의 문제는 자신의 주권을 가지지 못한 식민지라는 것과 그것으로 파생되는 불안 그리고 개인주의의 횡행이라고 할 수 있다. 머우쭝싼은 정치공간으로서의 홍콩, 생활공간으로서의 홍콩, 교류공간으로서의 홍콩의 성격을 정확히 제시하고 있는데 이것은 공간 홍콩에 대한 비판의 전형이라고 할 수 있다. 자신의 정부가 없다는 것, 그리고 그런 공간에서 성장한다는 것은 구성원의 주체성과 책임감이 약하다는 것을 반증하는 것이다. 또한 삶의 질을 따질 때 우선적으로 고려해야 할 조건 중의 하나인 정신적 여유라는 측면에서 보면 '작은 섬' 홍콩은 분명 매우 나쁜 조건을 가지고 있음이 분명하다.

따라서 주체성과 책임의식이 부재한 공간, 긴박한 생활만이 삶을 보장하는 공간에서 개개인의 개인주의적 성향의 발전은 필연적일 수밖에 없다고 할 것이다. 그동안 개인주의적 성향은 자타가 공인하는 홍콩인의 대표적 성격으로 공인받아 왔다. 개인주의적 성향이 강한 곳에서 인문적 측면의 공간 확보나 발전은 상대적으로 쉽지 않을 것이다. 반대로 그런 사실은 홍콩의 약점을 더욱 악화시키는 요인으로 작용하고 있었다. 이 점을 잘 알고 있는 홍콩 출신의 학자 겸 작가 루웨이롼은 공간 홍콩에 대한 특수성을 인정하면서 동시에 홍콩문학에 대한 문제를 이렇게 제기했다.

> 예로부터 신세가 애매한 도시이며, 주로 사용되는 어문은 중국어이지만, 생활 형태와 의식 형태는 또 중국과는 큰 차이가 있다. 사람들의 정서와 생활·감정을 반영하는 문학은 어떤 종류의 문학이어야 하는가? 그것과 중국의 관계는 어떤가? 이런 도시문학은 어떤 방향으로 발전해야 하는가?[2]

중국어를 주로 사용하고 있는 공간이지만 생활 형태나 의식 형태에 있어 중국대륙과는 완연히 다른 도시의 문학은 어떤 것이어야 하며, 그것은 어떤 방향으로 발전해야 하는가 하는 문제는 홍콩 작가들이 당면한 최대 화두가 아닐 수 없다. 한편, 이 말은 작가들을 비롯해서 홍콩 지식인들이 공간 홍콩에 대하여 깊이 인식하고 있으며 나름대로 큰 책임감을 느끼고 있다는 말이다. 즉 홍콩문학에 대한 루웨이롼의 인식은 애매한 공간 홍콩의 문학은 자기 나름대로의 특색을 지닐 수밖에 없다는 결론에서 출발하고 있다. 홍콩 출신의 학자 겸 작가 량빙쥔梁秉鈞, 也斯은 그의 단편소설「후식민 음식물과 애정」에서 음식 문화의 측면에서 홍콩의 상황을 이렇게 우회적으로 소개하고 있다. "결과적으로 술집에서 파티를 하게 되었는데, 각자 다른 음식물을 가지고 왔다. 중동 소스, 멕시코 타코, 이태리 스파게티, 포르투갈 오리덮밥, 일본 초밥. …… 프랑스 요리와 태국 양념의 미묘한 결합은 각기 다른 문화가 함께 요리될 수 있다는 것을 보여 준다."[3]

중동, 멕시코, 이태리, 포르투갈, 일본의 문화가 미묘하게 결합해서 자연스러운 곳이 홍콩이다. 이곳에서 중동은 중동대로 멕시코는 멕시코대로 이데리는 이태리대로 일본은 일본대로 자신의 것만을 고집할 때 홍콩은 이미 '세계' 도시가 아니다. 따라서 '세계' 도시 홍콩이라는 문구에는 세계의 문화가 조화롭게 어울리고 있는 도시라는 의미도 내포되어 있다고 할 것이다.

2. 신분인식

공간 홍콩의 성격규정 뒤에 이제 홍콩문화에 대한 인식은 더 이상 미룰 수 없는 과제임이 분명하다. 홍콩에서 나고 자란 작가 루웨이롼은 홍콩의 개성 찾기에 꾸준한 노력을 기울이고 있다. 애매한 대상을 분석하려는 욕심은 지식인의 자연스러운 발로임에 틀림이 없다. 특히 홍콩에서 태어나서 홍콩에서 성장한 지식인으로서는 영원한 책임감으로 홍콩의 문화적 신분 찾기에 골몰할 수밖에 없을 것이다. 그것이 외부 비판자에 대한 자기방어이자 공간 홍콩에 대한 헌신일 수 있기 때문이다.

문화, 일개 도시의 개성을 나타낸다. 홍콩의 개성은? 어떤 사람은
동서 문화의 교차점이라고 하기도 하고, 어떤 이는 사막이라고도
한다. 풍부하고 다채로운가? 아니면 무미건조한가? 홍콩을 어떻
게 묘사해야 하는가? 애석하게도 지금껏 진짜와 같은 상을 만들
어낸 세밀한 단청묘수가 하나도 없었다.

홍콩의 문화개성 역시 모호한데, 각기 다른 문화 배경의 사람들이
홍콩에 풀 하나 나무 하나를 보태어 결과적으로 기이한 정원을
만든 것이다. 서구인은 홍콩으로부터 동방의 특질을 찾고 싶고,
중국인은 홍콩의 서구화를 조금 싫어하는데, 우리 자신은?[4]

루웨이란의 질문, 즉 홍콩문화에 대한 정확한 정리에 대하여 홍
콩인도 외국인도 답변이 쉽지 않다. 그에 의하면 홍콩은 서양인의
경우 동아시아적 특징을 찾고 싶고, 동양인의 경우 서양적 특징이
어색하게 느껴지는 곳이다. 문화적 측면에서는 이것은 동아시아 제
도시의 총체적인 특징이라고 할 수 있다. 즉 동아시아에 위치하면
서 동양적 전통을 발견하기가 쉽지 않을 뿐더러 동양인의 눈에는
서양적 공간으로 다가오는 것이다. 이것은 비단 홍콩사회에만 적용
되는 것은 아니다.

오늘날 동아시아에서 삶을 영위하고 있는 우리가 우리의 문화적
개성을 분석하기란 얼마나 지난한 일인가? 따라서 루웨이란의 질
문은 홍콩인이 홍콩사회에 던지는 것이 아니라 오늘을 살아가는 지
식인이 세계화가 간단없이 진행되고 있는 현시점에서 세상을 향해
던진 것이라고 보아야 한다. 홍콩의 문화학자 정페이카이鄭培凱는
홍콩문화에 대한 모든 비판을 이렇게 공격적으로 정리했다.

홍콩문화의 정의를 내리자면, 일부 인사(특히 홍콩 밖의 문화인)들
이 바로 의문을 제기한다. 홍콩에 문화가 있는가? 홍콩은 '문화사

막'이 아닌가? 홍콩문화에서 먹고 마시고 놀고 즐기는 것과 지배
계층의 부패하고 음탕한 생활을 제외하면 또 무슨 자랑거리가 있
단 말인가? 홍콩의 엘리트 문화·학술성취는 베이징과 비교할 수
있는가? 타이베이와 비교할 수 있는가? 상하이와 비교할 수 있는
가? 자칭 국제도시인 홍콩이 문화예술의 표현에서 뉴욕과 비교될
수 있는가? 파리와 비교될 수 있는가? 런던과 비교될 수 있는가?
심지어 도쿄와 비교될 수 있는가? 이런 일련의 질문은 사실 폄의
로 가득한 질문으로서, 홍콩에 '자신'의 문화가 없다는 것이 기본
관점이다. 경제와 무역 그리고 지배계층의 부패하고 음탕한 생활
을 제외하면 다른 대도시의 '문화적 장점'을 초과하는 것이 없다
는 것이다.[5]

　재미 문화학자 저우레이는 제3의 공간이라는 개념으로 공간 홍콩
을 설명하고 있는데, 그의 제1, 제2개념을 보면 홍콩의 문화는 좀
더 분명한 형태로 다가온다. 그는 홍콩을 후식민도시로 토론할 목
적으로, 식민자와 주도적 민족 문화 사이에 또 다른 하나의 제3공
간이 존재함을 설명하고[6]자 했다.

　홍콩을 새로운 식민지라는 인식으로 보는 그의 관점을 살펴보기
에는 본고의 분량이 허락지 않는바, 우리는 그가 사용하는 3분법
중의 '주도적 민족 문화'라는 개념에 주목할 필요가 있다. 따라서
우리는 홍콩에 문화가 없다고 하는 말에 이견을 제시할 수 있다. 즉
홍콩에 문화가 없다는 말은 바로 사람들이 생활하기에 또는 문화적
으로 성장하기에 매우 어려운 공간이라는 지적이다. 특히 살아가면
서 전통문화나 인문적 소양을 기르기에 매우 어려운 환경이라는 말
인 것이다. 대만의 저명한 문화학자인 롱잉타이는 홍콩인을 '과객'
이라고 정의하였는데[7], 홍콩에 문화의 주체가 없다는 말이다.

　재미 문화학자 예웨이렌葉維廉도 「식민주의:문화공업과 소비욕
망」에서 민족 문화에 대한 홍콩인들의 기억 상실에 대해 통렬히 비

판했다. 그는 "홍콩의 상품화는 식민문화공업의 조장 아래 홍콩인 인성의 변질을 초래했고, 문화적 내함과 민족적 의식에 대한 압제와 물신숭배 속으로 빠뜨렸는데, 인성에 대한 이중적 왜곡이라고 할 수 있다"[8]고 했다. 당연히 사회의 상업화 정도는 구성원의 의식까지도 그 정도에 비례해서 악의적으로 지배한다. 이렇게 홍콩의 상업화와 식민문화는 홍콩 사람들의 인성에도 영향을 미쳐 물신숭배의 차원까지 치달아, 그들의 인식은 이제 헤어나기 어려운 이중 왜곡의 경계에 도달했다는 지적은 우리의 주의를 다시 한 번 환기시킨다. 정페이카이는 머우쭝싼을 비롯한 홍콩문화에 대해 비판적인 인사들에게 어떻게 대응할까?

> 근 백년의 구체적인 역사적 사실만으로 볼 때, 얼마나 많은 엘리트 인물들이 홍콩에서 체류하고, 통과·망명·정착했는지 모른다. 과거 홍콩문화에 대해 토론할 때 이런 인물들을 '통과 인물'이라고만 했고 이런 인물들 스스로도 '통과'라고 생각하며 홍콩문화와 무관하다고 여겼던 것이다. 그러나 정말 무관한 것인가? 하지만 '문화 통과'는 비행장에서 비행기를 옮겨 타는 통과와는 다르다는 사실을 말이다.[9]

이렇게 본다면 홍콩문화를 변호하는 홍콩의 학자들은 예인충葉蔭聰이 "혼종과 변경이라는 두 개의 단어가 유령처럼 홍콩문화계를 배회하고 있다. …… 이런 관점은 홍콩문화 신분의 최대특징으로 '혼종성hybridity'과 '변경성marginality'을 들고 있다"[10]에서 지적한 것처럼 혼종과 변경이라는 어휘로 홍콩문화의 특수성에 대해 변호를 하고 있는 것이다.

이렇게 홍콩문화에 대해 정의를 내리거나 설왕설래를 하는 사람들 사이에 홍콩과 문화에 대한 큰 시각차를 드러내고 있다. 하지만 좀 더 자세히 살펴보면 근본적 출발점부터 큰 차이가 있다는 것을 알 수 있다. 즉 홍콩이라는 공간에 초점을 맞추는 것인가, 아니면 홍콩에 거주하는 사람에 맞추는 것인가에 따라 홍콩문화에 대한 정의는 확연히 달라질 수밖에 없다. 따라서 홍콩문화를 말할 때 홍콩인의 문화인지 아니면 공간 홍콩의 문화인지에 대한 정의가 우선적으로 필요하다. 하지만 '홍콩인의 문화'와 '공간 홍콩의 문화'라는 이 양자는 전혀 별개의 것으로 분리되어 있는 듯이 보이지만 사실 양자 간 상관관계는 밀접하다. 최근 홍콩인의 문화의식에 중대한 변화를 시사하는 사건이 발생하고 있는데 그것은 공간 홍콩 문화의 중대한 변화를 예고하고 있다.

2004년 7월 1일, 2003년과 마찬가지로 대규모 시위가 있었다. 53만 명(경찰 추산 26만 명)이 살인적인 더위(35도)에도 불구하고 시위에 참가하여 특구정부와 중앙정부에 대한 불만을 나타냈다. 크게 보면 시위의 주제는 정치를 돌려 달라는 것이며, 세부적으로는 2007/8년 홍콩에서 전면적으로 보통선거를 실시하자는 것이다. 2004년의 경우 2003년과 확연하게 구분되는 점은 언론계와 학계가 모두 이 행사가 작년에 이어 2년째 발생하고 있다는 점에 착안하여 심층적 분석에 매달리고 있다는 것이다. 사실 현재 홍콩 인구를 600만 명으로 볼 때, 10명 중 한 명이 시위에 참가하고 있는 경향은 주목할 만한 현상이 분명하다.

언론에서는 이번 시위를 일종의 문화운동이나 문화적 신분을 인식하는 행위로 보아 '신분낙인身分烙印'이라는 타이틀로 정리하고 있다.[11] 즉 2003년의 7·1시위가 경제적 불황이 초래한 불만이 가득한 상황에서 사회 위기(사스, 기본법 23조 문제)로 인해 발생한 것이라면, 2004년은 적어도 작년과 달리 경제적이거나 사회적 위기의식이 직접적 원인은 아니라는 말이다.

이 현상에 대해 홍콩의 재야학자 마궈밍馬國明은 홍콩인들이 중국에도 영국에도 속하지 않는다는 자신의 문화가치를 수립하기 시작했다고 보았으며, 홍콩대학의 량콴梁款 교수는 50만이 일으킨 홍콩의 '신문화운동'이 앞으로 어떻게 발전하는지 지켜보아야 한다고 했다.[12]

중문대학의 콩가오펑孔誥烽 교수는 7 · 1 시위는 이미 역사참여자로서 홍콩인의 주체적 역할을 확립시켜 주었기에, 앞으로 영원히 과거와 같이 역사에 의해 좌지우지되는 수동적 위치로부터 벗어나게 되기를 희망했다. 그는 또 도시사회학자 하비David Harvey의 새 책 『파리, 현대성의 수도』를 소개하면서, 공화제를 쟁취한 해인 1848년에 프랑스와 파리가 정식으로 근대문명에 진입한 것처럼 이제 각성한 홍콩도 중국에 있어 근대성 도시가 될 것이라고 기대했다.[13] 하비의 관점으로 본다면 홍콩의 진정한 근대는 2003년부터 시작되었다고 보아야한다. 자신의 문화적 주체성을 확보하는 일이야말로 자신을 직시할 수 있는 전제조건이자 '근대'로 나아가는 필요조건이기 때문이다.

3. 리텐밍李天命 현상

리텐밍은 전기적인 엘리트로서 홍콩 지식인들의 우상인 바, 특히 대학생들의 우상이다. 대학생들에게 인문학적 우상이 있는 사회는 이미 그것으로 나름대로의 가치를 실현하고 있는 사회라고 생각한다. 홍콩에서 태어난 리텐밍은 어릴 때부터 사변적인 분야의 독서를 즐겼으며, 학과 선택에 대한 고민없이 중문대학 철학과에 입학했다. 대학생 때는 과외활동을 즐기고 사상, 문화, 시대, 인류의 미래 등에 관심이 많았다고 한다. 특히 반항성이 매우 강해서 학교 규정을 자주 위반했다.

예를 들면 전공필수인『사회학개론』을 계속 수강하지 않았으나 3학년 때 필수에서 해제되는 바람에 졸업이 가능하게 되기도 했다.『중국철학사』를 수강하면서 수업과 시험문제 등에 대해 사사건건 트집을 잡아 담당교수인 현대 신유학의 대가 탕쥔이에 의해 F학점을 받기도 했다. 그는 자신의 이런 문제아적인 성격에 대해 모범적이라고는 할 수 없지만, 요즈음 학생들의 지나치게 순종적인 태도 역시 문제가 있다고 비판한다. 미국의 시카고대학에서의 박사과정 시절, 학기 중에는 캐나다의 친구 집에서 바다 게 경주 도박을 즐기다가 학기말 시험 때가 되어서야 시가고로 돌아오는 생활을 계속했다. 그렇게 시간을 보내고 있던 그는 어느 날 즉시 돌아오라는 머우 쭝산 교수의 전화를 받고 박사논문을 고속으로 쓰고 귀국했다.

그가 이름을 떨치게 된 계기는 1987년 9월에 진행된 한나韓那라고 하는 기독교 전도사와의 논쟁이며, 1991년『리텐밍의 사고예술思考藝術』이 출판되어 지금까지 수십 번의 재판을 거듭하고 있다. 상업적 출판개념이 지배적인 홍콩에서 사고방법에 대한 분석과 시범을 다룬 책이 장기간의 스테디셀러가 된다는 것은 분명 주목할 만하다. 중문대학 철학과 교수로 재직하고 있는 그는『사고방법』,『수리논리』,『분석철학』,『과학철학』등을 강의하고 있다. 이름이 알려진 후 그는 모든 언론과의 인터뷰와 방송 프로그램의 출연을 일관되게 거절하고 있다.

한편, 2003년 중국 해남사범대학에서 열린 위광중 교수의 특강에서 대학생의 열기를 보는 그 순간 필자는 또 다른 중국을 인식했다. 그 해 12월 16일 중국 최대의 섬 해남도의 해남사범대학, 국제세미나에 초대된 저명 시인이자 산문가인 위광중의 특강이 예정된

1시간 전부터 강당에 입장하려는 학생들이 장사진을 치고 있었다. 사실 그의 특강 소식은 이틀 전에야 교정, 그것도 세미나장 입구에 아주 간단하게 고지되고 있었다. 낮 시간 세미나를 마친 학자들은 삼삼오오 강당으로 몰려들면서 학생들의 열기에 자못 놀라고 있었다. 저녁시간이고 또 기말고사를 앞두고 있는 시점이라 위광중의 지명도에도 불구하고 청중은 기껏해야 열성적인 중문과 학생들 수십 명 정도일거라 내심 짐작하고 있던 터였기 때문이다. 하지만 강의 시작 30분 전에 이미 통제가 불가능한 정도로까지 학생 수가 늘어나 있었고 입장하지 못한 학생들은 바닥에라도 앉겠다고 사정을 하고 있었다.

이 열기에 보답하듯이 위광중 교수는 윗도리를 벗어던지는 것으로 말문을 열었다. 곧 80세를 바라보는 위광중은 『성어와 격언』이라는 주제로 학생들을 울게도 웃게도 만드는 명강의를 했다. 300석 규모의 강당을 가득 채운 학생들은 그것도 모자라 의자 사이사이마다 또 강단 바로 앞까지 차지했고 심지어 교탁 뒤편 흑판 아래까지 그야말로 입추의 여지없이 가득했다. 학생들의 태도는 매우 진지했다. 그들은 위광중을 따라 그의 것을 포함한 현대시를 줄줄 외웠고 심지어 위교수가 빠뜨리고 지나친 부분까지도 정확히 지적했다. 수백 명이 동시에 시를 암송하는 것을 듣는다는 것은 특이한 체험이었다. 중국의 인문정신이 건재하고 있음을 느끼는 순간이었다.

젊은이들이 시를 외운다는 것은 상당히 많은 의미를 내포하고 있다. 우선 그만한 독자층을 확보할 수 있는 시가 있어야 하는 바 그것은 그만한 시인의 존재가 전제조건이다. 시는 예나 지금이나 또 동서를 막론하고 지식인 소수의 전유물이다. 우리에게 시가 사라진 지는 이미 오래되었다. 특히 디지털 세대인 젊은이들 사이에서 시는 기피대상 몇 위를 다투는 장르일 것이다. 그 시라는 것이 중국 젊은이들 사이에서 낭송된다고 하는 사실은 수준 높은 인문적 소양 교육에 대한 수요가 있다는 말이고 그것은 곧 그 사회의 품격을 말해주는 것이다. 품격 있는 사회는 모두가 공존할 수 있는 여건이 성숙되어 있는 공간이다. 적어도 대학생들은 나름대로의 값어치를 하고자 하는 의욕이 충천하고 있었다. 그날 그들이 보여준 모습은 평소 국가의 엘리트로서 사회에 대한 책임을 순간순간 다하고자 노력하고 있음을 증명하는 것이었다.

중국의 대학생들이 시를 외우고 있다면, 홍콩의 대학생들은 리톈밍의 철학에 열광한다. 그는 홍콩에서 사고를 예술 영역으로 승화시켰으며 그의 이름은 '사고예술思考藝術'과 불가분의 관계를 이루고 있다. 철학을 대중화시켰다는 평가를 받고 있는 리톈밍은 홍콩에서 이제 '리톈밍 현상'으로 불린다. 촌철살인하는 비유, 역동적인 그의 철학적 비유는 홍콩문화의 일면을 반영하고 있다. 철학자의 통쾌한 비유는 공간 홍콩에 대한 반항이기도 하다. 대중을 향한 그의 비유와 그의 전달 방식은 분명 홍콩 사회를 향한 '분통 터뜨리기憤世'에 해당한다. 홍콩문화에 대한 위기의식에서 나온 현대 신유학의 직계후손인 유학적 사상가의 필살기이다. "철학을 말하는 많은 사람들은 입으로는 철학이 항상 인생과 긴밀하게 연결되어 있어야 한다고 하지만 요즈음 절대 다수의 철학은 그렇지 못하다. 사실 요즈음 절대 다수의 철학은 모두 현실 인생과 어긋나 있다"[14]는 이것이 리톈밍 철학에 있어 인식의 출발점이다.

사실 인문학의 위기는 서울이나 홍콩, 어제나 오늘의 문제가 아니다. 리톈밍의 인식은 인문학적 위기에 대한 요해를 정확히 장악하고 있음을 보여준다. 동아시아에서 과거의 인문학적 목표가 현실과 어긋나 있다는 지적은 이제 공식으로 자리 잡은 지 오래이다. 따

라서 리텐밍의 철학은 성격이 매우 애매한 오늘날 동아시아의 대도
시라는 공간을 향한 외침이다. 아울러 리텐밍의 인식은 홍콩이라는
공간에 대한 정확한 인식의 바탕에서 산출된 것이다. 즉 그동안 홍
콩사회의 지도적 사상이 부재하였으며, 존재하였다 하더라도 현실
과 부합되지 않은 탁상공론에 불과했다는 것을 반증하고 있다. 이
문제 역시 홍콩뿐만이 아니라 동아시아 제 도시는 예외가 될 수 없
다.

> 철학과가 생기고 또 가르칠 인원이 필요했다. 이런 사람들이 바로
> '철학 학자'가 되었던 것이다. 그들 중 많은 사람들의 밥을 먹는
> 기량이 바로 근본적으로 아무도 안보는 '논문'을 매년 한두 편 생
> 산하는 것이다. 사람들이 이런 논문에 대해 흥미가 없는 주요 이
> 유는 바로 이런 것들이 아무 것도 아닌 것을 짐짓 현묘한 것처럼
> 꾸미기 때문이고, 또 이런 문장들이 사고와 인생살이에 아무 도움
> 이 안 되는 헛소리에 불과하기 때문이다.[15]

이것은 그가 책이나 논문 작업에 매달리지 않고, 강의나 강연에
충실하고자 하는 이유가 된다. 또 리텐밍은 강의 방법의 핵심으로
"철학을 논하는 많은 사람들은 '데카르트는 이렇게 말했다', '칸트
는 저렇게 말했다'고만 말할 줄 아는데 …… 문제는 당신 자신은
어떻게 말할 것인가이다"[16]를 제시하고 있다. 이런 직설화법이 홍
콩의 대학생을 포함한 지식인 계급이 그의 강의에 열광하는 이유이
다. 또한 그는 문학의 효용성에 강한 불신감을 가지고 있다. 이것은
홍콩에서 문학이라는 것의 효용성에 대한 불만일 것이다. 그는 "시
나 기타 유형의 문학이 대단히 큰 역할을 할 수 있는 것이라고는 생
각지 않는다. 인류 정신의 방향에 있어 영향이 가장 큰 것은 철학사
상, 과학지식, 종교 신앙 …… 등 이다"[17]라고 말한다. 인생의 의의

에 있어 어떤 삶에 가장 큰 의의가 있느냐는 질문에 그는 "애정, 우정, 가족애를 막론하고, 인생의 최대 의의는 인정에 늘 생명을 안착시킬 수 있느냐에 달려 있다"[18]고 대답한다. 또한 "자신의 강의 주제가 사람의 유일성을 강조하고 생각하기 위한 것이다"[19]라고 강조하고 있는 것을 보면, 그의 철학이 사람이라는 주제 즉 지극히 현실적인 입장에 근거하고 있음을 알 수 있다.

이것은 그의 사고철학의 초점이 사회적이라는 점을 나타내고 있는 동시에 그것의 직접적 대상은 홍콩이라는 점을 암시하고 있다. 아마도 그가 강조하고 있는 생명안정과 인간의 애정, 인간의 독립성은 홍콩사회가 가장 필요로 하고 있는 것이며, 이것이 홍콩에서 리톈밍이 하나의 사회문화적 현상으로 자리 잡게 된 주요배경이라고 할 수 있다. 역사와 문화에 대한 지식인 고유의 사명감의 발로라고 할 수 있는데 공간 홍콩에 대한 리톈밍의 책임의식을 보여주고 있다.

4. 잡문雜文 현상

저명 언론인 뤄푸가 볼 때, '홍콩은 문화사막'이라는 말은 주로 문학의 부재를 가리키는 말이다. 즉 홍콩에 문학이 없다는 말로서 이미 역사가 되었다고 했다.[20] 홍콩을 가리켜 문화사막이라고 폄하하는 사람들의 의식 속에는 홍콩에 문학이 없다는 전제가 깔려 있다. 따라서 뤄푸의 이 말은 홍콩을 이해하는데 있어 큰 의미를 지니고 있다. 즉 홍콩에 문학이 없다는 인식은 분명 잘못된 것이기에 홍콩에 문학이 없다고 말하는 화자 주체의 홍콩 인식에 큰 문제가 있다고 보아야 할 것이다. 물론 우리가 홍콩문화를 특징지을 때 그것의 도시성을 지적하지 않을 수 없다. 도시 문화는 홍콩문화의 또 다른 중요한 상징이기 때문이다. 리하이화黎海華의 말처럼 소위 도시 리듬은 바로 상공업 사회의 리듬이기에 농촌 사회의 리듬과는 확연이 다른 것[21]이다. 홍콩에 문학이 있고 홍콩문화의 도시성을 인정한다면 신문은 홍콩의 문화를 대표하는 것 중 하나이다. 예쓰는 도시 문화와 신문과의 관계를 이렇게 정리한다.

> 우리는 홍콩에서 자라면서 매일 많은 간행물을 보는 것이 자연스럽게 습관이 되었다. 각종 다른 정치적 입장과 다른 정도로 상업 문화가 침투된 간행물에 익숙해졌으며, 연후에 참고보충과 선택비교를 시도한다. 간행물은 도시의 산물임이 분명하며 도시 생활의 정보를 전파한다. 도시 생활의 의식형태를 응집한다. …… 홍콩의 간행물은 홍콩문화에 대한 우리의 이해를 도와주는 하나의 키포인트이다.[22]

그동안 홍콩의 문학은 신문을 위시한 잡지로부터 분리될 수 없었다. 1950년대부터 홍콩문학의 주류로 자리 잡게 된 무협소설은 수십 년간 매일 신문의 문화면을 채웠었다. 하지만 1980년대부터 분위기가 바뀌어 소설은 더 이상 크게 관심을 끌지 못하고, 문화 면副刊의 고정란專欄 문학, 즉 잡문이 소설의 지위를 대신하기 시작했다. 고정란 문학이 소설지면을 대신한 것이다. 홍콩문학에 대한 대표적 학자 중 하나이자 작가인 황웨이량은 홍콩문학에서 차지하는 잡문의 비중에 대해 이렇게 정리한 바 있다.

> 홍콩의 고정란 잡문은 홍콩 현지 평론가들의 눈에는 홍콩문학 중 가장 많은 특색을 지닌 것이며, 가장 중요한 문학 장르이다. 작가가 가장 많고, 독자도 가장 많으며, 영향력이 심원한데, 대륙양안은 물론 남북반구 여러 나라 중에서 유일무이한 것이다.[23]

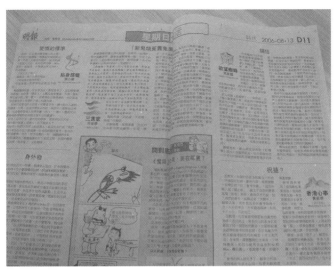

《명보明報》 2006년 8월13일자 신문 고정란 문학 면

    고정란 문학이 홍콩문학의 가장 중요한 이슈로 등장한 배경에 대해 뤄푸는 고정란은 인스턴트 음식과 같아서 언제든지 먹을 수 있고 언제든지 버릴 수 있었고, 소설처럼 매일매일 읽어야 하는 부담감이 없다는 것으로 설명하고 있다.[84] 이것이 바로 1980년대부터 최근까지 고정란 문학이 홍콩문학의 상징으로 떠오른 주요 요인 중하나이다.

    1980년대부터 홍콩이 '아시아의 네 마리 용' 중의 하나로 급성장하면서 도시의 생활리듬이 더욱 빨라졌고, 심리적 여유는 더욱 축소되면서 지불한 대가인 것이다. 이것은 홍콩의 문학이 자신의 문화에 일부 종속되어 있음을 증명하고 있는 것이다. 따라서 고정란 문학은 공간문화에 의해 문학이 구속되어 있는 상태에서 생산된 결과물에 다름 아니다. 이제 무협소설이라는 대중적 문학 장르조차 환영받지 못하는 공간이 된 것이다. 따라서 고정란 문학은 문화에 의해 문학이 일정 정도 구속되어 있는 상태에서 탄생한 생산물이라고 할 수 있다.

5. 홍콩문화와 문학

홍콩문화에 대해 다양한 학자들의 관점을 살펴보았지만, 홍콩의 문화는 혼종과 변경이라는 두 개의 특징으로 나름대로의 주체성을 확보하고 있다. 즉 리롄밍과 잡문은 홍콩문화와 문학에 있어 주체성의 상징이자 주체성 없음의 상징이기도 하다. 왜냐하면 이 두 가지 현상은 도시 공간 홍콩이 빚어낸 특수한 결과이기 때문이다. 다만 특정현상, 즉 리롄밍과 잡문 등의 현상이 지속적으로 돌출되어 왔다는 것은 문화적 다양성이라는 측면에서 홍콩의 기제가 약하다는 것을 보여주고 있다. 즉 홍콩문화가 문화라는 공간 속에서 나름대로의 자기공간을 확보하여 왔고, 현재도 확보하고 있지만 자기확신은 미약했다는 것이다. 다시 말하자면, 문화나 문학은 상호 매우 복잡한 인과관계를 지니고 있으며, 그것의 발전이나 전개과정은 매우 복잡한 기제를 전제로 한다. 하지만 홍콩의 경우 그것의 전개과정에서 홍콩이라는 정치적 상업적 도시적 특수공간이 미친 영향은 실로 지대한 것이다.

그렇지만 향후 혼종과 변경의 틀 속에서 홍콩문화가 자신감을 가지고 다양하게 발전할 가능성은 매우 크다고 할 수 있다. 주지하다시피 변경은 또 다른 출발이자 중심일 수 있기 때문이다. 홍콩문학이 주체성을 더욱 크게 확보하기 위해서는 홍콩문화의 다양성이 더욱 확대되어야 하는데, 홍콩문화는 자기 공간의 확대 속에 자기 확신이나 자신의 신분확인에 종속되어 있다. 이렇게 볼 때, 10년 전에 저우레이가 한 희망적 예측은 홍콩문학의 주체적 장래와 밀접하게 연관되어 있다.

> 홍콩은 더 이상 연속적인 순민족문화로 자만하지 않을 것이다. 반대로 홍콩의 문화생산은 일종의 특수한 협상이다. 이 협상 중에서 홍콩은 중국과 영국이라는 이 두 개의 침략자 사이에서 넘나들고 맴돌 것이며, 자아 공간을 찾기 위해 노력할 것이며, 영국 식민주의나 중국 권위주의의 구구한 노리개로 전락하지는 않을 것이다.[25]

저우레이의 예언은 2003년과 2004년 7월 1일에 현실적으로 수십만이 참가한 시위로 구체화된 바 있는데, 향후 홍콩 자신의 문화와 문학에 적지 않은 영향을 미칠 것이다. 이제 홍콩에서 문화나 문학의 주체성 확보문제는 또 다른 출발선상에 있다고 할 수 있다.

사회가 문학을 규정한다고 할 때, 홍콩 사회는 홍콩의 문화와 문학을 정확하게 규정한다. 홍콩이라는 협소한 공간 그리고 첨단 자본주의는 사상적으로 실용주의적 사상체계를 탄생시켰으며, 문학적으로는 잡문이라는 장르의 발달을 가져왔다. 역으로 보면, 홍콩에서 리텐밍 현상과 잡문 현상은 협소한 공간 그리고 첨단 자본주의로 상징되는 홍콩의 일상으로부터 일탈의 시도임이 분명하다. 즉 홍콩이라는 생활공간은 홍콩 특색의 문화공간을 창조하였는 바, 그것은 리텐밍 현상과 잡문 현상으로 증명된다. 왜냐하면 사상과 문학은 역사의 면모를 구체적으로 형상화해내기 때문이다. 그것은 홍콩이라는 공간 그리고 그 공간에 대한 인문학적 사명감이 변증법적으로 작용한 결과인 것이다. 따라서 홍콩의 문화와 홍콩 문학의 주체성은 공간 홍콩의 실재적 존재와 직접적으로 연결되어 있는 것이다.

그동안 홍콩인들이 식민지로 대표되는 정치적 환경과 첨단 자본주의에서 유래된 개인주의적 환경 등 공간적 특수성으로 인해 향유해온 것 중 가장 훌륭했던 것은 자유의식이었다. 하지만 그 자유의식은 주권부재나 상업적 도시문화에 의해 극단적 개인주의 횡행의 근원으로 작용해 온 것 또한 사실이다. 이제 그 자유의식은 공간 홍콩의 자주권을 향한 고도의 사명의식과 함께 홍콩문화의 또 다른 장점으로 승화되어야 할 시점이다. 1997년 중국으로의 주권 회귀는 한동안 홍콩문화 정체성에 혼란을 야기해 온 측면이 있지만, 자신의 신분 확인의 강력한 계기로 작용하고 있음에 틀림없다. 이런 측면에서 예쓰의 말은 의미심장하다.

> 자기 신분에 대한 홍콩작가들의 반성은 물론 각종 다른 태도와 다른 방법으로 나타난다. 다른 시공時空과의 비교로 자신을 규정하는가 하면, 다른 사람의 관련으로부터 스스로를 돌아보며 반성하기도 하기도 하고, 자신은 '아무것도 아니다'라는 정의로부터 자신이 무엇인지를 규정하기도 한다.[26]

타자와의 비교는 자신의 신분확인이 전제되어야 한다는 측면에서 신분확인에 대한 홍콩인의 관심은 중요한 전환점이 될 것이다. 신분확인의 과정에서 홍콩사회는 진정한 '근대'로 진입할 것이며, 이후 진정한 '세계' 도시로 거듭날 것이다. ❁

5장 둥차오董橋와
디아스포라 홍콩인

1. 혼종과 변경

20 02년 1월에 우리나라에서 개봉된 영화 《디 아더스The Others》를 보면서 이런 생각을 한 적이 있다. 가장 완전한 삶은 어떤 모습일까? 가장 행복한 삶은 무엇일까? 영화 《디 아더스》는 그 원초적 물음에 대한 대답을 시도하고 있었다. 항상 짙은 안개가 깔려있는 숲 속, 보기에도 외로운 외딴 집에 어린 아들과 딸 그리고 빛을 두려워하는 둘을 보호하는 엄마가 살고 있다. 아빠는 전쟁터로 떠난 후 소식이 없다. 문제는 집안에서 가끔 집안의 또 다른 존재를 감지하는 딸이다. 하지만 서양적 기존 관념의 틀을 부여잡고 자기 세계관 밖의 모든 것을 부인하는 엄마가 있다. 살다 보면 진실이 두려울 때가 있다. 또 진실을 전달하는 심부름꾼이 두려울 때가 있다. 왜냐하면 그동안 내가 안주해 오던 강고한 세계관이 깨지기 때문이다. 딸과 엄마의 대립이 이어진다. 이윽고 3인의 하인이 찾아든다. 하인들과 엄마의 숨바꼭질이 계속되고, 사라진 커튼의 공포가 나타나는가 하면 아빠는 넋이 나간 채 돌아온다. 그리고 뚜렷이 오버랩되는 마당의 무덤 3기가 있다.

외딴 집에서는 사람과 귀신이 함께 살고 있다. 아니 '저쪽'이 함께 한다. '저쪽'이 옆에 있음을 인식하지 못하는 자에게는 천당도 무의미하다. 고개를 살짝 돌리기만 하면 '저쪽'인데, 살아 있으되 죽음보다 못한 삶 속에 있는 것은 아닌지? 그렇게 생각하면 우리는 죽어도 살아 있을 수 있다. 백척간두에서 일보라도 진지하게 내딛는다면, 음택에 거주하는 나를 만난다. 그래서 홍콩의 대표적 철학자 리톈밍은 중생들에게 입이 아프도록 삶과 죽음을 동일시할 것을 요구[1]하고 있는 것이다.

영화에서는 영매와 접촉하는 가족에게 극적인 반전이 도래한다.

그들은 자신의 죽음을 부정하면서도 서서히 죽음을 받아들인다. 그래서 우리는 큰 가르침을 얻는데, 더불어 사는 '크게 하나 되는(大同) 세계'가 바로 그것이다. 영화를 본 이후 나는 항상 내가 살고 있는 이 공간을 의심한다. 나는 지금 꿈을 꾸고 있는 것이 아닌가? 아니 지난 밤 꿈속에서 본 것이 참 나가 아닐까? 내가 나비 꿈을 꾸고 있는지? 나비가 내 꿈을 꾸고 있는지를 나는 항상 의심하게 되었다.

동양의 귀신관에 따르면, 갑자기 죽거나 억울하게 죽으면 영혼은 사망한 곳의 주위를 떠나지 못한다. 그래서 천도제라는 예를 갖추어 자신이 이미 '죽었음'을 알려준다. 그러나 어디로 보낼 것인가? 사람이 사는 공간인 양택과 귀신이 사는 공간인 음택을 반드시 구분해야만 하는가? 삶은 무엇이고 죽음은 무엇인가? 살아 있는 것과 죽어 있는 것의 차이는? 그래서 이렇게 외칠 수밖에 없다. 살아있는 자 죽음을 의심하라! 죽음을 앞둔 자 삶을 의심하라!

삶과 죽음은 라디오 주파수 맞추기인 것 같다. 가끔씩 그 주파수가 맞아 저쪽을 살짝 엿볼 수 있다. 우리는 이런저런 형식으로 죽음 너머의 세계를 의식한다. 그것이 삶을 깨닫는 지름길이다. 살아가면서 죽음을 생각하는 자 영원한 안식이 함께 하리라! '인간人間'과 '귀간鬼間'의 통합, 바로 '자연'과의 합일이다. 그것이 '스스로 그러함(自然)'에 대한 지향이다. 죽음을 침입자로 인식하는 한 우리에게 안식은 없다. 누가 누구에게 침입하는가? 세상과 직면하고 삶을 살아가는 자, 이미 '저쪽'에 침입하고 있다. 가끔씩 '저쪽'에서 커튼을 걷어 줄 누군가가 있다면 행복하다. 커튼을 경험하지 못한 자 '저쪽' 직전에서 좌절할 것이다. 그래서 영화 《디 아더스》를 경험한 자는 행복하다.

필자는 '이쪽'과 '저쪽'의 개념을 디아스포라 홍콩인 둥차오의 의식구조를 분석하는 틀로 사용하고 싶다. 이 틀은 전지구화 시대 인종 간, 국족 간 급격히 진행되고 있는 착종 양상을 들여다 볼 수 있는 매우 훌륭한 담론이기 때문이다. 오죽하면 중국 '사람'은 서양인을 귀신(洋'鬼'子)이라고 했겠는가! 한국사회를 예로 든다면, 그동안 우리의 의식 속에서 '이쪽'과 '저쪽'의 구분은 매우 뚜렷했고, 적어도 의식적으로 '저쪽'을 받아들이지 않았다. 이제 한국사회가 그동안 자랑해 온 단일 민족은 환상일 수 있다.

최근의 통계에 따르면 전북 장수군의 장수초등학교의 전교생 357명 중 20명이 혼혈아동이다. 장수군의 인구는 2만 5000여 명인데, 지난해 150쌍이 결혼했는바 이 중 44쌍이 국제결혼을 했다고 한다. 농촌 총각 10명 중 3명이 외국인과 결혼한 것으로 볼 수 있다.[2] 이런 추세로 간다면 현재 3만 5000여 명인 혼혈 인구는 2020년에는 167만 명에 달할 것으로 추산하는데, 신생아 3명 중 1명이 혼혈이라는 말이다. 지금의 강원도(152만 명) 보다도 큰 규모의 인구집단이 등장하는 것이다. 갈수록 그들의 정치경제적 영향력이 증가할 것은 물론이다. 그래서 박경태는 혼혈이라는 말보다는 '00계 한국인'이라는 용어가 보편화될 것이라는 전망을 하고 있다. 그는 또 외국계 한국인의 증가는 결국 우리 사회의 세계에 대한 이해를 넓힐 것[3]이라고 말했다.

인종이나 국적에 대한 한국인의 인식은 역사적 전환기에 처해 있다. 그것은 군 입대를 피하기 위한 국적 포기문제를 둘러싼 논쟁으로 나타나기도 하고, 혼혈 연예인이 대중스타의 반열에 올라 최고 인기를 구가하는 등의 이슈로 등장하고 있다. 불과 몇 년 전까지만 해도 '자랑스러운 단일 민족'의 뇌리에서 상상도 안 되던 상황이 전개되고 있는 것이다. 아시아에서 인종적으로나 문화적으로 가장 보수적인 입장을 견지해오던 한국사회조차도 이제 혼종의 시대를 향하여 빠른 속도로 나아가고 있다. 이제 '이쪽'과 '저쪽' 또는 '인간'과 '귀간'의 구분은 더욱 어려워진 것이다. 그동안 홍콩인을 포함한 해외 중국인이 꾸준하게 고민해 온 자신의 정체성 문제는 이제 전지구화 시대를 살아가는 우리 모두에게 닥친 이슈이다. 순종은 존재하지 않으며, 그것은 단지 또 다른 신화요 또 다른 파시즘적 폭력이라는 길로이Paul Gilroy의 주장[4]을 들먹이지 않더라도, 한국 사회를 비롯한 그 밖의 '자랑스러운 단일 민족'들은 신화와 폭력을 경계해야 할 것이다. 우리가 홍콩을 주목해야 하는 이유가 여기에 있는 것이다.

아민 말루프Amin Malouf는 "당신들이 이주국의 문화에 스며들수록 그만큼 더 당신 나라의 문화를 이주국에 스며들게 할 수 있다" 그리고 "이주자들은 자신의 원래 문화가 존중받을수록 그만큼 더 이주국의 문화에 자신을 열 것이다"[5]라고 '사람'들과 '귀신'들에게 충고한 바 있다. 전세계적으로 인종과 민족 그리고 문화의 경계선이 빠르게 해체되고 있다. 따라서 장정아는 국가의 경계를 넘어서는 초국가적 주체들에 주목하여 단일한 민족국가, 단일한 상상된 공동체에 대한 대안이 모색되면서 디아스포라, 혼종성, 유동적 정체성 등 새로운 영역이 제시되었다고 본다. 그는 또 이런 혼종성, 코즈모폴리터니즘, 유동적 주체성 등을 볼 수 있는 가장 좋은 현장 중의 하나가 홍콩 사회라고 본다.[6]

2. 둥차오董橋의 산문

하지만 신분 정체성은 장기적으로 홍콩인들에게 부담으로 작용해왔던 것이 사실이다. 왜냐하면 이민초기에 그들 대부분은 홍콩을

'뿌리를 내릴 곳으로' 생각하지 않았기 때문이다. 1949년 이후 '피난' 차원에서 정착한 홍콩에서 필사적으로 적응하기 위한 노력을 히였고, 그 결과 1960~70년대 비약적인 경제발전과 함께 홍콩인의 정체성은 싹트기 시작했다고 보는 것이 타당할 것이다. 총괄적으로 보면, 필자는 홍콩의 주권을 중국에 이양하기로 합의한 1984년 《중영연합성명》 발표 이후의 위기감이 홍콩문학의 정체성을 확보케 해준 가장 큰 사건이라고 생각한다. 이 시기를 전후해서 홍콩문학 관련 서적의 대량 출현 등의 문화 현상이 그것을 증명해 준다. 문학적 정체성을 포함한 문화적 정체성의 확립이야말로 정치적 위기에 직면한 홍콩의 생존에 가장 큰 구원자가 될 수 있다고 믿었다는 말이다. 정체성 확보야말로 위기감 극복의 대전제가 되었던 것이다. 아울러 피동적으로 야기된 정체성 확보의 노력의 일환으로 볼 수 있지만 그것의 포용성은 경탄할 만하다. 다양한 문학, 즉 대륙이나 대만을 막론하고 세계 각 지역의 문화는 홍콩문화의 범주 속에 포용되어진다.

따라서 필자는 1984년 전후의 시간을 선택했고, 그 시점 해외 중국인에서 '홍콩인'으로 변신한 둥차오[7]를 선택했다. 왜냐하면 홍콩의 저명한 언론인 뤄푸[8]가 말한 바와 같이, 둥차오의 문장은 홍콩의 특산품이고 중국과 서양이 복잡하게 얽히는 곳이자, 동양과 서양이 회통하는 홍콩 브랜드[9]이기 때문이다. 물론 뤄푸의 지적은 둥차오의 작품 전체에 대한 개괄적인 결론이겠지만 1984년을 전후한 둥차오의 작품에는 중국인 디아스포라가 매우 짙게 깔려 있다. 따라서 전지구화 시대의 선두주자라고 할 수 있는 홍콩의 디아스포라를 이해하기 위한 가장 중요한 교재는 둥차오의 작품이라고 본다.

한편, 류사오밍劉紹銘은 『둥차오 자선집』 서문에서 "둥차오의 책이 하루라도 시장에 나와 있다면, 홍콩의 독서인들은 하루라도 심심하지 않을 것이다"[10]라고 했다. 류사오밍의 말은 그의 작품은 이미 홍콩과 불가분의 관계를 형성하고 있음을 의미한다. 이것이 홍콩문학의 디아스포라 홍콩인 특성을 읽어내기 위해 그를 선택한 연유이다. 굳이 초기 산문집을 연구대상으로 삼은 이유는 보편적 해외 중국인으로서 해외에 머물다가 또 다른 해외로서 홍콩을 선택하고 처음으로 홍콩의 언론매체에 투고한 작품이라는 데 있다. 필자의 기대에 어긋나지 않게 그는 자신의 첫 번째 작품집『쌍성 잡필』(1977년)에서 다섯 번째『중국의 꿈을 따라 달리기』(1987년)까지 중국인, 홍콩인, 해외 중국인으로 표현되는 보편적 중국인의 정체성 찾기에 시종일관 천착하고 있는 모습을 보여준다.

둥차오는 일찍이 "나는 나의 산문이 서방에 드나들 수 있기를, 다시 중국에 드나들 수 있기를 요구한다"고 했다. 그가 굳이 서방을 의식하면서 중국을 제기하고 있는 측면에서 본다면 중국과 서양이 복잡하게 얽히는 곳이자, 동양과 서양이 회통으로 대표되는 홍콩브랜드의 간판 상품이라고 할 수 있을 것이다. 나아가서 그의 신세 역시 대륙에서 출생하고 해외에서 거주하다가 대만에서 대학공부를 하고 졸업 후 홍콩에서 일하다가 다시 영국에서 유학하고 홍콩에 정착한 형태는 홍콩 지식인의 전형이라고 할 만하다. 둥차오는 그의 작품에서 자신의 정체성에 대한 의문을 곳곳에서 표출하고 있다. 따라서 둥차오 연구는 홍콩에서의 중국인 디아스포라를 이해하기 위한 가장 훌륭한 수단 중의 하나라고 할 수 있다.

둥차오는 동서를 넘나드는 문화교육을 받은 배경에다가 오랫동안 문화업무에 종사해 온 풍부한 경력을 가지고 있다. 그것을 바탕으로 탄생된 그의 산문은 넓은 시야와 높은 품격을 갖추고 있다고 인정받고 있다. 그는 중국어로 창작을 하고 있지만 그의 작품에 대

둥차오董橋(1942~)

한 첫 느낌은 영미문학 세계의 에세이에 매우 근접하고 있다는 것
이다. 그래서 천이즈陳義芝 같은 이는 그의 산문이 '수필'과 '지식
산문' 사이에 있다고 본다. 이런 산문 형식을 견지하고 있다는 사
실도 그의 작품이 사상적으로 자신과 밀접하게 연결되어 있음을 증
명해준다. 특히 그의 "내가 생각하기에 산문은 아름답기만 하면 아
무 소용이 없는데, 가장 중요한 것은 그래도 내용이다.
information이 있어야만, message를 줄 수 있다. 상당히 뚜렷한
정보 말이다."[11] 라는 시각을 볼 때 그의 작품이 중국인 디아스포라
를 분석하기에 더할 나위 없는 텍스트임을 보증하고 있다. 1977년
부터 1987년까지 그의 작품을 보면 그의 디아스포라는 매우 다양
한 형태로 혼재한다.

　본 연구의 범위는 홍콩의 대표적 산문가 중의 하나인 둥차오의
초기 산문집 『쌍성 잡필』(1977년), 『다른 심정』(1980년), 『마르크스
수염안과 밖에서』(1982년), 『이 세대의 일』(1986년), 『중국의 꿈을 따
라 달리기』(1987년)를 분석하는 것이다. 나아가서 그 분석결과가 디
아스포라 홍콩문학의 주요한 특징이라는 것을 밝히는데 있다. 필자

는 『쌍성 잡필』을 비롯한 그의 초기 산문집 5권을 통하여 홍콩을 새로운 거점으로 하는 디아스포라 인생 40여 년의 의식을 분석하고자 한다. 연구의 첫 번째 단계로 그의 작품집에 나타나는 중국인 또는 해외 중국인의 정체성을 나타낼 수 있는 모든 표현을 찾아내어 그 이면을 분석할 것이다. 물론 초점은 홍콩에 거주하는 한 작가의 해외 중국인 의식에 맞춰 질 것이다.

3. 홍콩인의 뿌리

> ...... 만리장성 만리 길,
> 만리장성 끝이 우리 고향일세, ...
> 수수는 쑥쑥 자라고, 콩은 통통해지네, ...
>
> 이런 노래를 들으면 나는 언제나 즐겁고 애틋하고 감동하는데, 내
> 가 정말 이 노래를 좋아하고 있다는 것을 깨닫는다.[12]

둥차오는 복건성 진강晋江에서 태어나자마자 부모를 따라 인도네시아로 이민을 갔다. 그곳에서 청소년기를 보내고 18세에 대만 성공대학 외국어학과에 입학했다. 대학 졸업 후 홍콩으로 와서 미국공보처 산하의 금일세계출판사에서 근무한다. 1975년 영국 런던대학의 '아시아아프리카학부'에서 마르크스주의 문학이론을 연구하면서 영국방송공사의 중국어 프로그램의 제작을 담당했다. 1980년 홍콩으로 돌아온 그는 중화권 최고의 인문분야 월간지 『명보월간』의 주필, 홍콩중문대학 출판부의 책임자, 『리더스 다이제스트』 중국어판의 주필, 중립 일간지 『명보』 주필 등을 역임하고 현재 홍콩의 일간지 중 최대부수를 자랑하는 『빈과일보蘋果日報』 주필로 재직

하고 있다.

해외 '중국인'이라고 정의할 수 있는 둥치오가 결과적으로 홍콩이라는 특수한 공간에 정착하였는데, 이것은 대다수 홍콩인의 정착 과정의 또 다른 형태임이 분명하다. 다시 말하면 이민자의 입장에서 홍콩인을 두 부류로 나눌 수 있는데, 중국대륙으로부터 이민을 온 경우와 동남아를 비롯한 해외에서 다시 이민을 온 경우가 그것이다. 둥차오의 경우 해외에서 홍콩으로 이민을 온 경우의 전형적 형태를 보여 주고 있다.

그는 1977년 이후 거의 해마다 주옥같은 작품 특히 홍콩을 읽을 수 있는 첩경으로 인식되는 작품집을 꾸준히 출판해 오고 있다. 뿐만 아니라 그는 수 십년 동안 홍콩의 여론을 주도하는 최고 지위의 언론인이기도 하다. 또한 문화사상 상 해협 양안과 해외 중국인들의 논쟁은 기본적으로 뿌리 논쟁이다[13]라고 보는 그의 인식은 중국인 디아스포라를 분석하는데 매우 큰 매력이 아닐 수 없다. '뿌리' 의식이야말로 디아스포라의 기본 선율이기 때문이다. 아마 1978년 발표된 충쑤叢蘇의 소설 『중국인』에서 보이는 중국인의 정서는 해외 '중국인'이 보여줄 수 있는 디아스포라의 가장 압축적이고도 완전한 모델 중의 하나라고 볼 수 있을 것이다.

> 고향과 중국은 모든 중국인의 가슴에 존재한다! 중국, 중국인! 얼마나 명예롭고 또 얼마나 막중한 말인가! 중국, 과거의 영광과 미래를 약속한 빛나는 이름이여! 중국은 더 이상 지리적 명사일 수만은 없고, 정치체제만일 수도 없다. 중국은 역사이며, 전통이다. 중국은 황제黃帝 자손이며, 공자·맹자·이백·두보孔孟李杜이다. 중국은 정신이며 묵계인 바, 너와 나의 마음 속에 있다. 중국인이 있는 곳이 바로 중국이며, 중국어를 하는 사람이 있는 곳이 바로 중국이다. 중국은 자유와 민주 그리고 인성과 이성에 대한 억만

중국인의 희망이자 지향이다.[14)]

둥차오는 1964년에 대만에서 대학을 졸업한 후 1975년 런던으로 유학을 떠나기 전까지 10여 년을 홍콩에 정착하였다. 그 기간 동안 그는 중국인이라는 의식 속에서 홍콩인으로서 디아스포라를 경험했다. 해외 중국인으로서 성인으로 성장한 후 스스로의 결정으로 홍콩에 정착했던 것이다. 그는 자신의 중국인 디아스포라의 기착지로 홍콩을 선택했다.

> 홍콩 가수가 부르는 유행가를 들으면 감동하고, 부드러운 표준어 (國語) 영화 한 편을 보아도 감동하고, 완탕면雲呑麵 한 그릇을 먹어도 감동한다. 차이나타운의 서점에서 홍콩의 신문을 펼칠 때 더욱 감동한다.[15)]

이 말은 둥차오가 그 시점 해외 중국인에서 홍콩인으로 변신에 성공한 자신감의 발로인 동시에 스스로를 한 사람의 완전한 홍콩인으로 인정하는 것이다. 책제목 『쌍성 잡필』의 '쌍성雙城'이라는 어휘에서 알 수 있듯이 책은 두 부분으로 구성되어 있다. 즉 「런던에서」와 「홍콩에서」가 그것인데, 16편은 런던에서 18편은 홍콩에서 씌어진 것으로 되어있으나 한 편 한 편 공히 홍콩매체에 발표되었던 것이기에 주요 독자인 홍콩인을 의식하고 창작된 것이다. 홍콩에서 미국공보처 산하의 기관에서 일하는 동안 틈틈이 투고했던 만큼 그것이야말로 디아스포라 차원에서 홍콩문학 읽기의 필수조건이라고 생각된다.

주지하다시피 이제 중국인 디아스포라는 숫자로나 역량으로나 전지구적 좌표에서 매우 중요하면서도 강력한 권력으로 대두하고 있다.[16)] 둥차오의 의식 속에서 중국인에 대한 연민이 매우 넓은 영역을 확보하고 있는데, 그것이 '8년이나 10년을 살면, 생활권의 중국인은 갈수록 줄어든 것이다'로 표현되거나 '8년이나 10년을 살면, 더욱 외로움을 탈 것이다'[17] 등의 위기의식으로 나타나기도 한다.

> 8년이나 10년을 살면, 나는 진짜 런던의 중국인이 될 것이다.
> 나는 영국인들에게 북경오리구이와 홍콩의 식당 그리고 사천요리에 대해서 자랑할 것이다.
> 나는 호화로운 거실에서 영국인들에게 중국인의 위대함에 대해 허풍을 떨고 있을 게다. 나는 스테이크를 먹으면서 중국인이 얼마나 고생하는지를 말하고 있을 것이다.
> 그러나 십년 뒤에 나는 내 주위 중국인들 얘기를 가장 좋아할 게다.[18]

"나는 영국인들이 내가 이미 영국인이라는 것을 믿지 않는다는 것을 알고 있다. 마찬가지로 나는 중국인들 역시 내가 아직 중국인이라는 것을 믿지 않는다는 것을 알고 있다"[19]라는 둥차오의 말은 중국인 정체성의 '뿌리'가 얼마나 깊고 단단한지 단적으로 보여주고 있다. 현지 환경과 정체성 찾기에 골몰하는 나는 '중국인'과 사사건건 마찰하고 대립한다. 물론 현시점 용서받지 못할 '중국인' 역시 아직 존재하고 있다. 따라서 "몇 권의 서양 책과 잡지를 읽고 중국인들에게 학문과 지식을 팔아먹는 그런 중국인은 필요없는 것이다."[20] 위의 인용문에서 둥차오는 홍콩의 식민주체로서 영국을 강하게 의식하고 있지만, 그 공간에서 10여 년을 활동하고 현실적으로 그들의 지배를 받는 가운데 성장해 온 자신의 서양 인식에 대한 한계를 보여주고 있다. 이것은 식민 주체인 영국에 와서 영국인들의 생활권역에서 생활하는 가운데, '중국인'의 본질과 현실에 대해 정확하게 긍정적으로 알리고 싶은 의무감의 발로이기도 하다. 마찬가지로 영국 본국에 와서 유학하는 동안 홍콩인이나 중국인의 갖가지 행태를 직접 대면하면서 느끼는 소회는 비장하기까지 하다. 피식민 주체인 '중국인'에 의해 식민주체인 영국의 본토에서 노정되는 가벼움은 민족적 결점으로 인식될 수밖에 없는 현실인 것이다.

> 창 밖의 비가 갈수록 많이 온다. 나는 조용히 바람 속에서 잎사귀들이 말하는 것을 듣는다. 갑자기 『홍루몽』이 생각났다. 갑자기 다이위黛玉의 옹졸함을 떠올렸다. 그리고 갑자기 이 집이 남경에 있다면, 그리고 새 부인이 외국인이 아니고 중국인이라면, 창 밖의 빗소리가 더욱 시적이었으리라는 생각을 했다.[21]

그는 고전 『홍루몽』을 등장시켜 고향으로 돌아간다. 고전 역시 일정한 정체성을 형성하는 그리고 고향을 절대화하는 유용한 무형의 이미지임에 틀림이 없다. 그것은 위와 같이 본능적 향수로 대체되기도 한다. 사람은 자신의 출생지나 자신의 민족 그리고 조상의 출생지, 발원지에 대해 근원적인 그리움을 가지고 있다. 이런 그리움을 통해 사람들은 자신이 어디에서 왔는지를 탐구하면서 자아의 정체성을 확립한다. 모든 사람의 마음 속에는 고향이 존재하는데, 그것은 유형일 때는 풍경으로, 무형일 때는 각종 이미지로 시시각각 등장하는 것이다. 문화적으로 홍콩인들은 중화민족에 대한 강렬한 동질감을 지니고 있는 것이 사실인데, 즉 중화민족이라는 지향성과 그 문화에 대한 자부심이 매우 크다. 물론 이 때 '중국'은 그저 그리운 고향의 산수이자 이미지인 것이다. 즉 해외 중국인의 뇌리에는 중국이라는 실체는 없고, 중국은 그저 향수나 의지의 대상으로 자리 잡고 있는 것이다. 이것이 그의 초기 작품집에서 농후하게 보여지고 있는 문제의식의 근간이다.

　돌이켜보면, 해외 중국이우 워주민이 텃세와 제도적 핍빅이 상아면 강할수록 중국문화에 대한 남다른 자부심으로 단결했다. 그래서 중국문화를 소중히 간직해야 한다는 것 자체가 그들에게는 숭고한 이데올로기로 자리 잡았던 것이다. 몇 세대가 지난 오늘까지도 그들에게 문화적으로 그들의 정체성은 강하다. 하지만 해외 중국인은 정치적으로나 문화적으로나 중화인민공화국이라는 정치 실체로부터 완전히 자유롭지 못한 것이 사실이다. 특히 홍콩인은 직접적이고 실제적인 정치 실체 중화인민공화국에 대해 다중적인 감정을 소유하고 있다.

> 나는 '우리는 중국인이다!' 라고 했다. '중국은 우리의 집이야' '중국은 어디 있나요?', '중국은 그다지 멀지 않아' 라고 나는 대답했다. 너는 중국에 못 가보았지. 중국 팀의 선수들은 중국에서 왔단다....... '아빠는 중국이 우리의 집이라고 했잖아요? 집으로 가는 것인데, 왜 수속이 필요하나요?' 나는 음......이라고 대답했다.[22]

　이런 것은 비단 둥차오의 어린 딸만이 품고 있는 의문은 아니다. 사실대로 말하면, 친구들을 떠나서 새로운 친구를 사귀는데, 그 기간 동안 사람은 인생에서 기댈 곳이 없다는 것을 느끼게 된다. 이 생각이 나의 뇌리에서 발효되고 있다[23]는 둥차오의 고백은 홍콩이라는 해외 중국인의 원죄일 수밖에 없다. 이렇게 홍콩의 중국인은 시시각각 '기댈 곳' 으로 중화인민공화국을 의식하면서 살아가기도 한다.

4. 영국인? 중국인?

이제 둥차오는 자신조차 혼란스러워 하는 자신의 정체성에 대한 고민을 곳곳에서 보여주고 있다. 이것은 오랜 해외 중국인 생활이 야기한 피로감의 누적이라고 볼 수도 있고, 결론을 향한 변증법적 '박투博鬪' 과정이라고도 볼 수 있다. 아름다운 고향에 대한 이미지를 간직하기 위해서 자신의 정체성에 대해 의심하는 투쟁과정이 간단없이 출몰하게 된다. 타지에서 산다는 의식 즉 자기 자신의 고향이 아닌 곳에서 살고 있다는 의심은 자신을 조금씩 학대하기 시작한다.

예를 들면 "서양인의 월급을 받으면서 서양인을 속이겠다는 생각은 아주 쉬운 듯하지만, 사실 이 속의 가르침은 매우 크다. 서양의 노예가 되어서 서양인에게 아첨하는 것은 사람의 축에 들지 못함은 분명하다."[24]와 "왜 외국인에게 인사해야 하는지? 왜 우리 작품을 외국인이 반드시 이해해야 하는지?"[25] 등등이 그것의 증거이다. 심지어 중국인과 외국인이라는 확고한 이분법적 사고 아래 서양인의 앞잡이노릇을 하는 중국인은 도저히 용서할 수 없다는 강한 적대감으로 나타나기도 한다. 식민지 정부는 체계적으로 민족정체성 말살 과정의 비중국화 정책을 추진하여 중국인 신분에 대한 정체성을 감소시켜 왔다[26]고 하는데, 홍콩의 상황에 접하는 둥차오는 이 점 혼란스러운 정체성을 보여주고 있다.

> 이런 광고가 있었다. 홍콩은 그들의 작은 점포이기에, 그들은 줄곧 이 작은 점포를 이용해 돈을 벌어 왔다. 그들은 그들의 젊은이들에게 홍콩에 가서 모험을 즐기라고 또 천하를 도모하라고 한다. 왜냐하면 홍콩은 나쁜 사람의 세상이고 나쁜 사람은 모두 중국인이기 때문이다.[27]

아울러 서양인(아마도 영국인)에 대해 상당히 강한 대응의식이나 반발심이 작용하고 있음을 숨기지 않고 있다. 한 발 더 나아가서 역사적 맥락에서 수세적 위치에 처한 중국의 국력을 분석함으로써 그것으로 야기된 중국인에 대한 서양인의 편견과 오해를 지적한다. 국력의 수세적 입장은 1840년 아편전쟁부터 시작되었는데, 그 부담감은 중국에서 서구화만이 근대화라는 등식을 광범위하게 유포시켰던 것이다.

> 청淸 말부터 5·4 운동까지 중국의 국력은 매우 허약하였다. 민심은 과학기술문명의 우수성을 알게 되었는 바, 다른 문화와 문명을 맹목적으로 숭배하였다. 이것은 당시 국가의 정세가 너무 급박하였기에 이해할 수 있다. 하지만 지금 우리의 태도는 마땅히 달라져야 할 것이다.[28]

이렇듯 서방 문명에 대한 맹목적인 숭배는 더 이상 용납할 수 없는 것이다. 또한 스스로에 대한 다짐이기도 하다. 하지만 반대로 나와 중국책이 이미 '이탈' 되었고, 나와 중국인 역시 '이탈' 되었다[29]라고 하면서 조국과 나와의 소원한 관계를 스스로 의심하고 있다. 이것은 한걸음 더 나아가 자신에 대한 부정으로 표출되고 있다. 나도 중국인들이 여전히 내가 중국인이라는 것을 믿지 못한다는 것을 알고 있다[30]거나 이렇게 나는 나의 영어실력이 서양인과 똑같이 훌륭하다고 생각한다. 그래서 나는 내가 '영국인으로 귀화' 할 자격이 있다고 생각한다[31]는 것처럼 자신을 영국인과 황당하게 동일시하는 단계까지 진행하기도 한다. 불안한 자기 확신은 배타적 심리로 자신의 정체성을 확보하거나 "조금의 배타적 심리에 사실 무슨 큰 이유가 있는 것은 아니다. 서양인을 별로 안 좋아하는 것뿐이다"[32]로 나타나는 것이다. 1997년 중화인민공화국으로의 주권 회귀를 멀리 앞둔 시점에서 그의 정서는 다음과 같이 고조되기도 한다.

> 1997년 추석날 밤에, 홍콩 여자가 대륙 애인과 함께 공원을 산책하고 있었다. 여자가 갑자기 말했다. '우리 산에 달 보러 가요.' 그 여자의 애인이 말했다. '달? 어느 달?'[33]

　홍콩의 밤하늘에는 영원히 두 개의 달이 존재할 가능성이 크다. 탈식민주의의 논리에서 본다면 아마도 과거 영국식민지 경험의 관성이라고 볼 수 있다. 전 신화사 홍콩지사 사장 쉬쟈둔許家屯은 대부분의 홍콩인들이 자신은 애국한다고 하지만, 그들이 사랑하는 것은 국가도 아니고 대륙도 아닌바, 그들이 사랑하는 것은 '중화민족'이라고 한 바 있다. 고든 매튜Gordon Mathews에 의하면, '6·4천안문 사건'이나 북경올림픽 등의 이슈에 직면할 때 홍콩인들은 홍콩은 중화인민공화국의 일부이기에 당연히 스스로 '중국인'이라고 생각한다. 하지만 홍콩에서 시행하고 있는 자본주의 제도, 민주인권 등의 문제에서는 그들 스스로 대륙과 다른 홍콩인으로 인식한다는 것이다.[34] 따라서 디아스포라 홍콩인의 특징은 이렇게 요약할 수 있다. 중국의 타자이지만 동시에 중국을 타자로서 바라본다는 점이다.

5. 디아스포라 중국인

> 우리는 이런 사상 저런 주의 모두를 이해할 수는 없지만, 그것 때문에 우리가 사는 방식이 삶이 아니라고 말해서는 안 된다. 왜냐하면 우리는 적어도 성실한 중국인이 되고자 하고, 자신의 체면 즉 중국인의 체면을 구기고 싶지 않기 때문이다.[35]

　이렇게 중국인의 얼굴, 즉 정체성에 집착하는 태도 역시 시종일관 그의 의식을 지배하고 있다. 문제는 천광싱陳光興의 말처럼 유구한 전통과 민족 언어와 문화의 연속성을 부정해 버릴 수 있는 사람은 아무도 없지만 우리 문화 혹은 우리 국가가 1등이어야 한다고 주장하지 않는 것이 더욱 중요한 것이다. 자기 문화나 자기 국가에 대한 지나친 애정은 바로 타 문화나 타 국가에 대한 부정으로 이어질 수 있기 때문이다. 진정한 디아스포라는 그저 그 대상을 떠올리게 될 경우 더도 말고 덜도 말고 딱 이만큼 즐거운 것이 좋다. 둥차오 역시 '이쪽'과 '저쪽', '인간'과 '귀간'에서 자신의 위치 설정에 골몰하기도 하는 것이다. 그의 경계 나누기 노력은 상당한 기간 동안 계속 되다가 나중에는 대통합의 단계에 도달한다.

> 얼마나 많은 사람들이 대륙에서 나왔고, 얼마나 많은 사람들이 대륙으로 들어갔던, 누구도 긴장할 필요가 없고, 기뻐할 필요도 없고, 슬퍼할 필요도 없다.[36]

해외 중국인들이 언제, 왜, 무엇을 위해서, 어떤 형태로 출국을 했는지는 이 시점 그렇게 중요한 문제는 아니다. 바야흐로 둥차오는 기나긴 변증법적 '박투' 과정을 겪으면서 서서히 자신의 결론에 다가서고 있다. 세계는 매우 크기 때문에 어느 곳을 그리워하던 범죄도 아니고 자랑도 아니다[37]가 그 결론이라고 할 수 있는데, 문제는 바로 이렇게 해외 중국인들이 전 세계 곳곳에서 중국적 정체성을 나름대로 고수한 채 살고 있고, 나아가서 매우 큰 응집력을 지니고 있다는 것이다.

> 홍콩인들은 개인적 이상만을 가지고 있고, 국가의 이상을 그다지 중시하지 않는데, 런던이나 북경 모두에 대해서 믿음이 없다고는 할 수 없지만 믿음이 크다고도 할 수 없다. 일거일동이 철저하게

현실적이지 않을 수 없다![38)

　홍콩에 거주하는 중국인들의 의식 속에서 국가는 자의반 타의반
으로 일치감치 포기되어 왔다. 희박한 국가의식은 상대적으로 자신
의 생활에 직결되는 사항에만 관심을 집중시키도록 하여 홍콩인 정
체성 형성의 중요한 배경으로 자리 잡았던 것이다. 홍콩인들의 성
향이 철저하게 현실적이라는 이미지에 대한 변명이자 설명이라고
볼 수 있다. 홍콩인들의 강한 현실감각은 열린 공간으로서 홍콩이
문화적 배타성의 문제는 일찌감치 해결해 버린 곳으로 만들었다.
따라서 둥차오는 "홍콩문화의 가치는 주고받는 데 있다. 수준이 매
우 숭고하지는 않지만, 곳곳에 역동성이 잠재되어 있다"[39)고 했다.
'거래'와 '타협'은 홍콩문화의 최대가치가 되는 것이다. 이제 둥차
오 자신도 홍콩사회의 구성원으로서 디아스포라 홍콩인의 특징적
의식과의 합일을 위해 접근하고 있는데, 결국 의식 내면에서 타협
을 도출해내고 그것으로 이익이 상충되는 세력들에게 충고하는 것
이다.

> 정부 측이나 재야인사 모두, 홍콩문제는·3개(인용자:중국, 영국,
> 홍콩) 방면이 모두 승복할 수 있는 방안이 도출될 것이라고 말한
> 다. 모두들 요구수준을 낮추어서 조금씩 타협해야 한다는 뜻이리
> 라.[40)

　타협이야말로 전지구화 시대의 새로운 진리라고 할 수 있다. 이
것은 해외 중국인으로서 중국과 영국 사이에서 정치적 정체성 문제
에 골몰해 온 홍콩인의 지혜일 것이다. 따라서 향후 홍콩사회에 닥
쳐올 가장 큰 이슈인 주권 이양 문제의 해법 역시 3개 방면의 타협
인 것이다. 여기에서 주목해야 할 점은 2개(중국 – 영국) 방면이라고

하지 않고 3개(중국 - 영국 - 홍콩) 방면이라고 명시했다는 것이다. 1980년대 초·중반 중국–영국 간에 진행되고 있던 주권 이양 협상 과정에서 철저히 배제된 홍콩사회는 이 문제로 인해 공전의 위기감에 젖어 있었다. 이 언급은 홍콩사회가 직면한 최대 이슈에 대한 심각한 염려이자 강력한 요구이다. 그리고 그는 역동성으로 문화를 정의하면서 홍콩에 대한 자신감을 드러낸다.

> 문화 가치를 평가하기 위해서 너무 많고 오묘한 기준을 만들 필요는 없다. 문화는 살아있는 것이다. 그래서 줄 수도 받을 수도 있는 것인 바, 정치 경제 활동의 중요한 일환이다. 정치가 잘 되고 경제가 활발하면 문화는 반드시 경직을 피할 수 있다.[41]

이것은 또 다른 각도에서 미국을 중심으로 하는 서방세계의 전지구화 바람 앞에서 홍콩인을 비롯한 해외 중국인의 문화적 응집력 또한 일정한 역할을 하게 되리라는 것을 암시하고 있다. 해외 중국인의 디아스포라가 합리적이고 포용적이고 개방적이라는 전제 하에 전지구화 시대를 선도하고 있다는 인식에서 그렇다. 다시 말하자면 홍콩인을 비롯한 해외 중국인의 합리적이고도 개방적인 통합성이 해외 중국인과 해당 국가 그리고 해외 중국인과 해외 중국인 사이, 그리고 홍콩과 중국의 국가적 발전 구도와 어떻게 재편성될 수 있을 것인가에 있다. 문화는 반드시 변천한다는 명제 그리고 태고로부터 이어지는 전통이라는 것은 나중에 각색된 허구에 불과하다는 문제의식[42]을 들먹이지 않더라도 둥차오는 매우 빠른 속도로 문화의 고유한 특성을 통찰하는 경지에 다다른다.

> 이것은 진심이다. 그 때 너희들을 데리고 런던에서 그렇게 오랫동안 살았지만, 나도 중국인이 많이 거주하는 곳에서 살고 싶었단

다. 그래서 우리는 다시 홍콩으로 옮겨왔지. 하지만 사실 이런 생
각은 매우 우스운 것이란다.[43]

　같은 민족에 대한 집착 역시 집착이다. 집착이라는 차원에서 본
다면 고향에 대한 생각 역시 고질병이다. 현재 매년 1천만 명이 자
기 나라를 떠나고 있고, 앞으로 50년 후면 10억 명 이상이 조국을
떠나 다른 곳으로 가게 될 상황[44]을 직시하고 있는 것이다. 역사적
으로 볼 때 우리는 과잉 민족주의나 지나치게 고양된 민족적 동질
감이 전세계인에게 얼마나 큰 피해를 주었는지 잘 알고 있다. 따라
서 "너는 아느냐. 고향 생각은 나쁜 습관의 일종이다. 한 세대 한
세대 이어질 수 있다. 하지만 전도 방식으로 전해질 필요는 없고,
전염되듯이 전해지면 되는 것이란다"[45]라고 말하는 둥차오의 인식
은 매우 시의적절하다. 이상적인 디아스포라는 부담이 아니다. 즉
부담으로 작용해서는 안 된다는 당위는 민족보다 우선한다. 부담은
그것 자체로서 이미 배타성의 모태로서 구체화되기 때문인데, 향후
홍콩에서 중국인 디아스포라는 포용성으로 대표되는 홍콩문화의
발전에 가장 큰 걸림돌이 될 수도 있다. 문제는 그것의 정도가 얼마
나 적절하냐에 달린 것이다. 둥차오는 중국어를 해독하는 수준으로
결론짓는다. 따라서 그는 자신의 딸에게 이렇게 말한다.

　　자신의 중국어 수준이 나빠질 것이라는 걱정을 하지 말거라. 내
　　중국어 편지를 읽고 이해할 정도면 충분하니까.[46]

6. 홍콩의 세계화

　둥차오는 1964년에 대만에서 대학을 졸업한 후 1975년 런던으로

유학을 떠나기 전까지 10여 년을 홍콩에 정착하여 살았다. 그 기간 동안 그는 중국인이라는 의식 속에서 홍콩인으로서 디아스포라를 경험했다. 해외 중국인으로서 성인으로 성장한 후 스스로의 결정으로 홍콩에 정착했던 것이다. 그는 자신의 중국인 디아스포라의 기착지로 홍콩을 선택했다. 중국인이라고 정의할 수 있는 둥차오가 결과적으로 홍콩이라는 특수한 공간에 정착하였는데, 이것은 디아스포라 홍콩인의 두드러진 정착형태임이 분명하다. 그는 1977년 이후 해마다 주옥같은 작품 특히 홍콩을 읽을 수 있는 첩경으로 인식되어지는 작품집을 꾸준히 출판해오고 있다. 뿐만 아니라 그는 수 십 년 동안 홍콩의 여론을 주도하는 최고 지위의 언론인이기도 했다. 군이 초기 산문집을 연구대상으로 삼은 이유는 중국인으로서 해외에 머물다가 또 다른 해외로서 홍콩을 선택하고 처음으로 홍콩의 언론매체에 투고한 작품이라는데 있다. 위에서 살펴 본 바와 같이 그는 자신의 첫 번째 작품집『쌍성 잡필』등에서 중국인, 홍콩인, 해외 중국인으로 표현되는 보편적 중국인의 정체성 찾기에 시종일관 천착하고 있는 모습, 그리고 자신조차 혼란스러워하는 자신의 정체성에 대한 고민을 곳곳에서 보여 주고 있다.

결론적으로 둥차오의 마음 속에는 우선 고향이 분명히 존재하는데, 그것이 유형일 때는 자신이 체험했던 풍경이나 고전문학 등으로, 무형일 때는 각종 이미지로 시시각각 등장하는 것이다. 이것을 보면 둥차오의 의식 속에도 문화적으로 중화민족에 대한 강렬한 동질감을 지니고 있는 것이 사실인데, 즉 중화민족이라는 지향성과 그 문화에 대한 자부심이 매우 크다는 사실을 알 수 있다. 철저히 해외 중국인이라고 할 수 있는 둥차오 역시 서양인의 텃세와 제도적 핍박이 강하면 강할수록 중국문화에 대한 남다른 자부심으로 대응했다. 하지만 해외 중국인은 정치적으로나 문화적으로나 중국이라는 정치 실체로부터 완전히 자유롭지 못하다. 특히 홍콩인은 정치 실체 중국에 대해 다중적인 감정을 소유하고 있다. 사실 홍콩에 거주하는 중국인들의 의식 속에서 국가는 자의반 타의반으로 일치 감치 포기되어 왔었다. 따라서 상대적으로 희박한 국가의식은 자신의 실제생활에 직결되는 사항에만 관심을 집중시키도록 하여 홍콩인 정체성 형성의 중요한 배경으로 자리 잡았던 것이다. 적어도 둥차오는 이렇게 홍콩인들의 성향이 철저하게 현실적이라는 이미지에 대한 변명과 설명을 하고 있다.

홍콩인들을 특징지을 수 있는 현실감각은 홍콩이 열린 공간으로서 문화적 배타성의 문제를 일찌감치 해결해 버린 곳으로 만들었다. 따라서 둥차오가 보기에도 '거래'와 '타협'은 홍콩문화의 최고 가치가 되는 것이다. 더 나아가서 그는 민족 문제에 대해서도 초연한 입장을 요구하고 있다. 같은 민족에 대한 집착 역시 집착이라는 것이다. 집착이라는 차원에서 본다면 고향에 대한 생각 역시 고질병이라는 것이다. 이 점이야말로 현재 매년 1천만 명이 '조국'을 떠나고 있고, 앞으로 50년 후면 10억 명 이상이 '조국'을 떠나 다른 곳으로 가게 될 운명을 한 발 앞서 경험한 그가 제시하는 길이다. 바꾸어 말하면 이상적인 디아스포라는 부담이 아니다. 즉 부담으로 작용해서는 안 된다는 당위는 민족보다 우선한다. 부담은 그것 자체로서 이미 배타성의 모태로서 구체화되기 때문인데, 향후 홍콩에서 중국인 디아스포라는 포용성으로 대표되는 홍콩문화의 발전에 가장 큰 걸림돌이 될 수도 있다. 문제는 그것의 정도가 얼마나 적절하냐에 달린 것이다.

둥차오는 초기 산문집을 통해 디아스포라에 대한 관념의 변증법적인 과정을 거치면서 '1백년이라는 시간이 걸려서 형성된 중립적이고도 개방적이면서 자유로운 공간'[47] 홍콩의 역사를 매우 효과적으로 보여 주고 있다. 그래서 류짜이푸劉再復는 "대륙에는 우리 편이 아니면 바로 적이라는 공간만이 존재하는데 비해, 홍콩의 제3 공간은 매우 광활하다"[48]고 찬양하는 것이다. 따라서 룽잉타이가 내린 "홍콩의 자유공간은 홍콩인만이 향유하는 것이 아니기에 아끼고 보호하고 지켜야 한다"[49]는 결론은 매우 소중하다.

한편, 미국 예일대 법과대학원 고홍주 학장은 2006년 7월말 방한하여 언론과 일반인의 뜨거운 관심을 받았던 적이 있다. 그는 미국의 대표적인 국제법 학자인데, 빌 클린턴 대통령 시절인 1998년 한인으로는 최고위직인 국무부 인권담당 차관보를 역임했다. 그는 언론과 인터뷰하면서 "한국계 미국인으로 정체성 위기를 느낀 적은 없습니까?"라는 질문에 이렇게 답변했다.

> 성인이 된다는 건 내가 바꿀 수 없는 것들을 인정하는 과정이 아닌가 싶습니다. 어느 시점에서 나는 100% 한국인이 아니라는 것을 깨달았어요. 몇 % 한국인이고 몇 % 미국인인가 고민하다가 '100% 한국계 미국인'이라는 결론을 내렸더니 쉬워지더군요.[50]

2006년 새해 벽두부터 슈퍼볼의 영웅 하인스 워드Hines Ward는 한국에서 영웅이 되었다. 각종 언론에서는 가능한 모든 미사여구로 그와 그의 어머니를 기리고 찬양했다. 나아가서 그의 어머니가 슈퍼볼에서 우승한 것처럼 만들었다. 더 나아가서 한국에서의 인종차별을 딛고 성공한 사람으로 부각시켜 모든 한국인을 인종차별의 죄인으로 만들었던 것이다. 냉정하게 보면 모든 혼혈인이 그런 것처럼 그는 그저 재능있는 혼혈인일뿐이다. 지구상에 문자 그대로 순수혈통은 없는 법이다. 우리가 자랑하는 한민족 역시 몽고족, 한족, 일본민족, 동남아계의 혼혈이라고 할 수 있다. 하인스 워드는 그저 온갖 종류의 인종들이 서로 차별하고 서로 경쟁하는 미국사회의 일

원일뿐이다. 미국 모 대학의 어느 한국인 교수는 집안에서 자식들이 한국말을 사용하는 것을 허락하지 않았다고 한다. 미국에서는 그저 미국사람으로 사는 것이 도리라는 이유에서다. 따라서 하인스 워드를 그냥 미국인으로 살게 하는 것이 우리가 그에게 할 수 있는 최상의 경의다. 하인스 워드의 한국혈통을 강조하면 할수록 우리는 새로운 인종차별의 늪에 빠진다. 따라서 인종 간에 결혼하면 2세가 유능하다고 강조하는 것이 인류발전을 위해 훨씬 더 좋다. 왜냐하면 원래 '사람'이라고 불리는 것이나 '귀신'이라고 불리는 존재 자체가 오랜 시간을 흘러오면서 여러 종류의 '사람'이나 '귀신'이 혼재된 결과물이기 때문이다. 이것이 전지구화 시대의 '자유공간' 홍콩의 둥차오가 전 지구를 향하여 전하는 메시지이다. ❧

6장 루쉰魯迅의 홍콩

1. 사람 세우기立人

1957년 중국 전역에 대약진운동의 거센 바람이 불기 시작했을 때, 마오쩌둥은 누군가와 대화하면서 루쉰이 화제로 등장하자 이렇게 말했다. 현 시점 루쉰이 살아 있다면 감옥에서 글을 쓰고 있지 않으면, 침묵하고 있을 것이다.[1] 루쉰과 마오쩌둥이라는 20세기 중국에 있어 가장 위대한 인물이라고 할 수 있는 두 사람의 관계를 이처럼 극명하게 보여주는 사례는 없다. 루쉰 생전에 마오와 루는 양자간 상호의 존재 가치를 충분히 인정하고 있었다. 반국민당이면서 친공산당적 루쉰의 언행을 보고, 마오쩌둥은 그를 완전한 우군으로 인식하고 있었다. 루쉰 역시 마오쩌둥과 안부를 주고받는 통로를 확보하고 있었을 정도로 양자 간 유대는 엄연히 실재했음이 학계의 정설이다. 하지만 중국이 소위 진정한 사회주의로 거듭나기 위한 시도로 대약진운동을 강력하게 추진하는 시점에서 루쉰에 대한 마오쩌둥의 언급은 많은 의미를 내포하고 있다.

마오쩌둥이 인정한 루쉰은 어디까지일까? 일찍이 루쉰을 신문화의 기수로 중화민족의 방향이라고[2]까지 극찬했던 마오쩌둥의 진실은 무엇일까? 루쉰이 살아 있다면 감옥에 있거나 국가상황에 대해 침묵하고 있을 것이라는 마오쩌둥의 언급은 그 자신이 과거에 유지하고자 노력했던 루쉰과의 유대를 단절함을 선포한 것으로 보아야 한다. 왜냐하면 감옥은 반체제를 의미하고 그것은 바로 마오쩌둥이라는 체제에 대한 반대이기 때문이다. 침묵 또한 그것이 편안하게 담보되지 못하는 사회주의 체제일진대 루쉰이 살아 있다면 당대 최고의 지식인으로서 원하지 않는 발언을 강요당하지 않을 수 없을 것이다.

하물며 일찍이 루쉰은 스스로 삶의 목표를 이렇게 선언한 적이 있음에랴. "내가 다른 사람들을 위해서 구상해 온 말을 한다면, 바로 첫 번째 생존해야 한다는 것이고, 두 번째는 의식이 풍족한 생활을 해야 한다는 것이고, 세 번째는 발전할 수 있어야 한다는 것이다. 누가 이 세 가지를 방해한다면 그가 누구인지를 막론하고 우리 모두는 그에게 반항하고 그를 제거해야 한다!"[3]

따라서 루쉰의 감옥행이나 침묵을 언급한 마오쩌둥은 중화인민공화국이라는 사회주의 국가는 이제 루쉰이라는 이미지와 결별을 할 수밖에 없는 단계에 이미 도달했음을 충분히 인식하고 있었다는 말이다. 즉 평생 동안 정치사회적 문제의식을 온몸으로 장악하고 실천해오던 루쉰이 살아 있을 경우, 그 자신의 고유한 문제의식의 칼날은 일순간의 중단도 없이 체제인 마오쩌둥을 향하고 있었을 터이다.

루쉰에 대한 당대 최고 권력자의 평가는 루쉰이라는 기호를 더욱 선명하게 부각시키고 있다. 루쉰의 가치는 일관된 비판의식에 있다. 더불어 그는 언행이 일치하는 인격을 평생 견지했다. 20세기 중국이 근대화의 부호로서 '민주'와 '과학'을 지상과제로 삼았다면 루쉰은 그 부호의 상징적 지식인이라고 할 수 있다. 20세기 그것이 '민주'와 '과학'을 상징성으로 하는 근대화를 추진할진대 '민주'와 '과학'은 현실비판이라는 기제를 자신의 숙명으로 인식하고 꾸준히 진화해 왔다. 아울러 20세기 지식인들은 '민주'와 '과학'의 사자로 자처했다. 계몽의 사자로서 일생동안 외연을 수구나 보수로 치장하는 기득권과의 전투를 업으로 삼은 루쉰은 중국인으로 대표되는 보편적 인간의 진정한 해방이라는 거대 전략을 수정한 적이 없다. 루쉰의 고민은 중국인의 '영혼'에 있었던 것만이 아니라 세인들의 '정신'에까지 미치고 있었다. 옌자옌嚴家炎은 루쉰의 전체

사상과 정신을 '사람에 대한 무한한 관심'이라고 총괄한 적이 있다.[4] 첸리췬錢理群 역시 '사람'을 루쉰 사상의 핵심으로 파악하고 있다.

> 이상 세 가지, 하나는 개체, 구체적으로는 사람을 강조하는 것이다. 둘째, 사람의 자유 상태를 강조하는 것이다. 셋째, 사람의 정신을 강조하는 것이다. 개괄하면 '개체의 정신적 자유'인데, 이것은 루쉰의 가장 기본적 관념을 구성했다. 그는 '개체·정신·자유'를 일체 문제를 측량하는 기준이자 척도로 삼고 있다.[5]

'사람'이라는 '개체'의 '정신적 자유'가 루쉰의 삶과 정신에 대한 첸리췬의 결론인 바, 사실 '사람'과 '개체'의 '정신적 자유'는 그 존재의 중요성으로 볼 때 삼자 등가교환할 수도 있다. 개체로서 '사람'이 '사람' 다울 수 있음의 전제는 신체적 자유는 물론 정신적 자유를 포함하기 때문이다. 개체와 자유는 유교가 지배적 이데올로기로 장기간 존속되어 온 중국의 사상공간에서 다소 희소성을 지닌다. 그렇다면 중국사상의 흐름으로 볼 때 루쉰이 '사람'을 들고 나설 때의 사상적 배경은 당연히 도교에 있다. 루쉰에게 있어 유교는 '사람'을 죽이는 도구에 지나지 않았다. 정재서에 의하면 루쉰은 중국의 뿌리는 죄다 도교에 있다고 선언하면서 도교와 관련된 민간의 습속이나 행사 등에 관심을 표명하고 특히 장자의 반권위적 의식, 반언술적 표현 등에 주목하였다.[6] 하지만 아이러니하게도 평생을 자존과 기품을 지닌 비판정신으로 일관한 그의 삶 자체는 바로 자신의 이익보다는 대중과 정의를 위해 몸을 던져야 하는 완인完人으로서의 군자적 이미지가 생생하다.

루쉰 사상의 정수 '사람 세우기'는 '사람'이라는 개체의 무한한 자유를 세워주자는 말이다. 그래서 '사람 세우기'를 다시 풀면 사람이 살아갈 수 있는 공간, 즉 물질적으로나 정신적으로나 자유로 운 공간 확보하기라는 말로 정의할 수 있다. 루쉰 의식 밑바닥에서 공간은 시종일관 가장 중요한 대들보 중의 하나였다. 그것은 바로 고향 소흥紹興 즉 고도古都적 전통, 월越 문화적 전통, 사람들 사이의 경험에서 자연스럽게 우러나온 것이다.

또한 그가 유년기와 청년기에 경험한 공간 소흥은 우리가 살아가는 21세기에서 전지구화의 표본으로 인식되고 있는 홍콩에게 여전히 경험적 유대의 끈을 던져주고 있다고 할 수 있다. 그 끈은 정신중시와 물질경시라는 표어를 연상시키는데 무리가 없는 바, 21세기의 홍콩에도 여전히 루쉰이 살아있어야 하는 이유가 된다. 왜냐하면 소흥이 정신을 중시하는 루쉰을 배출해낸 공간이라면 21세기의 홍콩은 물질이 가장 첨예한 화두로 정착된 공간이라고 할 수 있기에 루쉰을 통한 양자 간 비교의의는 자연스럽다. 따라서 홍콩에서 그의 '시간時間', '공간空間', '인간人間'은 지금도 유효하다.

2. 루쉰

1) 인人의 간間

하지만, 나는 이렇게 말했다.
"가령 말일세. 쇠로 된 방이 있다고 하세. 창문은 하나도 없고 절대로 부술 수도 없는 거야. 안에는 깊이 잠들어 있는 사람이 많이 있어. 오래잖아 숨이 막혀 죽고 말거야. 그러나 혼수상태에서 그대로 죽음으로 옮겨가고 있는 것이니까 죽음의 괴로움 따위는 느끼지 않아. 지금 자네가 큰 소리를 질러 다소 의식이 또렷한 몇 사람을 깨운다면 이 불행한 몇 사람에게 결국 살아날 가망도 없이 임종의 괴로움만 주게 되는데, 그래도 자네는 그들에게 미안하다고 생각지 않는가?"

"그러나 몇 사람이 깬다면 그 쇠로 된 방을 무술 희망이 전혀 없
다고는 말할 수 없지 않은가?"[7]

리어우판은 루쉰의 '쇠로 된 방' 이야기에서 "다소 의식이 또렷
한 몇 사람"은 바로 루쉰의 마음이며 그것은 바로 루쉰 본인의 경
험과 감정에 있어 모종의 '기질'이라고 보았다.[8] 그것은 바로 사람
에 대한 희망이자 사람을 포기할 수 없는 마음이면서 사람노릇을
하고자 하는 마음이다. 루쉰의 '기질'은 루쉰을 적극적으로 상징한
다. 그 상징은 바로 그가 인생을 준비하고 전투를 대비했던 고향 소
흥의 문화, 공간, 가족을 대표하고 있다. 즉 월 문화의 복수정신과
희생정신, 전통적 건축 공간, 대가족 제도 특유의 장단점은 루쉰을
이해하기 위한 필수조건이자 충분조건이 된다. 그의 인생 55년에
서 미리 보낸 20년은 그가 사람들과 사람 노릇을 공부하면서 희망
속에서 그의 '기질'을 연마하던 시간이었다.

개천에서 용龍 났다고 할 때 우리는 그저 개천에 대비된 현재의
용을 연상할 때가 많다. 그래서 그것이 대단히 경하해야 할 일이고
본받아야 할 대상이라는 사실에 주목하는 것이다. 하지만 우리의
경험에 비추어 조금 더 생각해보면 개천과 용의 의미구조가 손쉽게
다가온다. 즉 개천은 개천대로 용은 용대로 따져 보아야 한다는 계
산이 대두하는 것이다. 그 용이 진정한 그러니까 사회적으로 도움
이 되는 가치있는 용이라고 하면 문제는 달라지겠지만, 그 용이 자
신의 현재적 위치로서 용의 지위를 강조하거나 자랑하는 용이라면
우리는 당장 개천을 비난하게 되는 것이다.

따라서 개천에서 용 난다거나 용 났다고 할 때, 현재 성공한 용
보다는 그 용의 성장배경이 매우 나쁘다는 의미의 비중이 큰 법이

루쉰의 50세 생일 사진

다. 진정한 용은 용의 지위에 오르더라도 지위를 고집하지 않는다. 우리가 바라는 용은 사리사욕에 눈멀지 않고 권력에 기대어 호가호위하지 않고 죽음에 직면해서도 직언을 서슴지 않는 '된 용'인 것이다. '된 용'이 자라기 위해서는 터가 매우 중요한데, 그것이 바로 사이(間)인 것이다. 따라서 된 용이 성장한 사이(間)는 개천이 아니다. 그리고 개천에서 용 난다거나 용이 났다는 말은 개천에서 '된 용'이 날 가능성이 매우 희박하다는 경고이기도 하다.

사람은 '사람 사이(人間)'에서 만들어진다. 이 때 사람과 사이는 독립적이면서도 상호보완적 관계라고 보아야 한다. 상호보완적이라거나 상호의존적이라고 할 때, 사이의 중요성은 사람보다 훨씬 덜 중요하다는 말의 등가이다. 따라서 사람과 사이는 매우 긴밀한 관계에 있다고 하는 것이 더욱 명백한 사실관계를 적시해주고 있다고 보아야한다. 하물며 그 사람 스스로가 자신이 상징해 온 그 사이에 관해 자주 되새기고 있음에랴.

루쉰은 청말淸末 절강성 소흥紹興에서 태어났다. 조부는 진사로 지현知縣 등의 관직을 지냈다. 하지만 부친은 향시에 수차 응시하였으나 뜻을 이루지 못했다. 루쉰이 13세에 조부가 과거 시험 부정사건에 연루되어 투옥되고, 부친이 병으로 쓰러지면서 가세는 급격히 기울기 시작했다. 루쉰은 이때의 상황을 자신의 작품에 직간접적으로 투영하고 있는데, "살만한 집안이 갑자기 곤란해질 때", "세상 사람들의 진면목을 알 수 있다"[9]는 그의 말은 여전히 천고의 명언처럼 회자되고 있다. 사람과 그 사이의 관계에 대한 냉엄한 현실을 깨달았다는 말이다.

그 당시 그는 복잡한 집안상황으로부터 벗어날 기회를 가지게 되는데 바로 어머니의 고향인 외가에 잠시 머물게 된다. 이곳에서의 경험 역시 그의 문학 생애에 지대한 영향을 미치게 되는데, "농민들과 가까이할 수 있어 그들이 필생동안 억압받고 많은 고통을 당하는 실정을 점차 알게 되는"[10] 것이다. 그는 또 "배를 젓고, 소를 먹이고, 물고기를 잡는"[11] 등 일찍이 본가에서 못 본 대자연을 경험한다. 19세에 집을 떠나기 전까지 루쉰은 상황적으로 많은 것을 경험하였는 바, 주지하다시피 그것에 대해 또 그것이 루쉰의 문학생애에 미친 영향에 대해 그동안 수많은 연구가 진행되었기에 이 자리에서 중언할 필요성은 느끼지 않는다.

하지만 필자는 루쉰을 둘러싸고 전개된 인간관계에 주목하고자 한다. 아울러 그와 그의 가족이 사회적으로 공유했던 사이에 대한 분석은 매우 중요하다고 생각한다. 이미 몰락한 관료집안이지만 마을에서 여전히 명망 있는 가문이었다. 생활 공간적 측면에서도 루쉰의 집은 3대가 거주하는 대가족이었다. 즉 '봉건사회 속에서의 도련님'[12] 경험은 그가 평생 정신을 중시하는 선비의 모습으로 살게 한 가장 큰 힘 중의 하나라는 사실로서 보아야 한다. "나는 봉건사회의 도련님 노릇을 하고 있었다. 돈을 우습게 아는 것 역시 그당시 '소위 선비 집 자제'의 속성이었다"[13]는 양반가의 '도련님', 그것은 그가 그토록 분개하던 봉건사회라는 틀 속의 일부이다. 하지만 '도련님' 의식은 심리적 기둥으로서 자신이 원했던 그렇지 않던 자존과 책임의식으로 발전했다는 긍정적 측면을 절대로 간과할 수 없다. 즉 인습에 대한 부정이나 전통에 대한 긍정이 심리적으로 갈등을 일으킨다고 하더라도 한 개체 안에서 자연스럽게 고매한 인품으로 승화될 수 있는 것이다. 아울러 돈을 경시하는 것은 봉건사회 지식인의 보편적 기풍이었는 바, 그것은 물질을 경시하고 정신을 중시하는 루쉰 정신의 근간을 형성하는데 큰 기여를 했다.

　루쉰은 일생의 3분의 1 이상을 고향 소흥에서 보냈다. 이곳에서 그는 생활하고 공부했다. 인생의 초기를 보낸 공간은 인간의 성격이나 인격형성에 지대한 영향을 미친다는 것은 주지의 사실이다. 루쉰을 둘러싼 건축학적 공간 역시 루쉰의 세계관 저변의 공간에서 큰 비중을 차지하고 있다. 비록 전당포와 약방이 그의 의식 밑바닥에서 부정적 공간으로 자리 잡고 있더라도 루쉰 생가와 백초원百草園, 삼미서옥三味書屋, 함형주점咸亨酒店이라는 긍정적 공간이 그를 둘러싼 첫 번째 외연을 이룬다면, 아름다운 물의 고장(水鄉) 소흥은 두 번째 외피를 구성하고 있다.

　루쉰 생가에는 크고 작은 방 80여 개가 있었다. 80여 개나 되는 건축공간에서의 거주경험은 정신의 폭을 넓히고 깊이를 더하는데 더없이 큰 영향을 주었던 것이다. 후원인 백초원 역시 루쉰에게 춘하추동 사계절의 변화를 만끽하게 해주었는데 "푸릇푸릇한 야채 이

소흥 수로水路

랑, 매끄러운 돌로 된 우물, 높이 솟은 쥐엄나무, 보라색의 오디"[14]
가 있었다. 뿐만 아니라 "매미는 녹음 속에서 울고 살찐 황벌은 유
채꽃에 앉아 있고 민첩한 종달새는 풀숲에서 푸른 하늘로 높이 날
아"[15] 정서의 세계로 고스란히 빠질 수 있는 기회를 제공하던 공간
이었다. 집을 나서 동쪽으로 반리 못 미쳐[16] 바로 그가 12세부터 5
년간 공부를 했던 공간 삼미서옥이 있었다. 그곳에서 루쉰은 읍내
에서 품행이 방정하고 소박하고 박학하기로 소문난[17] 선생님 앞에
서 책을 읽다가 지치면 서당 뒤의 뜰에 나가서 매화를 꺾기도 하고
땅바닥이나 물푸레나무에서 죽은 매미를 찾기도 했다. 또 파리를
잡아서 개미에게 먹이는 가장 재미있는[18]장난을 치기도 했다. 다시

삼미서옥

삼미서옥 밖으로 발을 내미는 순간 온갖 고사와 전설을 간직한 수많은 공간을 대하게 되는데 물의 고장 소흥은 아름다운 인문 공원 그 자체였다.

린셴즈林賢治에 따르면, 어릴 때 루쉰이 가장 좋아했던 사람은 할머니와 어머니이다.[19] 할머니는 틈나는 대로 루쉰에게 옛날이야기를 생동감 있게 풀어 놓았고, 한여름 밤 손자들은 계수나무 아래 부들부채를 들고 있는 할머니를 졸랐다.[20] 어머니는 어머니대로 책에서 전해지는 옛날이야기를 할머니보다 더 많이 알고 있었다. 하지만 루쉰은 어머니가 옆에서 바느질하거나 책을 보면서 묵묵히 있기만 해도 좋았다.[21]

중국의 전통극 역시 루쉰과 어린 그를 둘러싼 인문 공간의 관계를 파악하기 위한 중요한 통로인데, 어릴 때 루쉰은 연극에 푹 빠진 적이 있다. 린셴즈는 루쉰에 있어 연극은 '자유 광활한 무대'였다고 표현하고 있다.[22] 탄궈건譚國根에 의하면 연극은 하버마스가 말하는 '공공 공간public sphere'이다. 하버마스는 공공 공간이 사회 여론을 조성할 수 있다고 보았는데, 정부를 견제할 수 있을 뿐만 아니라 사회 구성원 한 사람 한 사람에게 영향을 줄 수 있다고 여겼다.[23] 연극에의 탐닉은 역시 '사람 세우기'로 대표되는 루쉰 철학의 연구에 있어 중대하게 다루어져야 할 부분임에 틀림이 없다. 왜냐하면 중국의 전통극 대부분이 권선징악이라는 일관된 주제를 반복 학습시키는 주요한 매체이기 때문이다. 또 연극은 '사람'과 '사이'를 공부하기에 더없이 좋은 학습 도구이며, 연극 그 자체를 수시로 접촉할 수 있는 공간은 한 인간의 성장에 매우 중요하다.

2) 문文의 화化

루쉰은 월 문화 지역의 중심이라고 할 수 있는 소흥에서 20여 년을 생활했다. 월 문화는 청동기시대의 지방문화이다. 월나라는 이미 6천 년 전에 사라진 나라이지만 그 문화의 독특함으로 인해 신화, 전설, 민속 등의 형태로 오늘날까지 소흥 지방에 자랑스럽게 전해지고 있다. 따라서 루쉰의 정신과 그것의 형성과정을 이해하기 위해서 고향 소흥의 문화 성격에 대한 분석을 피해갈 수 없다. 어린 시절과 청소년 시기를 보내면서 고향 소흥, 월 문화 중심으로서 소흥은 루쉰에게 지대한 영향을 미친다.

정쩌쿠이鄭擇魁에 의하면 월 문화 전통 중에서 루쉰은 특히 대우大禹와 구천勾踐의 정신을 추앙했다.[24] 월 문화 전통 중에서 우임금

소흥의 와신상담 현장

은 신화 속의 영웅인데 바로 월 지방 출신이다. 주지하다시피 6천 년 전 월나라 사람들이 거주하는 곳은 저지대였고 홍수 피해를 자주 보았다. 그래서 치수전문가 우임금은 자연히 그들의 우상이 되었던 것이다. 양리핑楊禮平에 의하면 루쉰은 소설 『이수理水』에서 우의 희생정신을 시대의 모델로 삼은 바 있다.[25]

정쩌쿠이는 복수를 향한 구천의 분투정신 역시 평생 루쉰의 의식 속에 매우 분명하게 자리 잡고 있었다고 했다. 루쉰은 「군계통언軍界痛言」에서 군기가 문란한 왕진파王金發 부대를 향하여 와신상담 정신으로 일치단결하라고 꾸짖었다. 또 「월 사람들은 선인의 가르침을 잊지말라」에서 "선인들이 말하길, 회계는 원수를 갚고 원한을 푸는 고장인 바, 아주 작은 더러움도 용납하지 않는 곳인데, 월 나라 구천부터 시작되었다. 유풍은 아직 남아있는데 ......"라고 했다.

1936년 루쉰은 세 차례나 연속으로 명말明末 소흥 학자 왕사임王思任의 "회계는 원수를 갚고 원한을 푸는 고장"이라는 말을 자랑스럽게 인용했다. 사망 일 개월 전인 1936년 9월에 쓴 「여조女弔」에서도 "명말 왕사임의 말일 게다. '회계는 원수를 갚고 원한을 푸는 고장인 바, 아주 작은 더러움도 용납하지 않는 곳!' 우리 소흥인들은 이 말에 자부심을 가지고 있으며 나도 듣기를 즐기고 인용하기도 한다"라고 하여 복수정신의 고향 소흥에 대해 특별한 애착을 나타내고 있다.[26]

양리핑에 의하면 복수의 사자[27] 루쉰은 사회적으로 방관자가 많음을 증오하여 역사소설 「복수復仇」를 집필하였으며, 「주검鑄劍」은 복수에 대한 루쉰의 이해를 총괄하고 있다.[28] 복수의 미학을 이해해야만 사람을 무는 개라면, 그 놈이 뭍에 있건 물 속에 있건 패라고[29] 외친 루쉰에 대한 이해가 가능하다. 자기에게 고통을 준 사람에게 그와 똑같은 고통을 주어 갚는다는 것[30]이 복수의 사전적 의미이다. 이 행위는 피해를 입은 것에 대해 고스란히 되돌려 준다는 의미에서 매우 공평하다. 따라서 고대사회의 형벌로 자연스럽게 자리 잡았다. 그리고 사회가 복잡해지고 복수의 영향이나 결과가 점차 확대된다는 점에서 법률이 그것을 대신해 주기에 이르렀던 것이다. 하지만 피해자의 카타르시스라는 측면에서 볼 경우 내 자신이 고스란히 되돌려 준다는 차원과 법률이 그것을 대신해 준다는 차원이 일치하는 경우는 드문 법이다. 어떤 경우 재발 방지의 입장에서 볼 때 법률은 사치스런 장식일 수도 있다. 가해자가 '사람'을 무는 '개'일 경우, 이제 루쉰의 분노를 달랠 길은 없다.

류짜이푸劉再復가 보기에 20세기 중국문학사상 진정으로 절망감을 소유하고 있던 작가는 단 두 사람인데, 하나는 루쉰이고 하나는 장아이링이었다. 또 루쉰은 절망했지만 절망에 반항했는 바, 따라서 분개할 수밖에 없었다고 보았다.[31] 분개는 복수의 전제다. 동시에 분개는 복수를 조련한다. 분개할 수 있어야만 복수할 수 있다. 루쉰이 평생 동안 복수의 일념으로 복수에 매진했던 이유의 끈 중하나는 분명 월 문화의 복수정신에 연결되어 있다고 보아야 한다.

리어우판은 루쉰의 동년을 '소전통小傳統'과 '대전통大傳統' 등두 개의 세계로 나누어 보고 있다. 즉 백초원으로 상징되는 루쉰이재미있게 느낀 세계와 삼미서옥으로 상징되는 재미없는 세계가 그것이다. 리어우판은 루쉰이 '소전통'을 편애하였다[32]고 보고 있는바, 두 세계 모두의 중요성에 대해 주목하고 있지는 않다. 루쉰이'소전통'을 편애하였다고 보는 것은 루쉰 자신의 회상 속에서 좋은장면으로 그려진 경우를 추측하여 얻어낸 결론이라고 볼 수 있다. 어느 쪽을 더 좋아했느냐 또는 좋아하느냐 하는 것은 비교우위일뿐이다. 한 개인을 분석할 때, 그의 기억 속에서 긍정적으로 자리잡고 있는 것은 물론 매우 중요한 분석 대상이다. 하지만 우리가 간과해서 안 되는 것은 뇌리 깊숙이 남아있는 과거의 부정적 편린들은 오히려 그를 이해하기 위해 더욱 큰 힘을 발휘할 수도 있다는 점이다.

놀이 공간 백초원을 위시해서 할머니와 어머니의 옛날이야기 등루쉰이 편애하였던 '소전통'이 루쉰에게 사람에 대한 한없는 애정을 키워 주었다고 말한다면 그가 별로 달가워하지 않았던 '대전통'은 그것 나름대로 노신을 만들었다는 점을 시시각각 인식하지 않으면 안 된다. 삼미서옥에서 루쉰은 아침에는 소리 내서 외우고, 점심때에는 서예연습을 하고, 저녁에는 대구를 맞추어 넣는 교육을 받았다. 그리고 루쉰에게 읽으라고 요구하는 책은 점점 많아졌고, 대구 맞추기도 글자 수가 점점 늘어나 삼언이 되고 오언이 되고 칠언이[33] 되었다. 중국적 '대전통' 역시 '정신계 전사' 루쉰을 배출한 중요한 배경 중의 하나이다.

후일 루쉰이 중국적 전통에 대해 매우 강한 거부감을 여러 차례 표명했다고 하더라도 중국적 전통학습의 장점을 놓쳐서는 안 된다. 한자는 글자 자체가 전통과 역사를 내포하고 있다. 한자 자체의 인문적 함의는 물론이거니와 한문은 그것의 학습을 통해 사람을 '화化'하게 만드는 엄청난 에너지를 가지고 있다. '화化'의 수단 그것이 유가의 것이 위주가 되던, 도가의 것이 위주가 되던 사리보다는 공익을 우선시하게 만드는 것이 학습목적임을 우리는 기억해야 한다.

전설과 고사와 전통이 면면히 전해지면서 그것이 사람 속으로 '화化' 되는 자체가 사람을 만드는 충분한 근거가 된다고 할 것이다. 그는 잘나가는 도련님 신분에 있다가 몰락하는 과정으로 현실에서 그리고 전설과 고사에서 복수와 희생을 배웠다. 사고할 수 있는 공간에서 충분히 사고하면서 성장한 결과 "이후 가장 중요한 것은 국민성을 개혁하는 것인데, 그렇지 않으면 전제든 공화든 모두가 헛것이다"[34]라는 말처럼 정신을 지극히 중요시하는 성격으로 나타나는 것이다. 소흥지방의 전설과 고사, 그리고 중국적 전통이라는 '문文'은 루쉰 속에서 '화化' 되어 복수정신과 희생정신의 루쉰, 정신제일의 루쉰으로 나타났다.

3. 정신계 전사 루쉰과 홍콩

특정한 본질이 얼마나 순수하고 완벽하게 실현될 수 있는가 하는 것은 그 사물의 발전을 좌우하는 물질적 환경에 달려 있다.[35]

루쉰은 홍콩을 3회 방문했었다. 정확하게 하자면 2번은 경유한 것인 바, 강연을 위해 2박 3일간 체류한 것이 정식 방문이라고 할 수 있을 것이다. 홍콩을 경유하거나 홍콩을 방문한 것 모두가 1927년의 일이었다. 1927년 2월 18일부터 2박3일간 홍콩에 체류하면서『소리가 없는 중국』과『옛날 곡조는 이미 끝났다』등 두 차례의 강연을 성황리에 했다. 첫날『소리가 없는 중국』제하의 강연에서 중국에 왜 소리가 없는가? 라는 화두를 던지면서 그는 사자후를 토했다. 한자가 어렵고 그것을 통해 전달되는 사상 또한 보수적이자 봉건적이라는 지적과 함께 중국에 소리가 없는 이유는 중국인들이 장기적으로 모욕과 억압을 받았기 때문이라고 했다. 장기적 봉건통치의 폐해라는 것이다. 청년들을 향하여 "청년들은 먼저 중국을 소리가 있는 중국으로 만들어야 합니다. 대담하게 말하고, 용감하게 진행하고, 일체의 이해관계를 잊어버리고, 옛사람을 밀어젖히고, 자기의 진심을 발표하시오"[36)]라고 외쳤다. 그리고 방법으로 하나는 고문古文을 안고 죽는 것이고, 다른 하나는 고문을 버리고 생존하는 것[37)]이라는 두 가지 길을 제시하면서 첫 번째 강연을 맺었다.

　당시 홍콩정부는 중국대륙의 정치적 변화를 예의 주시하면서 그것이 식민지 홍콩에 미칠 영향 파악에 부심했다. 그리고 식민체제 안정이라는 당면최대의 목표를 위해서 '충효'를 중심으로 하는 '유교적' 정신의 선양에 최대의 노력을 경주하고 있었다. 고대부터 중국에서 체제나 정치질서의 구축과 안정이라는 측면에서 '충'과 '효'가 적극적으로 징발되었음은 주지의 사실이다. 5·4 운동 당시부터 중국 대륙에서도 반체제를 탄압하기 위해서나 기득권 세력의 자기보호 차원에서 유가의 '충'과 '효'는 전가의 보도처럼 무분별하게 동원되기도 했다. 마침 홍콩의 영국식민지 정부 역시 '충효' 정신의 선양을 필두로 복고풍조의 조성에 힘쓰고 있었다. 멍수 홍蒙樹宏에 의하면 홍콩의 그런 풍조를 매우 못마땅하게 생각하고 있던 루쉰은 홍콩 기독교청년회YMCA의 강연초청을 기꺼이 수락했던 것이고 홍콩 유관당국은 루쉰의 방문을 달가워하지 않았던 것이다.[38]

2월 19일 오후, 『옛날 곡조는 이미 끝났다』 제하의 강연에서도 루쉰은 공맹孔孟의 도를 핵심으로 하는 봉건문화는 중국에서 수명을 다한 상투어라고 했다. 영국 침략자들이 중국의 봉건문화를 고취하는 목적에 대해서도 그들은 "우리의 부패문화를 이용해서, 우리 이 부패민족을 통치합니다. 그들은 중국인을 조금도 아끼지 않습니다"라고 지적했다. 루쉰은 "동서고금의 반동 통치 계급이 구문화 보존을 제창"하는 이유는 "영원히 주인을 모시는 재료로 만들어 계속 고생시키기 위함"이라고 했다. 이것은 내부의 통치계급이던 제국주의적 통치계급이던 소수 지배적 구조의 고착화를 위한 기도에 대한 신랄한 비판에 해당한다. 크게 보면 역시 '사람 세우기'를 위한 정신중시와 물질경시라는 그의 일관된 사상적 주제를 벗어나지 않는다. 20세기 초 루쉰이 중국에 있어 불과 칼이 빠른 해결 방법이라고 생각했던[39] 바와 마찬가지로 그는 불과 칼의 이미지로 홍콩에서의 연설에 임했다.

1927년 9월 27일 정오, 루쉰은 광동성 광주廣州에서 홍콩을 거쳐 상해上海로 가는 여객선을 탔다. '영국인의 낙원' 홍콩을 경유할 때 무례하게 수색을 당한 그는 분통한 마음에 배 위에서 바로 『다시 홍콩을 말한다』를 쓴다. 영국경찰의 지휘를 받는 두 명의 '영국의 동포'를 '서양 노예'라고 지칭한 그는 호가호위하는 '서양 노예'의 작태를 신랄하게 비난했다. 루쉰은 "홍콩은 하나의 섬에 불과하지만, 중국 여러 도시의 현재와 미래의 살아있는 사진"[40]이라고 하면서 홍콩사회를 양놈 주인, 고등 중국인, 앞잡이 노릇하는 동포들과 대부분의 원주민으로 구성되어 있다고 비판하고 있다.

홍콩에 대한 루쉰의 강연과 글을 볼 때, 그는 제국주의를 강하게 의식하고 있고 그리고 그것에 따른 홍콩 공간에 대한 강한 거부감이 보인다. 1920년대 말의 홍콩 공간에 대한 전면적 부정으로 볼 수 있는 것이다. 홍콩에 대한 그의 분석을 종합하면 당시 홍콩은 봉건적이고 제국적인 사회 틀 속에서 소수의 특권 계급이 다수를 철저히 지배하는 구조이다. 즉 식민의 주체인 영국인과 그곳에 기생하는 고등 중국인 그리고 또 그들의 주구가 뚜렷한 먹이사슬식의 계급구조를 이루고 있다. 이 분명한 계급기제를 유지하는 틀은 분명 권력과 금력인데 하물며 식민당국은 봉건적 '충효'로 전근대적 '반동'을 획책하고 있었다. 다시 말하면 오늘날까지도 소수의 힘이 지배적 구조를 확립하고 다수를 철저히 지배하는 공간과 시간이라면 루쉰의 존재가치는 충분하다고 할 것이다. 80년 뒤인 오늘의 홍콩은?

위안량쥔에 의해서 루쉰의 영향을 가장 뚜렷하게 받은 작가의 하나로 인정받는[41] 홍콩의 쩡민즈는 홍콩이라는 공간을 이렇게 정의한 적이 있다.

> 홍콩, 바다로부터 포위된, 섬에 기대어 건축된 국제 상업항구, 근 20년 만에 정말 석두성石頭城으로 변했다. 강철콘크리트가 골격을 이룬 마천루는 높이 솟아올라 있고, 하늘 끝까지 솟아오른 서양식 건물은 마치 운남의 석림石林 같아서 어디를 가던 석두성으로 들어가는 것 같다.[42]

'돌로 된 성' 홍콩의 도시공간에는 우물이 있는 집도, 가을에는 귀뚜라미를 잡을 수 있는 백초원도 없다. 또 루쉰이 외가에서 보낸 것처럼 소를 먹이고 낚시를 하고 물고기를 잡던 공간도 없다. 20세기 초 서구근대문명을 막 접촉한 루쉰은 그 소회를 "대개 유물의 경향은 현실을 권으로 삼는다 …… 고로 19세기는 사랑이 대조류가 되었던 것이고 …… 요즈음의 물질문명은 즉 현실생활의 내본"[43]이라고 정리한 바 있다. 똰커치殷克琪에 의하면, 니체와 마찬가지로 루쉰은 「문화편향론」에서 자본주의에 대해 물질이 통치적 지위를 점하는 '편향'을 비판했다.[44] 자본주의적 특징을 이미 조금씩 보여주는 공간인 일본에서 유학생의 신분으로 물질 편향의 자본주의를 비판하는 논문을 발표했다는 사실 역시 흘려보내기가 쉽지 않다. 20년을 고향에서 보낸 후 대도시 난징을 경험하고 다시 일본이라는 이국 공간의 경험을 청년 루쉰은 이렇게 풀어냈던 것이다.

홍콩은 첨단자본주의를 구가한다. 그래서 홍콩은 자본주의의 상징으로 자리 매김 당한 지 오래이다. 주지하다시피 자본주의를 규정할 수 있는 요소는 매우 다양하다. 이진우는 자본주의를 발전시킨 서양은 근본적으로 이기심을 인간의 기본성정으로 이해한다고 보았다.[45] 하지만 이기심을 인정할 경우에도 문제는 그리 간단해 보이지 않는다. 그것이 자본주의를 걱정하는 수많은 학자가 고민에 고민을 거듭하고 있는 이유인 것이다. 그래서 조지 노백은 인류가 생존하고 진보하기 위해서는 자본주의는 폐지되거나 부정되어야 한다고 말했던 것이다.[46] 그들이 고민했던 그리고 해결해야 할 자본주의의 원죄는 '빈익빈 부익부'의 표어로 규정되는 빈부격차일 것이다. 그리고 자본주의의 심화는 시간적으로나 공간적으로나 '사람'의 공간을 축소시키는데 그것은 인간의 소외로 구체화된다. 따라서 마르크스의 소외의 개념은 사회과정에 고유한 현상으로서 실로 역사의 정수[47]라고 한 이사야 벌린Isaiah Berlin의 평가는 진리의 영역이라고 해도 무방하다.

첨단자본주의를 홍콩에 적용시키기에 무리가 없다면 소외는 홍콩사회에 있어 절대적 이슈 중의 하나가 분명하다. 자본이 소외를 상당 부분 해소시킨 공로에 비해서 자본은 또 다른 소외를 동반한다. 탄궈건은 도회가 발전하고 소비주의가 대두되고 대중문화가 부상하는 과정 중에 자본주의와 식민주의가 각각 다른 형식으로 홍콩인을 착취하였다고 보았다.[48] 즉 착취는 소외에서 온양되고 발전하는데 계급적 구조가 분명해지고 소통의 틀인 '공공 공간'의 붕괴에서 파생한다. 따라서 '정신계 전사'의 출현이 요구되어지는 것이다.

　루쉰의 작품을 읽으면 인생을 더욱 진지하게 바라볼 수 있으며 힘을 얻을 수 있다[49]는 리쩌허우李澤厚의 말처럼 루쉰의 눈으로 홍콩을 볼 경우 그의 작품이 우리에게 주는 교훈처럼 홍콩을 더욱 진지하게 대할 수 있고 도시의 고난을 헤쳐 나갈 수 있는 힘을 얻을 수 있다. 송두율은 루쉰이 "서구문물에만 매달리는 근대주의자를 니체의 차라투스트라의 입을 빌려 비판하고 있다"[50]고 보았다. 서구문물의 차원에서 홍콩의 외피를 볼 때 루쉰이 홍콩에서 부활할 수 있는 충분한 근거가 되는 것이다.

　첸리췬은 루쉰이 개체정신의 자유를 그처럼 중요시한 이유로 전통중국과 서방의 두 가지 문화에 대한 탐색과 고찰의 결과라고 보고 있다. 그리고 동방의 '전제병'과 서방의 '근대병'에 대한 이중 우려의 결과[51]라고 지적한 것은 탁견이다. 다른 글에서도 첸리췬은 "루쉰과 그 같은 지식인들은, 전통적 전제주의와 서방공업문명의 폐해에 대하여 시종 회의와 우려를 품고 있었는데, 이런 생각과 심리적 부담은 중국근대문화 건설과 중국근대화 도로의 선택에 있어 그들에게 의심할 여지없는 영향을 주고 있었다"[52]고 했다. 어느 종류의 질병이던지 그 질병이 만연하는 공간에서 개체로서의 인간은 긴장함으로써 생존의 최소 조건을 확보하는데, 긴장의 공간으로서 홍콩은 '광인'을 양산할 수 있다. 류짜이푸는 루쉰의 「광인일기」 중 광인을 변태심리의 소유자로 보고 있는데, 광인은 항상 누군가가 자기를 먹을 거라고 느끼고 먹혀버릴 거라는 긴장상태를 유지하고 있다고 보았다.[53] 루쉰의 '철창' 개념을 원용하여 현대 사회를 관료주의적 '철창'으로 본 송두율의 견해 또한 주목할 만하다. 그는 루쉰이 좋아했던 니체를 이렇게 연결하고 있다.

> 현대 관료주의의 '철창'으로부터 인간을 해방할 수 있는 가능성으로서의 카리스마적 지배양식을 인정한 베버의 심정은 좀스럽게 된 '현대적'인 인간과는 반대로 기존의 도덕을 무시하며 경멸하고 '대지의 의미'를 전달하고 '초인'의 도래를 예고하는 니체의 '차라투스트라'의 그것과 같은 것이라고 할 수 있다.[54]

4. 루쉰의 '희망'

> 그렇다. 나는 물론 내 나름대로의 확신은 가지고 있었지만 그렇다고 희망을 내세울 때 그것을 말살할 수는 없었다. 왜냐하면 희망은 미래에 있는 것이므로 절대로 없다고 하는 내 부정을 가지고 있을 수 있다는 그의 주장을 깨뜨릴 수는 없는 것이기 때문이다.[55]

루쉰은 자유롭고 합리적인 중국사회를 꿈꾸었다는 것, 그리고 그는 현실에 대해 비관적이었지만 다가오는 미래에 대해서는 낙관적이었다[56]는 김용옥의 결론은 홍콩에 대한 루쉰의 현재성을 담보해주고 있다. 필자는 20세기 중국의 '정신계 전사' 루쉰을 두 가지 측면에서 배우기를 시도했다. 그 하나는 개체로서의 루쉰이 '루쉰답게' 성장할 수 있었던 인문학적 배경을 유년기와 청소년기 중심으로 살펴보는 것이었고, 다른 하나는 당시 루쉰이 직접 경험했던 홍콩을 80년 뒤인 오늘의 홍콩으로 되살려 내는 일이었다. 성장기 루쉰을 둘러싼 환경은 정신중시, 물질경시라는 루쉰 철학을 탄생시킨 주요 동력이었다. 따라서 그의 성장기 환경은 물질이 중시되는 오늘날 홍콩과 연결된다. 루쉰의 직접 경험으로서 홍콩은 마찬가지로 오늘의 홍콩에게 의미하는 바 크다. 결과적으로 루쉰의 눈으로 홍콩을 볼 경우 그의 작품이 우리에게 주는 교훈처럼 홍콩을 더욱 진지하게 바라볼 수 있다.

자유롭고 합리적인 사회를 위한 루쉰의 철학은 '사람 세우기'이다. '사람 세우기'가 그의 최종목적이라면 물질 경시와 정신 중시는 가장 유력한 방법론이었다. 이 방법론을 확립한 배경을 분석해 보면, 시간의 중심에는 소년기와 청년기가 있고, 공간의 중심에는 고향 소흥이 존재한다. 사람은 '사람 사이(人間)'에서 만들어진다. 이 때 '사람'과 '사이'는 독립적이면서도 상호보완적 관계라고 보아야한다. 루쉰의 '사이'는 바로 고도의 전통, 월 문화의 전통, 사람들 사이(人間)의 경험에서 자연스럽게 우러나온 것이다. 전설과 고사와 전통이 면면히 전해지면서 그것이 사람 속으로 '화化'되는 자체가 사람을 만드는 충분한 근거가 된다고 할 것이다.

그는 '도련님' 신분으로 그리고 몰락하는 과정으로 현실을 체득하고 스스로 진화한다. 그리고 사고할 수 있는 공간에서 충분히 사고하면서 성장한 결과 "이후 가장 중요한 것은 국민성을 개혁하는 것인데, 그렇지 않으면 전제든 공화든 모두가 헛것이다"라는 말처럼 정신을 지극히 중요시하는 성격으로 나타나는 것이다. 루쉰을 둘러싼 시간은 루쉰에게 '루쉰다움'을 건설하기 위한 충분한 시간이 되었고 공간 역시 인간 루쉰을 만들어 내기에 족했다. 루쉰은 일생의 3분의 1 이상의 세월을 고향 소흥에서 보냈다. 이곳에서 그는

'전통적'으로 생활하고 '전통적'으로 공부했다. 인생의 초기를 보낸 공간이 개체의 성격이나 인격형성에 지대한 영향을 미친다는 것은 주지의 사실이다. 소년 루쉰과 청년 루쉰을 둘러싼 소흥의 건축학적 공간 역시 루쉰의 세계관 저변의 공간에서 큰 비중을 차지하고 있다. 루쉰 생가와 백초원, 삼미서옥, 함형주점이라는 공간이 개체 루쉰의 첫 번째 외연을 이룬다면, 아름다운 물의 도시 소흥은 두 번째 외피를 구성하고 있다.

공간과 개체를 분석할 때 공간의 '문文'이 개체로 '화化'하는 과정 역시 간과할 수 없다. 공간 내에서 '문文'은 매우 다양한 형상으로 존재하겠지만 본고에서는 고대 월나라의 전통문화와 전통적 학습방법으로 한정했다. 루쉰은 월 문화 지역의 중심이라고 할 수 있는 소흥에서 20여 년을 생활했다. 월나라는 이미 6천년 전에 사라진 나라이지만 그 문화의 독특함으로 인해 신화, 전설, 민속 등의 형태로 오늘날까지 소흥지방에 자랑스럽게 전해지고 있다. 유년기와 청소년기를 보내면서 고향 소흥, 월 문화 중심으로서 소흥은 루쉰에게 지대한 영향을 미친다. 월 문화 전통 중에서 루쉰은 특히 우임금과 월왕 구천의 정신을 추앙했다. 전설과 고사에서 복수와 희생을 배웠다. 복수와 희생은 개체 '사람'에 대한 강력한 애정을 전제조건으로 한다. 다시 말하면 '사람'에 대한 애정 그리고 그 '사이'에 대한 애착 없는 복수와 희생은 없는 법이다.

아울러 중국적 전통학습이라는 것, 그것이 유가의 것이 위주가 되던 도가의 것이 위주가 되던 사리보다는 공익을 우선시하도록 만드는 것이 학습목적임을 우리는 시시각각 기억해야 한다. 전통적 학습방법의 과정에서 그는 '사람'의 철학을 확립하는 것이다. 소흥지방의 전설과 고사, 그리고 중국적 전통이라는 '문文'은 루쉰 속에서 '화化'되어 복수정신과 희생정신의 루쉰으로 나타났다. 루쉰

사상의 정수 '사람 세우기'는 '사람'이라는 개체의 무한한 자유를 세워주자는 말이 분명하다. 그래서 '사람 세우기'를 다시 풀면 사람이 살아갈 수 있는 공간, 즉 물질적으로나 정신적으로나 자유로운 공간 확보하기라는 말로 정의할 수 있다. 루쉰 의식 밑바닥에서 공간은 시종일관 가장 중요한 대들보의 중의 하나였다. 따라서 루쉰은 일생동안 '사람'을 '세우는'데 방해되는 일체의 부조리와 '반동'에 대항했다. 루쉰의 홍콩방문 역시 홍콩인을 자유롭게 세우기 위한 시도의 일환이었다.

　홍콩에 대한 루쉰의 강연과 글을 볼 때, 그는 제국주의를 강하게 의식하고 있고 그리고 그것에 따른 홍콩 공간에 대한 강한 거부감이 보인다. 1920년대 말의 홍콩공간에 대한 전면적 부정으로 볼 수 있는 것이다. 홍콩에 대한 그의 분석을 종합하면 당시 홍콩은 봉건적이고 제국적인 사회 틀 속에서 소수의 특권 계급이 다수를 철저히 지배하는 구조이다. 즉 식민의 주체인 영국인과 그곳에 기생하는 고등중국인 그리고 또 그들의 주구가 뚜렷한 먹이사슬식의 계급구조를 이루고 있다. 이 분명한 계급구조를 유지하는 틀은 분명 권력과 금력인데 하물며 식민당국은 봉건적 '충효'로 전근대적 '반동'을 획책하고 있었던 것이다. 다시 말하면 오늘날까지도 소수의 힘이 지배적 구조를 확립하고 다수를 철저히 지배하는 공간과 시간이라면 루쉰의 존재가치는 충분하다고 할 것이다. 오늘 홍콩에서 루쉰에 대한 '반동'은 어떤 외표로 나타나고 있을까?

　루쉰은 1927년 광주의 중산대학을 사직한 후부터 1936년 사망하기까지 제도권 내의 직업을 가진 적이 없다. 그가 원하지 않았다는 측면에서 정신중시라는 그의 철학을 읽을 수 있고, 제도권 내로 진입하지 않고서도 생활이 가능했다는 측면에서는 당시 중국 사회의 '사이'를 볼 수 있다. 제도권 내로 진입하지 않아도 생활이 가능할 수 있는 공간의 창조가 없었다면 루쉰은 일찌감치 존재하지 않았을 수도 있었다. 21세기의 홍콩에서 루쉰처럼 자유로운 위치에서 사회를 비판할 수 있는 지식인의 공간이 가능한가? 반대로 보면 그는 제도권 내로의 진입을 거부했다고 볼 수 있는데, 자신감 없이는 어려운 일임에 틀림이 없다. 그럼에도 불구하고 루쉰이 생활인이자 전사일 수 있는 것은 그가 어스름의 '허망' 속에서 생명을 훔치고 있다는 것을 철저하게 자각하고 있기 때문일 것이다[57]는 히야마 히사오檜山久雄의 평가는 루쉰 읽기가 매우 섬세한 작업이어야 함을 암시하고 있다. 그의 자신감과 인격은 인생의 초창기에 형성되었다고 보아야 한다.

따라서 루쉰의 입장에서 21세기의 홍콩에게 하고 싶은 말은 자신의 문화를 느끼고 향유하면서 자신감을 기를 수 있는 공간의 필요다. 현재 홍콩은 인문적 입장에서든 생활 공간적 입장에서든 루쉰이 절망할 수도 있는 공간이다. "때는 바야흐로 20세기다. 인류의 눈 앞에 서광이 비치고 있다"[58]면서 20세기의 도래를 서광이라고 표현한 루쉰은 현대의 민주와 과학이 선물해 줄 인간이 인간답게 사는 세상을 갈망했다. 그런 세상은 바로 소위 '적극적 자유'로서 '이성 운영'이 가능한 공간이다. 절대자유와 이성은 '쇠로 된 방'으로 표현된 봉건기제에 그토록 반항하고자 했던 루쉰의 이유이다. 그는 사회적으로 '민주'와 '과학'을 지향했지만 심리적 공간의 측면에서는 일관되게 '소흥'이라는 기호를 보지하고 있었다.

루쉰이 '루쉰답게' 끝까지 지식인다운 품위를 지킬 수 있었던 이유는 그가 월 문화의 중심에서 문화적 향기를 만끽한 상황에서 가능한 일이었다. 즉 고향의 전설, 고사, 선현의 일화 등이 무시로 전승되고 교류되는 상황과 천고의 이야기를 품고 있는 주위의 유적과 함께 하는 소년기는 전지구화의 최첨단에 위치하는 홍콩에서 이제 유토피아로 남는다. 루쉰은 27세 경 일본에서의 현실적 자본주의라는 경험과 또 니체의 정신에 탐닉한 결과를 중국에 대입해서 인생진로의 방향을 전환했다. 국민정신을 계몽하기 위한다는 대의를 위해 진로를 수정한다는 것은 물질이 중시되는 전지구화의 시대에 어떤 의미가 있는 것일까? 20세기의 루쉰이 21세기의 홍콩에게 던지는 화두는 바로 이것이다. ❀

7장 홍콩 지식인, 천이페이岑逸飛의 비판의식

1. 홍콩의 지식인

『상해문학』 2000년 8월호에서 최근 지식인의 이미지
와 역할이라는 주제로 전개된 논쟁에서 문학비평가
거홍빙葛紅兵은 이렇게 말했다.

> 지식인의 역할은 단 하나밖에 존재하지 않는데, 바로 '아니오'라
> 고 말하는 것이다. 한쪽 손은 대중을 향하여 '아니오'라고 말하
> 고, 다른 손은 체제에 대하여 '아니오'라고 말해야 한다. 지식인
> 이 짊어지고 있는 것은 바로 비판기능인 것이다.[1]

거홍빙의 이 말에 대해 문학비평가인 왕홍투王宏圖는 지식인이
'아니오'라고 한 후 반드시 건설적 의견을 제기해야 하는 바 그것
이 더욱 중요하다고 보는 입장이다.[2] 사실 지식인과 사회와의 유기
적 관계에 대해서나 지식인의 고유한 기능에 대한 정의가 쉽지 않
다.[3] 특히 지식인의 비판적 기능에 대해서는 동서와 고금이라는 시
공간에 따라 그 기능에 대한 시비와 논쟁이 끊이지 않았다. 또한 비
판의 주체인 지식인과 비판의 대상인 체제 사이에서 비판의 필요성
이나 강도에 대한 공통의 인식을 도출하는 것은 차치하고라도, 그
인식에 있어 차이는 양극화를 보여준 것이 사실이고 그 차이는 앞
으로도 쉽게 축소되지 않을 것이다. 물론 우리가 마땅히 검토해야
하는 것은 지식인의 정치적 또는 개인적 성향이다. 즉 정치적으로
체제를 지향하고 있거나 개인적으로 소극적 반응에 익숙해진 경우
우리는 지식인의 정의나 범주를 다시 한 번 더 살펴볼 수밖에 없다.
하지만 대중 그리고 체제를 향한 비판이 지식인의 기본적 기능인
것만은 분명하다. 왜냐하면 지식인은 사회나 대중의 변화를 기대하
고 있기 때문이다.

지식인은 시대와 사회의 변화에 민감하다. 태평성대에도 지식인은 대중이나 체제에 대한 간단없는 분석 작업으로 자기 사고체계 내에서 항상 긴장하고 있다. 하물며 공전의 사회적 위기가 도래했을 때 지식인이라면 사회를 향해 있는 힘을 다해 경고하는 법이다. 사회적 위기는 비판적 기능이 다름 아닌 지식인의 의무임을 상기시켜 주기에 충분하다.

　주지하다시피 중국문학에 있어 산문의 경우, 창작 목적 그 자체에서 가장 크게 차지하는 부분이 바로 사회에 대한 책임을 다하는 것이라고 할 수 있다. 이런 측면에서 본다면 홍콩을 중심으로 활동하고 있는 산문가 천이페이야말로 대표적 지식인 중의 하나라고 할 수 있다. 사실 홍콩 사람이 홍콩 사회에 관심을 가지기 시작한지는 얼마 되지 않는다. 즉 홍콩에 거주하고 있던 대다수 사람들은 자신의 국가적 정체성에 대한 인식에 있어 장기간 혼돈 상태를 유지해 왔다는 말이다. 150여 년간 영국식민지 당국의 지배를 받아 온 상태에서 홍콩에 거주하고 있던 사람들은 자신들을 국가적이거나 사회적인 신분으로 인식하기보다는 고도로 세분화된 자본주의 사회에서 자신을 철저히 개인적으로 인식하는 것이 습관이 되었다.

　특히 상업자본이 사회구성의 핵심적 가치로 인정되는 홍콩이라는 공간에서 그들은 불가피하게 자신의 직접적 이익에 관심의 우위를 두는데 익숙해져 있었다. 따라서 식민지 공간인 홍콩 내에서 야기될 수밖에 없는 각종 필요악에 대한 비판은 당연히 극소수 지식인의 몫이었다. 그리고 산문은 본질적으로 효용적인 것[4]이라는 사르트르의 말을 굳이 인용하지 않더라도 비판을 위해 가장 효과적인 문학형식은 역시 산문이며, 홍콩 사회에 대해서 가장 비판적 입장을 취하고 있는 대표적 작가 중의 하나가 천이페이인 것이다.

　천이페이는 광동성 순덕인順德人으로 강서성에서 출생했다. 홍콩

천이페이쑹逸飛(1945~   )

중문대학에 진학한 그는 생물, 화학, 사회, 철학 등 4개 학과를 전 전한 후 동 대학원에서 현대 신유학의 대가 탕쥔이 선생의 지도 아래 왕선산王船山의 역사철학을 전공했다. 이후 중문대학에서 『중국화와 중국철학』, 『중국문화의 정수』 등의 과목을 강의한 바 있다. 11세에 홍콩으로 이주한 후 그는 40여 년 동안 신문사 주필, 번역가, 칼럼니스트로 활동해 왔으며 텔레비전 시사프로그램의 진행자로 명성을 날리기도 했다. 2001년 9월 홍콩국제창가학회香港國際創價學會에서 『사람과 자연』이라는 문화강좌를 주재하여 창가학회 SGI상을 수상했다. 홍콩의 각 대학에 출강하고 있으며, 2003년 9월부터 홍콩이공대학의 기업 경영인재 발전센터에서 역경경영학易經管理學, 노자경영학老子管理學, 한비자경영학韓非子管理學, 손자경영학孫子管理學, 중국협상학中國談判學 등이 포함된 『중국 상업 경영 지혜시리즈』 강의를 하고 있다. 아울러 10여 종의 산문집을 출판한 바 있다.

홍콩은 2002년 11월부터 2003년 7월말까지 8개월 간 총 1755명의 사스 환자가 발생, 이 가운데 299명이 목숨을 잃어 홍콩 사회 전체가 공포의 도가니에 빠졌다. 특히 아파트, 호텔 등 공공건물과 인구 밀집지역을 통해 삽시간에 감염자 수가 늘어나면서 도시 공간 전체가 공황상태에 빠지기도 했다. 사회 전체적 범위에서 이 정도의 공포는 가히 공전의 것이었다. 불특정의 대다수 시민이 목숨을 직접적으로 위협받는 공포를 체험한 적은 일찍이 없었다. 8개월 동안 홍콩 시민들은 물리적으로 그리고 생물학적으로 극도의 공포를 체험했던 것이다.

사스SARS의 확산과 보안법이라고 할 수 있는 홍콩특구기본법 23조 입법 반대문제로 주권 이양 이후 최대위기에 봉착한 홍콩의 현실을 고스란히 지켜보면서 천이페이는 '유가적' 지식인의 사명감으로 위기의 전개과정을 면밀히 추적하면서 자신의 목소리를 높였다. 사실 유가적이라는 용어의 사용에 많은 용기가 필요하다. 주지하다시피 학술적으로 유가나 유교에 대한 범위 설정이 쉽지 않기 때문이다. 천이페이의 경우 위에서 밝힌 대로 그는 평소 제자백가 사상의 현대적 적용에 노력하고 있음을 알 수 있다. 특히 유가 철학에 대한 그의 애착은 홍콩에서 타의 추종을 불허하는 것으로 알려져 있다. 사스사태와 관련하여 그가 발표한 산문을 살펴보면 그가 유가적 지사형의 근대적 현현에 매우 고심하고 있음을 알 수 있기에 굳이 이 단어로 그의 우국 지사적 성격을 규정하고 싶었다.

본 논문에서는 홍콩의 대표적인 지사형 지식인 천이페이의 산문을 통하여 그가 사스와 기본법 문제가 야기한 사회전체 위기 속에서 어떤 의식으로 지식인 고유의 사명에 충실하고 있는지를 면밀하게 분석하고자 한다. 그의 산문 중 본 논문에서 분석대상으로 삼은 작품을 정확하게 지칭하자면 잡문雜文이라고 해야할 것이다. 왜냐하면 정치사회적 상황과 긴밀하게 연계되어 있고 작자 자신의 정치적 입장마저도 분명하게 드러나고 있기 때문이다. 무엇보다도 이 잡문들은 중국(대륙, 홍콩, 대만 포함)계 신문의 가장 큰 특징이라고 할 수 있는 문화면의 고정란에 발표된 것들이다. 사실 홍콩의 신문 고정란 문학에 대해, 그것의 문학적 가치에 대해 과거부터 설왕설래가 있어 왔다. 즉 고정란 작품들은 진실한 감정이 결핍되어 있고, 문자적 기교를 중시하지 않아 문학의 범주에 넣기 어렵다는 비판에서 자유롭지 않았다. 협의적 문학개념을 적용했던 것이다. 하지만 수 차례의 논쟁을 거쳐 홍콩의 신문 고정란 잡문 역시 당당한 문학 장르의 하나로 인식된 지 오래이다.

홍콩식 잡문을 전문적으로 연구하고 있는 황쯔청黃子程 교수는 1980-90년대를 홍콩잡문의 전성기로 생각하며 잡문 작가를 크게 두 종류로 구분한다. 량시화梁錫華, 황웨이량, 량빙쥔, 류사오밍 등 10여 명을 학원파로, 천이페이, 저우미미周蜜蜜, 둥차오 등 10여 명을 언론파로 나누고 있다. 천이페이의 산문집을 정독하다보면 그가 각종 사회 현상에 대해 이름붙이기(正名), 준비하기(有備), 경계하기(警戒), 치료하기(根治), 행동하기(行動)에 얼마나 집착하고 있는지를 알 수 있다. 따라서 필자는 이것이야말로 천이페이 산문의 특징이라고 생각하며, 동시에 그의 산문을 분석하기에 가장 좋은 방법이라고 본다. 특히 사스 사태를 둘러싸고 발표된 그의 산문에서 이런 특징들은 더욱 두드러지게 나타나고 있다.

2. 홍콩의 당면 과제

1) 정명正名

정명正名은 명名을 바로잡는다正는 뜻이다. 정명은 주로 명실名實 관계에 대한 정치, 윤리적 개념이다. 구체적으로 명의 의미에 따라 다음 두 가지로 나누어 볼 수 있다. 첫째, 사물의 실상에 대응하는 이름으로 본다. 이 경우 정명은 사물의 실제와 그 명을 일치시킨다는 뜻으로 사물의 이동異同, 시비是非, 진위眞僞를 분별한다는 논리적 사실 판단에 해당한다. 둘째, 인간의 내면적 덕에 대응하는 명분의 의미로 본다. 이 경우 정명론은 인간의 덕德과 그 명분을 일치시킨다는 뜻으로 명분, 귀천, 선악을 구별한다는 윤리학의 가치 판단에 해당한다. 공자는 자로子路라는 제자가 정치를 한다면 무엇을 먼저 하겠냐고 물었을 때, "반드시 명을 바로 잡겠다"라고 하여 정치에 있어 정명[5])의 중요함을 피력했다. 또 정치에 대하여 "임금은 임금답고, 신하는 신하다우며, 어버이는 어버이답고, 자식은 자식다워야 한다"고 하여 명분과 그에 대응하는 덕이 일치되지 않음을 말했다.

결국 공자의 생각은 이름을 바로 잡음으로써 문제해결의 실마리를 잡겠다는 것이고 나아가서 이상적 인간형과 사회를 구현하겠다는 것이다. 이것이 소위 유가의 명분론인 바 명분과 실질의 부합은 문제해결의 출발점이 될 수밖에 없는 것이다. 거꾸로 말하면 정확한 이름을 부여하지 못할 경우 문제해결은 요원하다는 것이다. 이러한 공자의 정명 사상은 사회 성원 각자가 자기의 명분에 해당하는 덕을 실현함으로써 예의 올바른 질서가 이루어지는 정명 사회가 된다는 의미이다. 천이페이 역시 문제 해결의 출발점을 정명에서 시작하고 있다. 천이페이의 정명 중시는 그가 유가적 산문정신에서 자유롭지 못하다는 것을 보여준다.

정명 사상이라는 것은 이름이 바르지 않으면不正, 말이 이치가 맞지 않는다不順는 것인데, 정말 합당하다. 그래서 이름을 번역할 때는 득별히 소심해야 하는 바 번역이 좋지 않으면 잘못된 정보를 전달할 수 있기 때문이다.[6]

그는 에이즈가 확산되던 초기부터 에이즈의 중국어 번역명에 주목하고 있었다. 중국어로 애자병愛滋病으로 표기되는데, 번식하기(滋)를 좋아하는(愛) 병病으로 해석될 수 있다는 점을 포착한 것이다. 이것은 그 자신이 정명 사상에 얼마만큼의 관심을 가지고 있다는 것을 나타내는 동시에 정명에 대한 자신의 식견을 보여 주기 위한 시도이다. 아울러 정명이 잘못될 경우 그것은 문제의 확대와 직접적 관련이 있음을 강조한다. 정명을 강조한다는 것은 그가 문제 해결을 위한 현실 분석에 탁월하며, 문제해결을 위한 그의 방법이 구체적인 것이 될 것임을 예고하고 있는 것이다. 그는 애자병의 이름(名)이 바르지 않다고(不正) 생각하며, 병 확산의 혐의도 그 이름의 바르지 않음에 두었다.

그러나 이 이름은 환영받지 못하고 오히려 어떤 사람이 만들어 냈는지도 모르는 애자병愛滋病이라는 이름이 일시 유행하다가 마침내 정확한 번역명으로 자리 잡았다. 하지만 이른 바 나쁜 운명은 두려워하지 않지만 나쁜 이름을 가장 두려워한다는 것처럼 이후 애자병은 부단히 번식하고 있다.[7]

이어서 그는 홍콩에서 사스SARS가 그 중국어 이름을 취득하기까지의 과정을 조목조목 설명하고 있다. SARS → SEARS → SRS → SARS로 변화하는 과정을 자세하게 설명하여 새롭게 나타난 질병의 이름을 붙이는 작업이 그리 간단하지 않은 일임을 말하고 있다. 이 과정은 바로 정명이 위기 해결에 있어 얼마나 중요한 위치를 점유하는지를 우선 강조하고 있는 것이다. 나아가서 그는 사스의 증세와 홍콩 특구정부의 그것이 완전히 일치함을 교묘하게 끌어내고 있다. 이것으로 보아 향후 이 전염병에 대한 천이페이 비판의 초점이 특구정부와 무관하지 않을 것임을 알 수 있다. 이제 홍콩 특구정부는 이 전대미문의 전염병에 대한 비판의 중심에 자리 잡게 된 것이다.

> 결국 신품종 바이러스인 폐염 괴질은 특구병이라고 해야 마땅한데, 그 증세에 특구정부의 통치 스타일과 공통점이 있는가 없는가?[8]

> 그리고 소위 사스병의 정확한 명칭은 심각한 급성 호흡계통 종합증인데 급성이라면 마땅히 서양의학에 의지해야 한다.[9]

사스의 정식명칭을 통하여 그것이 급성병이라는 것을 다시 확인하면서 서양의학 영역 중심으로 해결해야 한다는 결론을 자연스럽게 도출해 내는 것을 보면 그가 정명 사상을 얼마나 중요하게 생각하는지를 알 수 있다. 명칭을 통해서 본질을 파악하는 그의 장기를 인식하는 순간 독자는 자연스럽게 그의 지지자가 되는 것이다. 본질을 파악하는 방법론에 대한 독자의 동의를 획득했다는 것은 이후 그가 전개할 수많은 다른 논리에까지도 이미 독자들의 심리적 지지를 상당 부분 확보했음을 의미한다. 왜냐하면 이름 붙이기는 동서고금을 막론하고 누구나 좋아하는 유희이기 때문이다. 따라서 객체에 대한 이름 붙이기는 문제 해결을 위한 인식의 공통점을 도출하기 위한 출발인 동시에 문제의 근본적 해결을 위한 중요한 실마리가 되는 것이다.

2) 유비有備

유비면 무환이라는 것은 그야말로 진리에 속하는 명제이다. 유비는 오늘의 사태에 대한 경종일 수도 있지만 내일의 문제에 대한 경계를 의미한다. 내일의 사태를 미연에 방지하기 위해서는 오늘을 비판해야 하기 때문인데 이것 역시 지식인이 놓칠 수 없는 것이다. 무비無備에 대한 통렬한 비판이야말로 내일의 확실한 유비를 담보해 줄 수 있는 것이다.

> 『손자병법』에서 이렇게 말했다. 예상하면서 기다리는 것이 예상하지 못함을 이긴다. 예상하는 자는 준비를 하고 예상하지 못하는 자는 준비가 없기 때문이다. 역시 예방은 치료보다 중요하다는 말이다.[10]

천이페이는 항상 조심하고 항상 예방하는 태도를 견지하는 것이 중요하다고 역설하고 있다. 주거 공간 홍콩에 대한 위기의식은 바로 경고로 이어지고 있다. 누구의 책임을 당장 추궁하는 것이 아니라고 하면서도 틀린 것은 바로 잡아야 함을 강조하고 있다. 잘못된 것을 바로 잡는 것이야말로 유비의 근본이기 때문이다.

> 비록 지금은 어려움 속에서 한마음으로 협력해야 할 때이지만, 과거의 착오를 직시해야 하는 바 그것은 책임을 추구하는 것이 아니고 잘못을 바로 잡는 것이다.[11]

> 병세가 경미해 보이다가 갑자기 급전직하하는데 이것은 준비 없음에 대한 공격이자 남의 생각이 미치지 못하는 틈을 타 행동을 취하는 것이다. 하지만 우리는 상대도 몰랐고 자신도 몰랐기에 자연히 백전백패하는 것이다. 사스병의 공방전에서 바이러스는 허를 찔러 공격하는데 신체가 허약한 자가 가장 당하기 쉽다.[12]

홍콩정부는 사스에 대해 초기 대응이 늦었고 동시에 그것의 전파 위력을 과소평가했다. 초기에 병원에서 이미 눈치를 챘고 전문가들은 그 전파력을 강력하게 경고하고 나섰지만 결과적으로 정부는 적절한 대응을 하지 못했다. 대규모 아파트 단지인 아모이 가든Amoy Garden에서 환자 수 십 명이 발생했을 때에도 거주민이 사방으로 흩어지는 것을 그냥 허용했다는 것은 정부가 이미 자신의 의무를 상당 부분 방치한 것으로도 볼 수 있다. 순간적 방심이 가져온 결과의 심각성은 이후의 사태 악화가 여실히 보여 주었다.

> 지금 바이러스는 홍콩 전체에 퍼졌는데, 이것은 홍콩 특구정부의 통치적 반응이다.……
> 바이러스는 이미 기세를 잡았다. 바이러스의 공세에 정부는 수세에 처해 있는바 바이러스에 의해서 코가 끌려 다니고 있다. 예방, 휴교, 격리 등의 모든 조치가 하나같이 피동적이어서 기선을 잡을 수 없다.[13]

유비면 무환인데, 무비면 유환이다. 무비면 바이러스가 선수를 차지하고 정부는 후수일 수밖에 없는 것이다. 선수는 후수보다 빠르다. 당연히 후수는 선수에게 주도권을 내어줄 수밖에 없다. 그때부터 후수는 선수로부터 공격을 받은 후에야 그 때 그 때 겨우 대책을 마련한다. 그리고 이때부터 후수의 피해는 눈덩이처럼 불어난다.

3) 경계警戒

유비면 무환인데, 무비해서 유환이 발생했을 경우 이제 정신을 최대한 진작시켜 대응해야만 한다. 이제는 모든 수단과 방법을 동원해서라도 그 동안의 무비를 대신하여 유환과 일전을 전개할 수밖에 없는 것이다. 그것이야말로 진정한 유비로 거듭나는 섯인데, 언제나 그렇지만 무비로 인해 발생한 유환을 소멸시킬 수 있는 한 모든 가능성은 열려 있다. 유비 못해서 발생한 위기사태에 대하여 이제 위기로부터의 탈출이 지상 과제일 뿐 방법과 수단은 부수적인 것이다. 이 사고방식 역시 천이페이가 얼마나 현실적 사고에 천착하고 있는지를 보여주는 분명한 증거 중의 하나이다.

> 덩샤오핑의 명언에 이런 것이 있다. 검은 고양이든 흰 고양이든 쥐를 잘 잡는 것이 좋은 고양이다. 이 관점은 양의와 한의의 합작 기초가 된다. 양의든 한의든 치료를 잘하는 사람이 좋은 의사인 것이다.[14]

> 사스병에 대하여 한의는 옛날 처방대로 약을 짓고, 양의는 이미 백신을 제조하고 있다. 전자는 조상의 음덕으로 빛을 보고 있고 후자는 바로 후생이 무서운 것으로 자신이 새로 창조한 것이다. 양자가 합작하면 더욱 크게 효과를 볼 수 있으니 적어도 양자가 모두 권위자라면 성공에 문제가 없다.[15]

일단 병이 들면 우선 병의 성질을 파악해야 한다. 문제의 핵심은 병의 본질이 무엇인가 하는 것이다. 그래야 질병이라는 문제의 발전맥락을 장악할 수 있다. 그래서 그 병의 본질이 만성인가 급성인가는 이제 문제해결의 급소인 것이다. 사스는 급성병에 해당한다. 서양의학은 급성병에 자신하고 중국의학은 만성병에 자신한다. 따라서 사스라는 희대의 전염병을 잡는 데는 서양의학이 주가 되어야 하며, 중국의학이 보조가 되어야 함은 이론의 여지가 없다.

환자의 입장에서 보면 만성병은 한의를 찾는 것이 좋고, 급성병은

양의를 찾지 않으면 안 된다. 수혈, 산소 흡입, 심장 전기충격 및 수술 등에 이르기까지 모두가 양의의 최고 기량에 속한다. 그리고 이른바 소위 사스병의 정확한 명칭은 심각한 급성 호흡계통 종합 증인데 급성이라면 마땅히 서양의학에 의지해야 한다. 만약에 한 의의 보조가 필요하다면 역시 예방시기, 관찰시기, 의심시기에 해야 한다. 일찍 끌어들이든지 아니면 환자가 회복한 후에 한약으로 처리하는 것이 제일 좋다.[16)

하지만 홍콩사회 내부는 여전히 경계 마인드조차 제대로 정립하지 못했다. 홍콩사회가 서양의학 일변도, 그러니까 서양의학 중심 틀에서 벗어나지 못하고 있음은 사태에 대한 인식이 부족하다는 것을 증명하고 있기에 그의 경각심은 더욱 강해지는 것이다. 총체적인 사회위기 속에서 그것으로부터 탈출하기 위해서는 가능한 모든 수단을 강구해야 하는데도 서양의학 중심이라는 기존의 구도에 얽매이고 있음은 경계심이 상기 부족하다는 반증에 다름 아닌 것이다. 이러한 현실은 나아가서 홍콩 정부가 사회 여론의 조정자로서의 역할을 감당하기에 능력도 의지도 부족하다는 것을 보여준다.

홍콩의 의료인원은 사경에 처한 사람들을 구조하기 위해 전력을 다하고 있다. 하지만 애석하게도 전체 의료체계는 한의에 대해서 여전히 반신반의하는 경계심을 품고 있다. 이렇게 무서운 전염병 사태에 대해서도 홍콩에 거주하는 7천 명의 한의사들은 미력이나마 발휘를 못하고 있다. 환자들이 위급해서 그들의 도움이 절실히 필요할 때는 이미 늦다.[17)

사실 홍콩의 의료체계를 포함한 대부분의 제도는 영국의 그것을 그대로 적용하고 있는 실정이다. 150여 년간 식민지 홍콩에서 영국은 자국의 이익과 용이한 통치를 위해 제도에 있어서는 영국 중심을 일관되게 고집하였고, 그것은 상당한 성과를 거두어서 오늘날 홍콩이라는 세계 금융 중심의 하나를 탄생시켰다. 정치제도의 민주성과 교육제도의 합리성 등 긍정적 결과를 도출했음에도 불구하고 사회 내 중국적 요소는 서구식 사고방식의 법률적 강요로 상당부분 통제되는데 의료체계가 그 대표가 된다. 즉 의료체계는 철저히 서양 일변도인 것이다. 의과대학은 존재하나 한의과대학은 존재하지 않고 의사는 있으나 한의사는 없다. 법률적으로 소위 한의사는 다만 건강 보조 기능사의 역할만을 할 수밖에 없는 실정이다. 천이페이는 홍콩 사회에서 이제는 너무도 당연한 것으로 치부되는 한의라는 비주류 의료체계를 공식적으로 양의와 같은 지위로 격상시키자는 것이다. 사스의 영향인지는 모르겠지만 최근 홍콩의 홍콩대학, 중문대학, 과기대학, 침례대학 등 4개 대학은 공동으로 한의학연구소를 설립하기로 했다. 향후 미국의 예일대학, 중국의 북경대학, 청화대학 등 외국의 12개 대학과 연계를 확대할 것이며 한의학의 통일된 기준도 마련할 것이라고 했다.[18]

문제의 핵심을 일관되게 장악하는 것 또한 매우 중요하다. 사회적으로 매우 급박한 위기 상황일지라도 문제의 본질을 지속적으로 파악해야 하는 바, 황차 그 상황을 왜곡할 때 사태는 엉뚱한 방향으로 발전할 수 있다는 것은 주지의 사실이다. 사스 발생 초기에 언론에서는 중국인들의 사향고양이 등 '비일반적' 동물 섭취 습관이 사스의 직접적 원인이라고 보도하고 있었다. '비일반적' 동물 섭취 습관에 대한 전반적 매도분위기는 바야흐로 사스의 치료라는 문제의 본질을 왜곡하고 있었다. 천이페이는 본질이 매도되는 상황을 그냥 지나칠 수 없었다. 문제의 핵심에 대한 경각심이 호도될 수 있고 문제 해결을 위한 방법이 왜곡될 수 있기 때문이다.

> 비일반적 동물을 먹는 것이 죄란 말인가? 닭이나 오리, 돼지, 소
> 를 먹는 사람들이 야생동물을 먹는 것을 비난하는 것은 오십 보
> 가 백 보를 웃는 것에 불과하다.[19]

이렇게 '비일반적' 동물을 먹는 풍습을 비난하는 허구를 적나라
하게 지적하고 있다. 그는 마녀 재판식 여론에 원초적인 거부반응
을 가지고 있다. 여론에 의해 홀시되고 여론조작에 의해 쉽게 휩싸
일 수 있는 풍토에 대해 우려하는 것이다. 여론몰이는 사회 구성원
내부의 분열을 유도하여 사회 위기를 더욱 가속화시킬뿐 그것의 해
결에는 아무 도움도 되지 않는다. 육식하는 우리가 '비일반적' 동
물을 먹는 행태를 비난하는 것은 오십 보가 백 보를 웃는 것이다.
이렇게 그는 위기 속에서도 서양의학과 중국의학의 우선 순위를 살
펴보고 있으며, 여론몰이식의 재판에 대한 강한 거부감을 표시하고
있다. 이것이 바로 그의 경계의식이라고 할 수 있다.

4) 근치根治

천이페이는 사스의 병세가 특구정부의 통치수법과 공통점이 많
다는 것을 예리하게 지적하고 있다. 갑자기 열이 나고 갑자기 열이
사라지는 등 사스의 병세가 우왕좌왕하는 것이 특징인 특구정부병
과 동일하다는 것이다. 따라서 이것의 근원적 치료는 특구정부의
특별한 노력에 달려 있다는 사실을 재삼 강조한다. 그래서 그는 특
구정부병의 증세를 이렇게 진단하고 있다.

> 이렇게 물어보고 싶다. 사스가 홍콩 특구정부병이라고 할 수 있지
> 않은가? 날이 갈수록 비슷해지고 있다. 특구정부 수립 이래 디지
> 털 항구 건설 계획, 생화학 항구 건설 계획, 8만 5천호 건설 계

획, 표준어 교육 등등 여러 가지 정책 모두가 냉탕 온탕을 반복하고 있다.[20)

사스 대응에 특구정부는 우왕좌왕하는 모습을 보여 주었다. 천이페이는 그 원인을 장기적인 식민통치로 인해서 정부의 경쟁력을 기를 수 있는 기회를 가지지 못했다는데 있다고 보았다. 사스는 1997년 특구정부 출범 이후 특구정부에게 닥친 가장 큰 위기라고 할 수 있다. 이에 대한 대처능력이 바로 특구병세와 일치한다고 지적한 것은 매우 의미심장한 것이다.

> 단 하루가 추워서 3척짜리 두께의 얼음이 탄생하는 것은 아니다. …… 홍콩은 과거에 장기적으로 영국의 통치를 받아 그동안 식민지로서 적응하여 왔다. 하지만 갑자기 중국으로 돌아왔기에 문화적으로 균형을 잃을 수밖에 없다.[21)

> 싱가포르는 이미 처음부터 환자 및 그 가족을 격리조치했으며 외출을 엄격히 통제했다. 홍콩은 사태가 심각해지고서야 비로소 격리를 결정했는데 몇 박자가 느렸다.[22)

그에 의하면 원인은 하루아침에 이루어진 것이 아니다. 일백오십 년이 넘는 동안 홍콩은 식민지정부의 통치를 받아왔다. 그동안 홍콩의 발전과 실패는 영국의 책임 하에 있었다는 말이다. 그러니까 정책의 최고 핵심부에 소수의 중국인이 포함되어 있었다고 하더라도 홍콩인의 정부라고 할 수는 없었다. 따라서 홍콩인이 홍콩을 통치하기 시작한 지 불과 몇 년 밖에 되지 않은 시점에서 발생한 공전의 위기사태를 해결하기에는 역부족일 수밖에 없다는 것이다. 같은 도시형 국가인 싱가포르를 예로 들면서 양자 간 차이는 좀 더 분명해진다. 싱가포르가 처음부터 강력하게 대응해서 피해를 최소화할 수 있었던 것은 사회문제에 대해 자신에 찬 정부가 장기간 대비해 왔기에 가능했다는 결론이 자연스럽다.

> 사스 난리는 우리 모두를 각성시키기에 충분하였는데 수많은 비극이 메시지 전달의 혼란에 기인한다. 사스, 암, 에이즈 등은 모두 세포와 유전자가 전달하는 메시지의 실수와 관계가 있다. 기본법 23조 문제는 내가 보기에는 특구정부의 홍보, 중앙정부의 정책, 시민의 인식 모두가 상호 메시지 전달상 차이가 존재해서 발생하는데 만약 제대로 처리하지 못한다면 거대한 화를 부르기에 충분하다.[23)]

그런 측면에서 천이페이는 소통의 문제에 천착할 수밖에 없다. 비극의 출발점은 정부와 시민 상호간 소통의 혼란에 있었는 바, 그것은 사스, 암, 에이즈 등 각종 난치병의 근원일 뿐더러 특구정부와 시민의 불완전한 관계의 출발점인 것이다. 결국 이것은 정부와 시민 상호간 신뢰의 문제로 귀착되는 것인 바, 신뢰가 무너지면 개인간은 물론이고 정부와 시민 상호간 연결고리는 철저히 파괴되는 것이다. 1997년 주권 이양 이후 홍콩정부의 실정의 배경에는 이 신뢰상실이 가장 크게 자리하고 있다. 따라서 소통이라는 근본적 문제를 절실하게 인식하지 않고서는 사스도 또 보안법인 기본법 23조 입법문제로 야기된 사회불안 역시 해소될 수 없다는 것이다.

5) 행동行動

그렇다면 이제 남은 것은 행동이다. 행동하지 않는다면 정명, 유비, 경계는 무용지물인 것이다. 천이페이는 가장 중요한 것이 행동이라고 일찌감치 결론을 내리고 정명, 유비, 경계를 차근차근 제시한 것이다. 그가 제시한 정명, 유비, 경계는 행동을 이끌어내기 위한 수순이다. 나아가서 그가 요구하는 행동은 작은 회의조차 허락하지 않는 그야말로 과감한 수준의 것이다.

> 연구라는 작업은 증거를 찾아야 한다. 하지만 위기를 처리하는데 있어서는 조금의 의심이라도 들면 바로 행동해야 하는 바 증거가 필요 없다.[24]
> 그러나 미안하지만 역사를 자세하게 살펴보면 어떤 중대한 개혁부터 왕조를 교체하는 것까지 모두 이렇게 평화스럽거나 폭력이 없는 경우는 없었다. …… 역사적 공식은 언제나 폭력, 탄압, 유혈, 반항 이후에 개혁 또는 해방이었다. 평화적 연변은 신화에 불과한 것이다. …… 하지만 응석받이로 키워진 홍콩시민은 절대 이런 용기가 없다.[25]

행동에는 용기가 필요한 법이다. 국가보안법의 개념을 홍콩 특구의 기본법에 도입하려는 시도에 반대해서 2003년 7월 1일 홍콩시민 50만이 시위에 참가했다. 물론 시위에 참가한 시민 오십만 명 모두가 입법반대라는 목표만을 위해 참가한 것은 아닐 것이다. 천이페이는 의외로 문제를 다른 측면에서 제기하고 있다. 50만 명이 참가한 시위가 평화적으로 끝이 났다는 것은 세계적으로 모범이 될 만한 가치가 충분히 있다. 하지만 작은 폭력사건 하나 없이 끝났다는 사실 자체가 도리어 우려할 만한 것이라는 지적이다.

50만 명의 시위가 아주 작은 해프닝 하나 없이 종료되었다는 것은 일견 자랑할 만한 결과이지만, 홍콩 사람들의 지극히 소극적인 정서를 나타내는 것이라고 볼 수 있다. 시위과정 중에서 단 한 사람이 더위로 입원한 것 외에 어떤 해프닝도 일어나지 않았다는 사실에 그는 주목한다. 이것은 홍콩에 거주하고 있는 사람들이 장기적으로 자의 반 타의 반으로 소극적 태도를 견지해 온 결과라고 할 수

23조 입법 반대시위

있다. 그는 시위에 참가한 사람들이 폭력이라는 적극적인 표현수단
을 통하여 자신의 주장을 관철시키려는 의지가 전혀 보이지 않았다
는 사실에 '슬퍼하고' 있다. 그렇다고 그가 폭력을 유도하는 것은
분명 아니다. 50만 명이나 참가한 시위에서 작은 사고라도 하나 발
생하지 않은 것 자체에 대해 이렇게 적나라하게 우려한 홍콩의 지
식인은 그 외에는 없다고 해도 과언이 아니다.

 당시 홍콩의 대다수 지식인은 평화적 시위를 세계적으로 드문 일
이라고 자랑하고 있던 터였다. 50만 명이라는 공전의 인구가 참가
하였고 또 작은 불상사 하나 없이 끝난 행사라는 점에서 언론은 물

론 홍콩 전체가 흥분하고 있었다. 필자가 만난 대부분의 홍콩인들 역시 시위대는 경찰이 가라면 가고 서라면 섰다면서 홍콩인들의 높은 민도를 보여준 쾌거라면서 자기 자랑에 침이 마를 줄 몰랐다. 그들은 자랑 중간 중간에 외국 특히 한국의 과격한 시위문화와 비교했음은 물론이다. 따라서 당시 홍콩에서 그야말로 무사히 끝난 50만 시위에 대해 이런 자랑스러운 분위기가 지배적인 가운데 천이페이가 도리어 시위가 무사히 끝났다는 사실에 대해 시비를 걸고 나섰다는 것은 매우 이례적인 것이다. 이런 차원에서 그의 잡문에서 나타나는 비판의식을 이해해 주어야 한다. 천이페이는 평화적 연변은 신화에 불과하다는 것을 아는 혜안의 소유자인 것이다. 잡문의 대가 루쉰이 잡문은 '비수'와 '투창'이라고 말한 이유가 천이페이의 잡문처럼 바로 이렇게 어느 누구도 감히 제기하기 쉽지 않은 급소를 지적할 수 있기 때문일 것이다.

> 홍콩은 곧 죽은 도시가 될 것이다. 그러나 너무 우려하지도 말라. …… 자신의 몸을 사지로 진입시켜야만 비로소 살아날 가능성이 있는 바 이제 홍콩시민이 자신을 시험하는 시각이 된 것이다. 게다가 일치단결하여 모두가 한마음이 될 수 있는지 지켜보아야만 …… 서광이 보이기 시작했다! [26)]

3. 홍콩인의 탄생

사실 홍콩 사람이 홍콩 사회에 관심을 가지기 시작한 지는 얼마 되지 않는다. 즉 홍콩에 거주하고 있던 대다수 사람들은 자신의 국가적 정체성에 대한 인식에 있어 장기간 혼돈 상태를 유지해 왔다는 말이다. 오랜 기간 동안 영국식민지 당국의 지배를 받아 온 상태에서 홍콩에 거주하고 있던 사람들은 자신들을 국가적이거나 사회적인 신분으로 인식하기보다는 고도로 세분화된 자본주의 사회에서 자신을 철저히 개인적으로 인식하는 것이 습관이 되었다. 식민지 당국의 선진화된 제도는 자신들의 국가적 혼돈 상태를 분명하게 인식하는 것을 방해하는 장치로 작용하여 왔는 바, 나아가서 그것은 개인적 이익에 대한 관심으로의 유도를 격려하는 자기만족적 수단이기도 하였다. 따라서 '거시'와 '장기'가 아닌 '근시'와 '실리'가 그동안 홍콩인의 정치적 사회적 행태를 규정하는 단어[27]로 자리 잡았던 것이다.

1984년 중국과 영국은 홍콩반환협정이 정식으로 체결되면서 홍콩시민들은 자신들의 신분 정체성을 심각하게 의식하기 시작했다. 그것은 그들의 뇌리에 이제 그들 자신의 사회를 소유하게 되었다는 것을 의미한다. 즉 자기 공간의 진정한 주인이 되었다는 것이다. 따라서 참여를 시민정신의 기본조건이라고 본다면 그것의 고양이라는 측면에서 홍콩사회의 정식 나이는 1997년부터 계산해서 10살도 채 안 되는 것이다. 급격한 사스의 확산을 통해서 또 7·1의 50만 시위를 통해서 자신들의 정체성 확보에로 한걸음 더 나아갔다고 할 수 있다. 과거 정치적 요구나 관심이 매우 적었음에도 주권 이양 이후에는 무조건적 피해의식에서 정치적 요구가 분출하고 있다. 불경기, 빈부격차 등 경제적 문제를 정치적 문제로 돌리는 경향이 뚜렷하게 나타나고 있다. 즉 이런 과정을 강력한 주인의식 없이 장기간 지탱되어 온 사회의 전향과정이라고 본다.

그래서 천이페이는 홍콩에 대한 홍콩 사람의 주인의식 회복에 대한 그들의 과감한 행동이 필요하다고 보는 것이다. 그것이 새롭게 만연되고 있는 소시민적 경향의 결정적 해결책이라고 보는 것이다. 정부나 시민 모두의 행동이 절실하게 요구되는 시점이라는 것이다.

사스와 기본법 23조의 입법 반대를 둘러싸고 특구정부와 시민들이
보여준 일련의 행동을 분석하고 있는 그의 모든 논지는 행동의 중
요성으로 집결되고 있다. 정부의 행동은 물론 시민의 참여 나아가
서 정부와 시민 상호간의 소통이 없다면, 그것도 적극적인 참여나
소통 없이는 현시점이나 향후 홍콩사회가 처한 위기를 해결할 수
없다는 것이 그의 결론이다. ❧

8장 황웨이량黃維樑과 홍콩문화

1. 홍콩문화의 변호인

홍콩은 홍콩을 보고자하는 우리에게 많은 것을 시사하고 있다. 과거에도 그랬듯이 현재도 미래도 마찬가지일 것이다. 여기에서 우리는 세계인이다. 동과 서를 포함한 모든 세계인을 말한다. 그것이 상부구조이든 하부구조이든 홍콩만큼 동과 서의 함의 추출이나 전통과 현대교직의 의미에 충실한 존재가 또 있을까?

먼저 서양인의 입장에서 보면 홍콩의 가치는 어디에 있을까? 여기에서는 150년 간 식민지로서 그들에게 준 직접적 혜택을 떠나서 살펴보자. 홍콩에 도착하면 그들은 우선 편안함을 느낀다. 그 편안함의 가장 직접적인 동기는 물론 영어가 보편적으로 사용 가능하다는 언어적 환경측면에 있다. 서양인이 홍콩사회에 진입하면서 느끼는 편안함의 두 번째 이유는 사회 기본설비의 선진화에 있다. 사회 기본설비의 선진화는 홍콩사회의 우수성을 제기하게 되면 반드시 거론하는 중요한 장점 중의 하나이다. 그것은 교통, 통신, 도로, 항만, 관광 편의 시설이라는 구체적인 이름으로 불려 지기도 한다. 우선 이런 이유로 서양인은 홍콩에서 행복하다.

사회 기본설비 또한 서양인에게와 마찬가지로 중국인에게 직접적으로 행복감을 선사한다. 홍콩 시민이 아닌 외지 중국인에게 홍콩사회의 선진화된 편의 시설은 그들이 서구의 어느 중심도시에 와 있다는 착각을 하게 한다. 그들은 서구적 근대를 동양인이 동양인 사회에서 누릴 수 있다는 사실에 감격하기까지 한다. 그렇다, 확실히 홍콩에서 동양인이 누릴 수 있는 근대적 편리성은 당연히 홍콩의 상징이 될 수 있다. 지역적으로 동이면서 서구적 근대의 허울을 아주 자랑스럽게 쓰고 있는 곳이 홍콩이다. 그것은 서구적 근대화에 수십 년 간 아낌없이 투자하였음에도 아직까지 서구적 근대의 탈조차 제대로 쓰지 못하고 있는 동남아의 여타 지역에 큰 소리 칠 수 있는 자랑스러운 결과이다.

하지만 홍콩에는 빅토리아 항구를 중심으로 하는 고층 건물군, 쇼핑천국, 대규모의 문화센터 그리고 육해공이 잘 연결된 교통과 통신이 보여주는 근대적 구조와 우월성으로 대표되는 그 화려한 근대로부터 소외된 공간이 엄연히 존재하고 있다. 이 소외된 공간의 축소가 홍콩문화 발전의 관건이다. 그렇다면 소외된 공간의 축소는 세계 대다수 도시가 직면하고 있는 과제이며 나머지 대다수 도시가 직면하게 될 과제인 것이다. 그렇다면 그 문제는 분명 전 세계에 현재성으로 존재한다.

홍콩에는 홍콩문화의 모습을 걱정하면서 인문 활동을 하고 있는 광범위한 지식인 그룹이 존재한다. 홍콩의 저명 수필가 쩡민즈는 지식인의 우환의식은 예로부터 오늘날까지 중시되었고 긍정적인 것으로 평가받아 왔다. 우환의식은 양지良知에서 나오는 것인 바 그것은 천부적인 것으로 시비와 선악을 구별하는 지능이기 때문이다라고 하였다.[1] 양지에서 출발된 우환의식으로 무장된 인문적 지식인의 대표 중 하나로 학원파 작가 황웨이량이 있다. 황웨이량 교수는 "홍콩은 동서 문화가 교류하고 있는 곳이다. 나쁜 점도 있고 좋은 점도 있다. 인간은 원래 굉장히 복잡한 존재이다. 하물며 동서의 문화가 교류하는 곳임에랴"[2]라고 홍콩을 정의한다.

홍콩문화의 변호인이라고 자처하는 황웨이량은 그의 작품에서 홍콩문화의 장점을 다각적으로 제시하면서도 양지에서 출발하고 있는 우환의식을 상당한 비중으로 내비치고 있다. 이것은 그의 의식내면 깊숙한 곳에 자리 잡고 있는 지식인의 책임감에 뿌리를 두고 있다. 홍콩은 홍콩이라는 읽기가 쉽지 않은 대상을 살아가는 홍콩의 지식인에게 매 순간 수많은 숙제를 제시하고 있다. 뿐만 아니라 전 세계적으로 신자유주의가 몰아치고 있고, 서구 편향의 질서에 대한 재편이 요구되는 시점에서 홍콩문화의 현재는 동과 서에 소속된 지식인 모두에게 시사하는 바 크다. 그들이 몸담고 있는 문화공간의 수준에 대한 인식을 매 순간 요구받고 있기 때문이다.

2. 적이 없는 문화

그렇다면 우리는 홍콩의 문화를 어떻게 읽을 것인가? 홍콩의 문화를 해독할 수 있는 최소한의 척도는 무엇인가? 문화의 우열이 있을 수 있는가? 홍콩 문화에서 우는 무엇이고, 열은 무엇인가? 문화를 보기 위해서는 문화가 어디에 있는지를 우선 알아야 한다. 화이트Leslie A. White는 문화의 소재지를 언급하면서 다음과 같이 정의하고 있다.

> 문화를 구성하는 사물과 사건들은 시간적으로 그리고 공간적으로 다음의 세 군데에 존재하고 있다.
>
> 1) 인간 유기체 내부에 예를 들면, 개념, 신앙, 감정, 태도
> 2) 사람들 사이의 사회적인 상호작용의 과정 속에
> 3) 인간 유기체 밖에 있지만 그들 간의 사회적인 상호작용의 제 유형의 테두리 안에 있는 물질적인 대상(공장, 철도 등)[3]

다시 정리하면, 공간적으로 문화는 인간 유기체 내부, 상호작용의 과정 그리고 물질적인 대상에 존재한다. 따라서 홍콩이라는 가시적 공간에 우선 주목할 필요가 있다. 세계 몇 대 미항으로 손꼽힌다는 홍콩의 아름다운 모습이 눈에 들어온다. 그야말로 근대적 감

각과 후 근대적 감각이 차원 높게 승화된 듯 한 고층 건물군이 감탄을 자아내게 하고, 그 건물군을 중심으로 잘 연결된 각종 대중교통 수단이 돋보인다. 무엇보다도 홍콩 문화의 우수성으로 무엇보다도 먼저 제기되어야 할 것은 동과 서를 함께 보듬고 있는 문화의 융합성과 자유스러운 분위기이다. 이런 점에서 류짜이푸와 위잉스余英時의 시각은 탁월하다. 「홍콩:적이 없는 문화」에서 류짜이푸는 홍콩의 문화는 어떤 사람 어떤 국가에 대해서도 적의가 없어 자연스럽게 다원 문화적 공동체를 이루었다고 하였다. 그것을 가능케 한 가장 강력한 홍콩의 장점으로 언론의 비판의식을 들고 있다.[4]

또 오래 전(1985年) 홍콩에 근본적으로 문화라는 것이 존재하지 않는다는 비판을 하여 첫 번째로 황웨이량의 반박을 받은 바 있는 위잉스는 홍콩의 아주 편안한 '무형적 분위기'를 단지 '자유'라고밖에 부를 수 없음을 명시하고 있다.[5] 위잉스는 자신이 자각적 측면에서 선택적 자유를 홍콩에서 향유한 적이 있다고 하였다. 위잉스는 탕쥔이唐君毅 선생이 1973년 경 『명보월간』을 통해서 피력한 탕선생 자신이 홍콩에서 처음 몇 년간 "홍콩사회와 서로 상관하지 않는다"고 했던 말을 기억하고 있다.[6] 홍콩에서 약 7년이라는 청년기의 가장 소중한 시간의 삶을 살았던 필자에게 류짜이푸와 위잉스의 분석은 너무나 자연스럽게 수용된다. 적의가 없는 다원 문화적 공동체, 무형적 자유분위기, 개인과 사회가 서로 상관하지 않는 분위기 등이 이방인 적어도 홍콩 태생이 아닌 사람이 보편적으로 읽어 낼 수 있는 홍콩의 문화이다. 아울러 언론자유와 서구적 근대화의 지속적이고도 집약적인 추진은 편리성과 물질적 풍요를 보장하였다. 이 분위기의 근원을 좀 더 구체적으로 제시한다면 그것은 안정된 사회보장제도, 교육제도, 확실한 엘리트주의라고 할 수 있다.

3. '얌차飮茶'의 도시

화이트는 "인간과 문화는 불가분의 관계가 있다. 그 정의대로 인간이 없는 문화가 있을 수 없고, 문화가 없는 인간도 있을 수 없다"고 하였다.[7] 문화와 인간의 관계를 해부하는 지름길이 있다면 그것은 바로 음식문화이다. 전 세계 거의 모든 종류의 음식을 맛볼 수 있고 중국음식의 수준은 해협양안에서 최고로 인정받는 곳이다. 그것만 보아도 동서의 시각대로 문화를 이야기할 수 있고, 중국의 전통문화를 연구할 수 있는 곳이다. 그러나 무엇보다도 동양인이 홍콩에서 감동할 수밖에 없는 이유는 음식에 있다. 기왕에 음식이라는 문제가 나왔으니 홍콩의 음식문화로부터 이야기를 시작해 보자.

서양인이든 동양인(특히 중국인)이든 홍콩에서 먹는 행복을 마다할 수 있을까? 동양인이든 서양인이든 홍콩음식을 좋아하기에 홍콩의 음식문화는 홍콩의 문화를 대표한다고 할 수 있다. 음식의 종류나 수준에 있어서 홍콩만큼 완전하게 준비된 곳도 없을 것이다. 그 중에서 홍콩음식을 대표하는 것은 '음차飮茶'라고 할 수 있다. 글자 그대로 번역하면 '차를 마시다'는 것이다. 그러나 광동어로 '얌차'라고 하는 행위는 차를 마시는 동시에, 그야말로 매우 다양하게 준비된 간단한 요리 즉 '딤섬點心'을 느긋하게 즐기는 과정의 총칭이다. 홍콩의 대다수 시민들은 새벽부터 어마어마한 규모의 동네 '얌차' 식당에서 가족 간의 담소와 함께 조간신문, 경마 정보지, 복권 결과를 보면서 하루를 시작한다. 그리고 동료 간 또는 사업 파트너 사이에서 '얌차' 한 번 같이 하자고 하는 것은 매우 각별한 친근감의 표시로 해석된다. 따라서 '얌차' 문화에 대한 이해 없는 홍콩문화 이해는 불가능하다고 할 수 있다.

문화학자 탄사오웨이譚少薇의 언급처럼 '얌차'는 홍콩인의 정신

딤섬

을 해독할 수 있는 음식행위의 기호이다.[8] 탄교수는 홍콩식 '얌차'
가 성행하게 된 가장 큰 이유로 거주환경의 협소함에서 벗어나 온
가족이 함께 모일 수 있는 유일한 방법이라는 점을 들었다. 또 홍콩
의 '얌차'가 핵가족의 틈을 해소하는 데 일조를 하였다고 하였다.[9]
우리는 여기에서 중요한 발견을 할 수 있다. 홍콩의 대표적 음식 문
화 기호인 '얌차' 습관이 거주환경의 협소함에서 전화된 홍콩식이
라는 점이다. 이제 홍콩 문화는 거주환경에 대한 분석 없이 어렵다
는 것은 분명해졌다. 홍콩의 협소한 거주문화, 그 협소한 공간에서
홍콩 문화는 출발한다. 홍콩 문화의 다원성과 포용성에도 불구하고
지역의 협소성에서 기인한 사회긴장 형태가 홍콩문화를 지배하는
또 다른 절대자인 것이다. 황교수는 사회번영의 대가로 지불되고
있는 홍콩의 생활 긴장 형태를 이렇게 표현하고 있다.

홍콩사람이 바쁘지 않을 때는 대체로 줄을 서서 기다리거나 차가 막힐 때뿐이다. 이때도 몸은 급하지 않지만 마음은 급하여 결과적으로 그래도 급하고 긴장한다. 사회의 안정과 번영은 생활의 긴장과 다급함을 대가로 한다.[10]

이 거주 공간의 협소함이 마땅히 좀 더 다양하게 향유할 수 있는 문화의 범위를 크게 축소시키고 있음은 부인할 수 없다. 신변 공간의 협소함이 다만 새로운 음식 문화를 창출하는 것에 그치지 않는다. 주위 공간의 협소함은 심리적 공간의 크기에 직접적인 영향을 주기 때문이다. 황웨이량은 그 협소함이 주는 영향에 대하여 간접적으로 이렇게 우려하고 있다.

많은 서적은 홍콩의 거주민과 마찬가지로 임시 대기소에 머물 수밖에 없다. 심지어 임시 목조 가옥에……좋은 책이라면 홍콩에서 돈을 낼 수 있는 애호가는 적지 않으나 다만 거주하는 곳이 너무 좁아 둘 곳이 마땅치 않다. …… 책이 너무 많으면 서재도 견딜 수 없지만 심리적 공간(心房)은 더욱 견딜 수 없는 것이다.[11]

따라서 책을 소유할 수 없는 협소한 신변 공간은 전업 작가의 생존가능성이 희박함을 의미하고 있다. 책을 팔아서 삶을 영위할 수 없는 전업 작가의 활동폭은 홍콩의 문화발전에 가장 큰 현실적 제약 중의 하나로 작용하고 있다. 물론 책을 소유할 수 없음은 홍콩의 긴박한 생활 리듬에서 오는 심리적 긴장상태, 즉 심리적 여유 공간의 부족이라는 장애도 크게 작용하고 있다. 전업 작가가 존재하기 어려운 현실적 공간이 학원파 작가의 영원한 부담이며 우환의식의 출발점이기도 하다. 공간의 협소함이 얼마나 큰 부담인지 그것이 심리적으로 얼마나 큰 위협으로 작용하는지 대륙에서 홍콩이라는 천당을 꿈꾸며 이민을 왔던 그리고 오고 있는 중국인은 잘 알고 있다.

백화점을 지나서 뒤편의 골목에 들어서자 나는 깜짝 놀랐다. 어둡고 좁다란 골목에는 쓰레기가 가득했다. 바깥의 휘황찬란한 큰 길과는 하늘과 땅 만큼의 차이가 있었던 것이다. 동생의 안내로 좁고 음침한 엘리베이터를 타고 3층으로 올라가서 우리가 빌려 둔 작은 방으로 들어서자 내 마음은 마치 얼음 창고에 들어선 듯 울음이 터져 나올 것 같았다.[12]

대륙출신의 작가인 수페이舒非의 느낌은 홍콩 현지출생자가 아닌 우리 이방인이 가장 강하게 느끼는 홍콩의 첫 인상이다. 화려하고도 체계적이고 정돈된 모습의 건물군과 상대적으로 위축되고 왜소한 거주공간의 대비가 바로 홍콩의 정직한 미장센이기 때문이다. 신변공간의 협소성과 첨단 자본주의의 긴박성에서 생성되는 경직된 측면에서의 홍콩문화는 폄하될 수 있는 충분한 근거가 있다. 공간의 협소함에 대한 인식은 세 가지 측면에서 시작된다. 첫째, 그것은 다원적 문화공간의 화려함과 크기에 반비례하는 나의 공간에서 오는 위기의식의 발로이며 둘째, 첨단 자본주의 사회의 상징인 대중소외 현상이다. 그리고 셋째, 생활공간 주변에 전통 문화의 모습이라고 치부할 수 있는 요소가 거의 사라졌다는 점이다. 이 세 가지 측면은 화려함과 협소성 사이의 현격함을 해결하기 위한 '사회 시스템의 부재 또는 부족함을 보완해 줄' 정신적이면서 제도적 공간이 필요하다는 결론을 자연스럽게 도출하고 있다. 김영민 교수는 "무릇 문화는 자생력과 역사성을 통해서 스스로의 힘과 가치를 확보하는 법이다. 그러므로 우리의 삶과 역사의 현실을 무시한 채 일방적으로 수입된 품목을 선정적으로 진열하였다고 해서 우리들이 살 수 있는 문화의 집이 세워지는 것은 아니다"[13]라고 했다. 현실적 공간의 협소함에서 오는 안주할 수 없는 심리적 공간, 그것이 현재 홍콩문화 발전의 가장 큰 걸림돌이라고 할 수 있다.

4. 홍콩문화를 위한 제언

홍콩이 자랑하는 근대적 요소 중에는 잘 완비된 법률제도가 있다. 그러나 현재 홍콩의 근대성이 직면한 문제는 법률제도가 해결할 수 없는 공간이 존재하고 있으며 그것이 계속해서 확대되고 있다는 점이다. 홍콩에는 홍콩이 자랑하는 훌륭한 법률제도로 해결할 수 없는 틈이 존재한다. 더욱 정확히 표현한다면 법률제도가 전가의 보도로 확대 적용되는 면, 즉 법률의 보편적 적용에 대한 홍콩 시민들의 심리적 거부감이라고 할 수 있다. 그 간극의 존재를 황웨이량은 이렇게 증명하고 있다.

> 갑자기 한 대의 자동차가 미친 야생마같이 달려 내려와 여학생들을 그대로 들이받아 큰 사고가 발생하였다. 부상을 당한 사람도 있었으나 우사오핑吳少萍 학생은 불행히도 사망했다. 나중에 반년 이상의 법정소송 끝에 사고를 낸 기사는 면허가 없는 상태에서 운전을 하여 사망사고를 낸 것임에도 불구하고 고작 1천 달러의 벌금형에 처해졌다. ...... 중문대학 교정에서 다른 사람의 생명을 앗아간 기사는 1천 달러로 모든 것을 해결하였던 것이다.[14]

이것은 오늘날 서구 선진 국가들이 직면하고 있는 법률제도 속의 대표적인 허점이다. 미국이 소송 때문에 그리고 변호사로 인해서 망할 것이라고 하는 우스개가 이런 경우에서 연유하고 있으며 그것 역시 나름대로의 타당성을 지닌다. 어지간한 범죄는 가해자의 정신적 병력으로 범죄 성립의 요건이 될 수 없는 상황은 분명 건전한 시민사회의 가장 두려운 존재가 될 수 있다. 더불어 지적해야 하는 것은 홍콩을 비롯한 소위 근대적 도시 국가에서 부족할 수밖에 없는 보편적이고 일반적인 문화 의식의 부재이다. 즉 문화가 소중하다는 의식이 확산될수록 홍콩 거주민이 심리적 안정을 얻기가 쉬운 것이 사실이다. 이것은 서구적 근대화의 필수적 부산물로서 생활공간에서의 전통적 요소 상실이 가장 큰 이유가 된다. 궈사오탕郭少棠 교수의 지적, "홍콩이 비록 동서 문화가 융합되는 곳이라고 칭찬받고 있으나 홍콩의 수많은 사람은 전통문화에 대한 인식이 부족하다. 따라서 체계적으로 계승한다는 것은 물론 발전시킨다는 것 또한 어불성설이다"[15]가 아니더라도 주위에서 전통의 온기를 느낄 수 있는 공간은 적다. 지역적인 것과 전통적인 것이 세계적이 될 수 있는 것이다. 지역적 환경은 전통적 환경이기에 그것은 세계적 환경 구성 요건의 기본이 되어야 한다. 그것이 보편적 생활환경 즉 심리적 공간 확보에 있어 가장 기본적 구성요거이 되며 근대적 분위기 조성은 이것이 기초가 되어야 하는 것이다.

심리적 공간의 확대를 위해서는 우선 인문학적 지식인의 적극적인 활동이 필요하다. 우리가 홍콩의 긴장이완에 좀 더 주목해야 하는 분명한 이유가 있다. 왜냐하면 량빙쥔의 지적대로 홍콩이 직면하고 있는 문제는 다른 도시가 현재 또는 장래에 직면할 문제이기 때문이다.[16] 이것이 황웨이량이 산문창작에 임하는 기본 정서이다. 황웨이량은 체계적이고 안정적인 사회 시스템이 생활공간에까지 확대되고 연결되리라는 염원에서 적극적인 산문 활동을 하고 있다. 그는 이미 세계수준으로 성장한 사회 시스템에 비해서 홍콩 서민들의 생활환경은 여전히 열악한 수준에 처해 있음을 잘 알고 있다. 열악한 거주환경은 심리적 공간 즉 '심방心房'의 긴장으로 직결되고 있다. '심방'의 긴장이완을 위해서는 생활공간의 확대가 우선적으로 필요하다. 황웨이량은 홍콩 학원파 작가의 대표로서 그의 산문 주제는 우환의식에서 나온 홍콩의 지향점인 공간 확대를 제시하는 노력의 상징이다. '심방' 확대를 위한 그의 관심은 다양한 스펙트

럼을 보여주고 있다. 아래는 이진우 교수가 던지는 원초적인 질문, 우리가 전통적 가치를 보전하고 문화적 정체성을 유지하면서 자유를 실현할 방법은 없을 것인가[17]에 대한 황웨이량의 대답이다.

1) 시민의식 제고

심리적 공간 즉, '심방' 확대를 위한 시민의식의 중요성을 그는 우환의식으로부터 도입하고 있다. 시민의식은 그것의 달성을 위한 최소 조건 중의 하나이다. 최근 소위 근대화된 도시가 직면한 가장 큰 문제점 중의 하나는 철저한 개인주의 성향의 확대이다. 시민의 참여 없는 자유의 담보는 없다. 자신의 이익과 관계되지 않는 한 모든 것을 도외시하는 방관자적 태도에 대한 수정 없이 사회문제는 해소될 수 없다. 시민 사회에서 주체인 시민의 참여 없는 '심방' 확대는 요원한 일이다. 따라서 시민의식의 우선 성장은 필수 불가결한 요소이다.

> 소위 '시민의식'이라는 것도 한 번의 설명이 필요하다. 예를 들면 어떤 텔레비전 프로그램의 속되고 천한 정도에 대해 정부가 기본적으로 손을 쓸 수 없다. 또 폭력과 선정적인 장면에 있어 정부가 통제할 수 있는 정도가 아닐 때가 있다. 이 때 시청자 중 뜻있는 선비가 이 프로그램은 사회와 일반 시민에게 유해한 것이라는 판단을 하여 저지를 위한 활동 그리고 그 프로그램 광고주의 상품에 대해서 불매운동을 전개할 수 있다.......'시민 의식'이라는 이 무기는 큰 힘을 발휘할 수 있다고 믿는다.[18]

> 절약과 환경보호는 나 자신부터 시작해야 한다. 이것이 바로 가장 간단한 '천리 길도 한 걸음 부터'라는 이치인 것이다. 전력을 아

끼고 종이를 사용할 때는 양면 모두를 사용하고 폐지는 회수하고 식사할 때는 낭비하지 말고 …… 이런 것들은 너와 나 그리고 그의 구별 없이 모두가 당연히 해야 하는 것으로 환경보호의 '기본법'이다.[19]

현대 사회에서 정부의 역할, 즉 '관료'이 적용될 수 없는 공간이 확대되고 있다. 그 공간이 바로 법률제도로 해결할 수 없는 공간이다. 이 공간의 존재로 파생되는 문제의 해결을 위해서 시민운동 단체를 비롯한 비정부기구NGO의 활동 역량의 확대가 절실히 요구되는 시점인 것이다. 시민 단체의 역량은 '나', '너', '그'의 구분 없는 모든 사람의 참여로부터 나온다. 새로운 사회적 연대가 필요하다는 것이다.

2) 기득권 세력의 양보

근대화된 특히 법률제도가 발달된 도시의 또 다른 문제점 중의 하나는 사회의 보수화이다. 보수적 집단의 자기희생이나 사회봉사 없이는 물질적 소공간과 심리적 소공간의 확대는 어불성설이다. 황 교수의 어투는 "대업주는 집세를 많이 받을수록 좋지만 소시민은 날마다 비명을 지를 수밖에 없다"[20]처럼 거의 대부분 이렇게 직접적이다. 홍콩에서 부동산 가격에 대한 하락 우려 때문에 주택 건설을 반대하는 주택소유자의 항의시위가 현실이듯이 상업적 분위기에 편승한 자기이익의 일방적 극대화 시도 역시 엄연한 현실이다.

홍콩은 자유경제 사회이다. 모든 물가의 등락은 수요와 공급의 기준에 의해 결정된다. 그럼에도 불구하고 상업 빌딩의 임대비가 폭등하여 회사와 식당 등이 연이어 폐업하는 사태가 최근 속출하여 문제가 날로 심각해지고 있다. '자유'의 대가가 실로 얼마나 큰가를 알 수 있는 바 이것은 절대 홍콩 사회의 복이 아니다.[21]

홍콩은 첨단 자본주의 체제 하의 자유 경쟁 사회이다. 그러나 경쟁의 자유를 무한히 허용할 경우 심각한 후유증을 초래한다. 따라서 자유 경쟁 사회에서 기득권 세력에게는 무한의 윤리 의식이 요구되며, 이미 향유하고 있는 각종 기득권에 대한 포기가 미덕이 되는 것이다. 바야흐로 신자유주의 대세 하의 살벌한 경쟁체제는 이제 전지구적 주류 이념으로 자리 잡고 있다. 이의 극복을 위하여 황교수는 사회 지도층의 '덕德' 의식의 제고를 요구하는 것이다. 그는 "큰 병이 있음을 작은 병 또는 병이 없다고 하거나, 무병한 것을 작은 병이 있다고 하거나 큰 병이 있다고 판단하는 것은 의술문제이나 사실은 '의덕醫德'에 관계되는 문제일 수도 있다"고 했다.[22] 황교수가 제기하고 있는 '덕'은 바로 양심이다. 의사가 양심을 포기할 때 문제는 크다. 그 자신에게는 돈 몇 푼이 걸린 일이지만 환자에게는 생명과 건강이 걸린 문제이다. 예로부터 '의醫'를 '술術'에서 '학學'으로 승화시키는 것이 관건이었는데, 그것을 인체에 적용시키는 주체의 양심 유무가 가장 중요한 척도가 되었다. 소위 '의사醫師'로 불리는 그 주체는 작게는 의술에 관계되는 양심을 지켜야 하고 크게는 사회적으로 봉사해야하는 당위를 인정하고 실행해야만 '의사'로 호칭될 수 있다. '의사'가 자신의 기득권에 집착할 때 그들이 지닌 '기술'은 정신병자에게 맡긴 무기와 같은 것이다.

3) 시민단체의 분발

고도로 체계화된 사회는 고도화 정도에 따라 각 계층 간이나 개인 간의 교류가 단절되면서 인간소외는 심화된다. 그것은 생활리듬의 빠름 때문이기도 하지만 주로 다양하고도 합리적인 접촉 공간부족이 하나의 원인이기도 하다. 접촉 공간확대는 홍콩이라는 현대사회가 직면한 문제점을 해결하는 구체적인 방법이 될 수 있다. 황교수는 생활리듬의 긴박성을 우선 원인으로 지적하고 있다. 동시에 도심 내 예술 공간의 부족을 심리적 긴장의 원인으로 들면서 예술 공간 설치를 '심방' 확대를 위한 하나의 방법으로 제시하고 있다.

> 그러면 대 화랑과 대 박물관으로 은둔하자! 런던·파리·뮌헨 등 다른 대도시의 생활 리듬은 홍콩처럼 이렇게 빠르지 않다. 아마도 그들에게 대 화랑과 대 박물관이 있기 때문일 것이다. 만약 홍콩 시내의 금융가에 거대하면서 아름답고 많은 좌석이 배치되어 있고 전 세계의 훌륭한 작품이 전시되어 있으며 또 입장권을 안 받는 대 화랑과 대 박물관이 있다면 당신은 컴퓨터로부터 해방될 수 있을 것이다.[23]

한편, 홍콩의 작가 천윈陳雲은 또 다른 해결책을 이렇게 제시하고 있다.

> 시민사회(비정부기구·지역사회·상호부조회·지방의회) 그리고 문화의 다원성과 시민의 문화창조력 및 사회의 다원가치적 문제 등을 검토한 후 새로운 사회발전 공식(앞으로 우리가 필요한 사회 모습)을 창조하고 이익만을 최우선시하는 사회의 단일 가치를 교정해야 한다. 그래서 문화적 신분과 문화적 자산을 한 개인의 성취를 평가하는 방법의 하나로 삼아 새로운 계급 화해를 도출해내야 한다.[24]

접촉 공간의 확대는 천윈이 말하는 계급화해의 가장 기본적인 출발점이다. 그것은 시민의 문화 창조력을 배양할 것이고 시민사회 구성을 촉진시킬 것이다.

4) 천민자본주의 경계

자본이 중시되는 사회일수록 인간 소외는 확대된다. 인간 소외의 정점에 자본이 있다. 홍콩은 전 세계에서 손꼽히는 국제 금융도시인 동시에 최첨단의 자본화된 도시이다. 자본은 자본을 다루는 주체가 경계심을 가질 때에만 만인에게 혜택과 풍요를 보장하는 요술방망이이다. 그러나 그것에 대한 경계가 느슨할 때 인간이 존재할 공간은 현저히 축소되거나 사라질 것이다. 그것을 황교수는 이렇게 비유하고 있다.

> 이스라엘 사람들이 금송아지를 주조해서 숭배의 대상으로 삼았던 적이 있다고 한다. 그것을 중심으로 둘러서 춤을 추는 등 극도로 음탕하게 놀아 여호와의 분노를 사 살신지화를 당했던 것이다. 온갖 어려움을 이겨내던 일하는 소에서 금빛 찬란한 소로 탈바꿈한 홍콩이라는 이 소는 자부심을 가질만하다. 그러나 지나친 사치는 일장춘몽이 될 수 있다. 홍콩이라는 이 소가 경계심을 풀어 버린다면?[25]

황웨이량의 지적대로 풍요와 과잉은 호환기능이 탁월하다. 그는 그것의 기계적 조합에 대하여 누구보다도 더 치밀하게 주목하고 있는 것이다. 성장과 풍요란 것도 하루아침에 물거품이 될 수 있다는 것을 잘 알고 있기 때문이다.

> 물질이 너무 풍성한 결과 새 옷도 세 번만 입고 그냥 버리고 한 접시의 요리도 채 반도 먹지 않고 버리는 것이다. 우리는 아끼지도 않고 잘 음미하지도 않는다. 정신문화가 지나치게 풍성한 결과 박물관의 수천 수만의 진귀한 것을 대충 대충 보고 시집이나 소설을 한 권 읽더라도 금방 잊어버리는 것이다. 우리가 아끼지 않고 세심하게 음미하지 않는다면 풍요는 과잉의 대명사로 바뀌게

된다.[26)]

　류짜이푸는 "혁명을 겪지 않은 홍콩에서 등급은 절대적으로 분명하다. 주인과 점원, 상사와 고용원은 절대 대등할 수 없다"[27)]고 했다. 류짜이푸의 지적대로 한 번도 혁명을 겪지 않은 홍콩에 계급이 분명이 존재한다. 계급의 엄연한 존재는 사회발전에 장애가 된다. 특히 문화에 있어서 계급의 존재는 사회 통합에 큰 걸림돌이 된다. 심지어 자본이 문화를 파괴하고 정신의 빈곤까지 초래할 것이라고 천원은 경고하고 있다. 천원은 "지식과 창의적 정신없이 금전으로 문화를 살 수는 없고 오히려 그것은 문화를 파괴할 뿐이다. 정신적 빈곤이 바로 현대 중국인 사회의 비애이다"[28)]라고 하여 사회 내부에 존재해야 하는 정신의 중요성을 제기하고 있다.

5) 지식인의 책임의식

　홍콩이 국제적이면서 현대화된 도시로 성장할 수 있었던 배경에는 제국주의의 통치수단인 엘리트주의가 큰 몫을 차지하고 있다. 식민 정부의 혜택을 입은 다수의 엘리트가 성장의 주역임을 아무도 부인할 수 없다. 하지만 엘리트의 대 사회 책임의식이 희박해질 때 그들이 사회의 악으로 급변할 수 있음은 주지의 사실이다. 엘리트가 사회에 대한 책임을 다 할 수 있도록 하기 위한 장치 중의 하나로 언론이 있다. 홍콩 언론의 비판 정신이 살아 있을 때 홍콩 문화의 발전은 보장된다. 황웨이량은 "중국의 현대에 이렇게 끝까지 쫓아가서 캐내는 기자는 없었던 것 같다. 대부분의 홍콩기자는 대상의 가장 표면적인 것만 기록하고 심층적 조사는 하지 않고 있다"[29)]며 홍콩 언론의 분발을 요구하고 있다. 류짜이푸 역시 강한 표현으로 언론과 문화의 상관 관계를 논하고 있다. 그리고 비판정신이 약화되고 있는 현상을 우려하고 있다.

> ...... 모두가 비판대상에 포함된다. 그러나 단지 비판 대상일뿐 결코 불공대천지 원수는 아니다. 이 정신의 본체가 쇠퇴 또는 소멸 그리고 죽거나 사라지지 않는다면 홍콩은 자신만의 목소리와 문화 특색을 유지하게 될 것이다. 그러나 나는 걱정하고 있다. 이 정신의 본체가 점차 쇠퇴하고 조금씩 퇴화되면 앞으로 사회 비판은 사회 뉴스(특히 엽기적 뉴스)로 대체될 것이다.[30]

최근 언론매체와 정치가가 계속 자신을 공격한다면 홍콩에 대한 투자를 안 할 수도 있다고 한 화상華商 슈퍼맨으로 불리는 리자청李嘉誠의 발언은 홍콩 언론이 다방면으로부터 직면하고 있는 압력의 실재를 공개적으로 보여 준 경우이다. 언론에 대한 지식인들의 우려가 언제나 현실화될 수 있음을 증명하고 있다. 이제 언론은 자본과 권력 그리고 각종 이권의 영향에서 자유로울 수 있는 여지가 축소되고 있는 것이다. 사회 공기公器로서 언론의 역할은 비단 홍콩에서만 중요한 것이 아니다. 언론은 현대 사회에서 제4의 권력으로 인정받고 있지만 그것의 지위에 합당하는 책임의 지속적 수행여부에 대해서는 여전히 부정적인 평가를 받고 있는 것이 사실이다. 황웨이량의 기대는 이제 지도자에 미치고 있다.

> 나는 선출된 사람 모두가 어질고 재능이 있는 사람이기를 간절히 바란다. 또 지식과 지혜 그리고 도덕과 매력을 갖춘 사람이어서 홍콩 나아가서 중국을 위하여 훌륭한 일...... 당신은 뇌물을 받아서도 안 되고 뒷거래를 해서도, 군중심리에 영합해서도 안 된다. 당신은 유세 시에 한 약속을 이행해야 하며 국민을 위하여 애걸복걸해야 한다. 포청천包青天과 해서海瑞를 마땅히 당신의 모델로

삼아야 한다. 당신은 공문서를 꼼꼼히 보아야 하며 회의에 열심이
어야 하며 민정을 자세히 탐지해야 한다.......
나는 당신이 이렇게 되기를 희망한다. 사회가 당신에게 무엇을 해
줄 수 있는지를 묻기 전에 당신이 사회를 위해서 무엇을 할 수 있
는가를 먼저 묻기 바란다.[31]

완벽한 제도가 있다고 하더라도 운영은 인간이 한다. 제도의 한
계 그것은 '근대'가 직면한 최대의 과제가 아닌가? 지혜와 도덕을
겸비한 지도자 '포청천'과 '해서'의 출현이 필요한 것이다. 몇 년
전 텔레비전 드라마 '포청천'이 홍콩의 저녁 시간을 점령한 적이
있었음이 자연스럽게 상기된다. 홍콩 시민은 '포청천'의 현신을 갈
망하고 있었다. 거의 완벽한 대공간적 법령제도가 해결할 수 없는
공간의 존재에 대하여 홍콩시민 한 사람 한 사람이 체감하고 있었
던 차였다. 그것은 지혜와 도덕을 갖춘 인간의 출현이다. 지혜와 도
덕을 갖춘 지도자적 인간형이 도시 문화의 제 문제를 해결할 수 있
는 방법의 하나임은 분명한 것이다.

아놀드 토인비는 기술 문명시대에 인간은 확실히 공전의 역량을
가지게 되었음을 인정하면서도 그 힘에 상응하는 지혜와 윤리는 갖
추지 못하고 있음을 지적한바 있다. 토인비는 그것을 '도덕의 틈새
Morality Gap'라고 명명하였으며 그 간격을 해소하기 위해서 현대
사회의 인간은 철학과 신학을 더 많이 탐구할 필요가 있음을 역설
하였다.[32] 황웨이량 역시 드라마 '포청천'의 현실 구현, 즉 철학적
인간형을 배출할 수 있는 사회 환경을 염두에 두고 있는 것이다. 그
는 현대사회에서 '포청천'과 '해서'의 출현을 가장 크게 방해할 수
있는 대상으로 매체를 지목하고 있다.

그러나 도끼가 난무하고 미녀가 참혹하게 죽는 것과 유사한 폭력

장면이 드라마에 자주 출현하고 있다. 이것은 갈수록 더욱 잔인하고 흉측해지고 있어 미성년 시청자에게 매우 유해하다. 사회의 행복을 위하여 나는 차라리 부드러운 '비누'극을 볼지언정 잔혹한 '술'과 '담배'극을 보고 싶지는 않다.[33]

그래서 김영민은 TV 속에 TV가 산다고 주장하면서 생각 없이 텔레비전을 켤 때 우리는 TV 귀신의 괴뢰가 될 것이라고 하지 않았던가?[34] 정치철학자 켈러D. Keller 같은 학자는 심지어 텔레비전이 민주주의의의 위기를 낳고 있다고 지적한다.[35]

황웨이량은 문명의 이기가 미치는 악영향을 우려한다. 문명적 발명품이 이기가 될 것인지, 흉기가 될 것인지는 사용의 주체에게 달린 문제이다. 그래서 황교수는 그것의 사회적 영향력을 고려하고 있다. 주지하다시피 시청률 제고가 광고 수입과 직결되는 시스템은 방송의 긍정적 역할에 최대의 적이다. 자본주의 체제 하에서 방송만큼 가공할 영향력을 가진 수단도 드물다. 그는 우리를 가르치기도 하고 즐겁게도 하는 공중파 수신기의 위력에 대하여 주목한다. 그리고 간절히 당부하고 있다. 통속적인 가무의 연출조차도 때로는 우리의 신경을 느긋하게 만드는 좋은 역할을 하지만 사회문화가 진보하기 위해서는 좀 더 높은 이상을 향해 노력해야 한다. 프로그램 하나하나가 미칠 사회적 파장 그리고 한 개인의 세계관에 미칠 영향을 심도 있게 그리고 책임감 있게 고려해야 한다고 보는 것이다.

텔레비전의 좋은 면도 있다. 우리를 교육시키기도 하고 즐겁게 하기도 한다. 설령 통속적이고도 천박한 프로그램이라 할지라도 한 가지는 배울 것이 있다. 예를 들면 상을 주는 퀴즈 프로그램은 동서고금의 문화와 상식에 관한 질문을 하는 데 이것은 교육적 의미가 크다. 통속적인 노래와 춤 공연도 우리의 신경을 이완시키는 작용을 하기에 장점이 없다고 말할 수는 없다. 그러나 사회 문화가 진보하려면 최대한 권선징악을 해야 하고 더욱 높은 이상을 향하여 노력해야 한다. 대중 전파 매체는 글자 그대로 영향력이 막강하다. 그 중에서도 텔레비전이라는 이 매체는 더욱 막강하다.[36]

따라서 프로그램을 추진하는 주체, 즉 언론사의 역할도 제기하지 않을 수 없는 것이다. 사회 책임정신 하에 운영되는 언론이야말로 시민 사회의 언론자유를 위한 기본구조에 직결된다. 왜냐하면 앞에서 제기한 프로그램과 프로그램간의 경쟁체제가 언론의 긍정적 기능에 가장 큰 걸림돌이 되듯이 언론사 간 무한 경쟁의 최대 피해자는 바로 시민 사회이기 때문이다.

> 규모를 확장하고 보수를 높이고 인재를 초빙하고 신문의 수를 줄이는 것이야말로 홍콩 신문의 질을 제고시키는 필수적 방법이며 동시에 홍콩 신문계 발전의 필연적 방향이다. 여기저기서 쓰러지는 상황을 보기보다는 딱 5개의 금꽃만을 얻는 것이 어떨까. 물론 5개라는 수는 약수로서 그것보다 조금 많거나 적어도 상관이 없다. 3개만 남더라도 3개 모두 사회 책임정신에 따라 신문을 발행 (social responsibility theory 현대 서방 4대 신문 이론의 하나)할 수 있다고 하면, 시민의 언론자유는 충분히 보장받을 수 있는 것이다.[37]

그리고 그는 문학 · 철학 · 예술 · 역사 등 정치적이지도 않고 상업적이지도 않는 '비즉효성 문화noninstantly-effective culture'의 지나친 열세를 지적한다. 이것 때문에 그는 홍콩 문화의 가장 열성적인 변호사로 자처하면서도 '비즉효성 문화'가 처한 현실에 대하여 탄식하고 있는 것이다.

> 현재 홍콩에 단 한 권만의 정기적인 문학잡지만이 존재한다. 현재 홍콩의 종합적인 잡지는 문학 · 철학 · 예술 · 역사 등의 즉효적인

성질이 아닌 문화에 대한 관심이 너무 많은 것이 아니라 너무 적다. 이런 방면으로 홍콩은 아직 풍요롭지도 만족스럽지도 못하다
...... 홍콩문화에 대해서 변호하면서도 나는 이리저리 한탄하는 것이다. [38]

이것은 인문적 지식인의 분발을 촉구하는 동시에 인문정신의 중요성을 강조하는 말이다. 이 '비즉효성 문화' 공간 확대는 사회 내인문정신의 회복 없이는 불가능함을 강조하는 것으로 이 점에 있어서 이전 그가 반박하였던 위잉스와 화해하고 있다. 왜냐하면 위잉스도 문화계 종사자의 주관적 노력 없이는 홍콩의 최대 장점인 자유가 보호 확대될 수 없다고 보고 있기 때문이다.

홍콩의 정치적 신분이 이미 바뀌었지만 홍콩의 자유는 여전히 정치체제가 무의식적으로 남긴 공간인 바, 진정으로 개방된 사회가 보여 주는 자유와는 다른 점이 있다. 따라서 학술과 문화 분야에 종사하는 사람들의 주관적 노력이 자유의 지속적 존재와 확대에 필요한 중요한 요인의 하나인 것이다. [39]

5. 홍콩문화와 지식인

황웨이량은 누구보다도 홍콩이라는 대상에 정통한 작가이다. 그의 산문 창작은 홍콩의 입체적 공간과 심리적 공간에 대한 해명이며, 심리적 공간의 확대를 위한 지식인의 가장 강력한 활동이다. 그것은 홍콩이라는 공간 즉 전업 작가의 생존이 어려운 실제 공간에서 창작 주체가 학원파일 수밖에 없음에 대한 해명이라고 할 수 있다. 결국 황웨이량의 결론은 전통적 가치를 보전하고 문화적 정체성을 유지하면서 지식인의 책임의식을 강화하는 것이다. 황웨이량

산문 함의의 대강은 앞에서 종합한 것과 마찬가지로 시민의식 제고, 기득권층의 양보, 시민 상호간의 접촉 공간 확대, 천민자본주의에 대한 경계이며 그 이면에서 가장 큰 영향력을 발휘하고 있는 주제 의식은 지식인의 우환의식이다.

홍콩의 외연은 향후 아시아 여러 국가나 서구의 몇 개국이 지향하는 목표에 근접하는 양상을 보이고 있다. 그러나 현재 홍콩이 직면하고 있는 사회 제 현상 즉 심리적 공간의 부족과 생활공간의 협소함은 동과 서 모두가 두려워해야 할 문제점으로 오늘을 살고 있는 우리 세계인에게 말하고 있다. 결국 우리가 가야할 길은 인문적 공간의 확대임을 황웨이량은 알고 있다. 인문 정신을 펼칠 장이 더욱 확대 보장되고 그 장을 통하여 사회 현상들이 자유롭게 논의되어야 하는 것이다. 그래서 그는 인문학적 우환의식으로 무장된 지식인의 다양한 활동을 기대하고 있다. ✿

9장 방법으로서의 홍콩

1. 중국성 - 홍콩성

홍콩은 1840년 중국과 영국 간에 발발한 제1차 아편전쟁의 결과로 역사무대에 등장했다. 중원 중심주의의 입장에서 보면 해적이 창궐하던 버림의 땅에서 서구제국주의 침략의 상징으로 신분이 전환되었던 것이다. 루쉰은 홍콩이 식민지적 정체성을 확보하기 시작하던 1927년에 하나의 섬에 불과하지만, 중국 여러 도시의 현재와 미래를 담은 살아 있는 사진[1]이라고 홍콩을 평가했다. 또한 그는 홍콩 사회가 양놈 주인, 고등 중국인, 앞잡이 노릇을 하는 동포들과 대부분의 원주민으로 구성되었다고 했다. 사실 영국 정부는 150여 년 동안 홍콩을 '자유는 있으나 민주는 없는 곳'으로 경영해 왔다. 하지만 홍콩은 150년 간의 식민 역사 속에서도 국제적인 도시로 성장했다. 동시에 '중국과 서양이 복잡하게 얽히는 곳이자, 동양과 서양이 회통'하는 홍콩 의식을 확보했다. 후식민 혼종설의 핵심은 문화발전사 자체가 잡종 흡수사이며, 그 독자적인 영역으로 인정해야 한다는 것이다. 하지만 홍콩의 주권을 중국에 이양하기로 합의한 1984년 '중영연합성명' 발표 후의 위기감은 홍콩인의 문화적 정체성인 혼종을 통째로 흔들었다. 홍콩의 장래를 결정하면서 홍콩인들의 의사는 철저하게 배제했던 것이다.

'서구 학계에서 홍콩을 가장 잘 아는 비평가', '북미 대학에서의 홍콩문화 대변인'이라고 불리는 저우레이는 홍콩문화 '자아 창조'[2]의 주요 장애로 중국성과 홍콩성의 모순을 들었다. 중국성은 홍콩성에 대해 식민주의적 압박을 가하는데, 중국성과 민족주의를 해체해야 자주적 홍콩이라는 신분 정체성을 건립할 수 있다는 것이다. 그리고 중국과 영국 틈새의 제3공간에 존재하는 홍콩 문화 자아 창조가, 주도 문화에 도전하는 홍콩 문화계 종사자의 문화 상품에 의

지해야 한다고 보았다. 1995년에 예인충은 "공산주의라는 유령이 유럽을 떠돈다"는 마르크스의 말을 흉내내어, "혼종성과 변경성이 홍콩 문화계를 유령처럼 배회한다"고 했다. 때는 바야흐로 홍콩 역사상 공전의 위기로 인식되던 주권 회귀를 2년 앞둔 시점이었다.

1997년에 홍콩은 영국으로부터 독립하는 것이 아니라 중국에 이양 또는 회귀되는 것이었다. 그래서 저우레이는 '식민자와 식민자 사이'라고 했다. 그가 홍콩을 후식민 도시 담론으로 삼는 목적은 식민자와 주도적 민족 문화 사이에 제3의 공간이 존재함을 설명하기 위해서였다.[3] 이 제3의 공간에 대한 의지는 바로 논문 부제인 '1990년대 홍콩의 후식민 자아 창조'에서도 나타난다. 이 공간은 영국과 중국 사이에 존재하는데, 홍콩인이 홍콩의 자아를 발견하고 창조할 수 있는 공간이 필요하다는 것이다. '조국'에 억지로 회귀되는 후식민을 어떻게 설명해야 할 것인가가 저우레이의 고민이었다. 회귀 또는 이양이 강요되던 그 시점에서 '조국' 역시 제국주의자로 다가왔던 것이다. 중국과 영국이라는 두 침략자 사이에서 홍콩은 자아적 공간을 찾아서 영국 식민주의 또는 중국 권위주의의 구구한 장난감 인형이 되어서는 안 된다는 것이 그의 논지였다. 따라서 그는 중국성을 후식민 서사에서 가장 시급하게 해체되어야 할 대상이자 홍콩 문화의 정체성이 반항해야 할 타자로 본다.

대륙학자 특히 신좌파 계열의 학자들은 한동안 '중국어도 모르는' '홍콩인'이라는 차원에서 저우레이를 비난하였다. 이에 대해 저우레이는 그들이 '고집스럽고 악성적인 중심주의', '문화 폭력'이라고 대응했다. 대륙의 학자 주리리朱立立의 비판은 신좌파 계열의 논리를 집약한다. 첫째, 홍콩성/중국성, 홍콩 본토/중국 민족주의의 2원 대립관계에서 저우레이는 중국성의 '침범'에만 주목할 뿐, 그에게서 홍콩 사회의 식민성에 대한 반성이나 비판은 보이지 않는다는 것이다. 둘째, 저우레이는 중국과 영국을 동등한 식민자로 간주하여 의식형태 주도 하의 후식민 오독과 편견을 드러낸다는 것이다. 셋째, 저우레이의 시야에 중국/서방, 홍콩/서방 식민자라는 분야는 사각지대로 존재한다는 것이다. 아울러 중국성을 오만한 패권적 '타자'와 '폭력'으로 서술하는 동시에 홍콩을 약소한 피해자로 꾸미고, 중국성과 대비되는 '잡종'과 '고아'로 본다는 것이다.[4] 이런 관점에서 본다면 홍콩인에 대한 저우레이의 묘사가 왜 '자아 천민화self-subalternization'와 '전반적인 반좌', '역사에 대한 천진함'으로 비판받는가를 짐작할 수 있다.

요컨대 홍콩의 위치에서 중국과 서방을 동일시할 수 있느냐는 비판인데, 이는 홍콩인이 '중국인' 위주로 구성되었다는 사실 때문이다. 이에 대해 저우레이는 홍콩 사람들은 중국을 사랑하기 위해서라면 자신이 가진 모든 것을 희생할 용의가 있지만, 한 공동체에 속한다는 이유로 개인이 져야 할 책임을 훨씬 뛰어넘는 것까지 요구해서는 안 된다고 말한다. 즉 '중국성'은 폭력의 근원에 있다는 사실을 명심해야 하며, 이 폭력은 아주 깊은 곳에서 자라난 '유대'라는 감정에 의해서 야기된 것이라고 외친다. 그러므로 디아스포라의 지식인이 사회적 소외를 감수하는 한이 있더라도 공동으로 저항해야 하는 것은 바로 이 피의 결속이라는 감정이다.[5]

주야오웨이朱耀偉는 홍콩을 대상으로 한 후식민 담론을 변경성marginality과 혼종성hybridity, 틈새성in-between-ness, 제3공간Third Space 등 네 가지로 요약한다.[6] 중국이 중심이라는 입장에서 보면, 홍콩 문화의 틈새성과 변경성은 식민주의의 산물이며 사이드의 오리엔탈리즘 판정에 부합하는 것이다. 홍콩의 피식민자는 이런 문화 특색으로 자아를 구분하고 역사의식을 구축해 왔다. 하지만 유감스럽게도 홍콩은 탈식민화 과정에서 반식민의 방법으로 홍콩의 민족적 가치를 확인한다. 1990년대 홍콩 문화와 정치 문화는 모두 민족주의와 문화민족주의라는 외투를 걸치기 시작했는데, 이것은 탈식민화의 대추세였다. 하지만 이제는 일국양제라는 모호한 정체성의 모델 하에서 홍콩 문화의 변경성과 틈새성은 지속될 것인지? 억압될 것인지? 남하하는 중원 민족주의로 대체될 것인지? 등이 관건일 것이다. 6 · 4 추모대회와 7 · 1 전면적 직접선거 실시 요구 시위를 볼 때, 어느 쪽으로나 대답이 쉽지 않다. 그러하나 분명한 것은 문화적으로 동양과 서양의 틈새에서 타협하고 생존해 온 홍콩은 중원 중심주의가 강조될수록 변경성이나 틈새성으로 대항할 것이라는 점이다.

홍콩성과 중국성 2자의 상호 관계에 대하여 저우레이는 스피박의 말을 인용하여 "뿌리 찾기는 나무 심기보다 못하다"고 했다. 마찬가지로 스피박의 견해에 따르면 정치경제의 위장은 이데올로기 안에 있으면서 이데올로기에 의한 것이다. 그런 작동에 쓰일 수 있는 것이 바로 국민국가 이데올로기, 민족주의, 민족 해방, 종족성, 종교다.[7] 역사적으로 중국인 디아스포라는 전제적 정치체제와 자신들의 관행을 실천하며 중국성이란 개념을 자신들의 이익 보호막으로 이용해 왔던 것이 사실이다.

량빙쥔은 중국성과 홍콩성의 관계에 대해 이렇게 정의한 적이 있다. 홍콩의 신분은 다른 곳보다 훨씬 더 복잡한데, 홍콩인은 물론 중국인과 가깝다. 하지만 대륙이나 대만의 중국인과 비교한다면 이국적인 성향을 지녔다. 량빙쥔은 그것을 혼종성이라 하고 리어우판은 잡종으로 표현한다. 리어우판은 영화에 나타난 홍콩 문화의 특색은 '잡雜'성에 있으며, 그것은 중심으로부터 통제받지 않는[8] 것임을 분명히 한다. 이에 대해 예인충은 리어우판의 잡종설과 후식민 담론의 혼종성은 전혀 별개의 것이라고 비판한다. 후식민의 혼종성은 후식민자가 식민자의 문화를 수용할 때, 결코 완전하게 똑같이 수용하는 것이 아니고 변위displacement와 오독이 충만한 상태로 혼종의 문화 과정을 형성한다[9]는 것이다. 량빙쥔의 홍콩 본토주의, 저우레이의 후식민 자아 창조, 추징메이邱靜美의 '아我', '타他'를 초월한 혼성 성분, 리어우판이 지키려고 하는 중원 이외의 변경 문화는 식민주의와 후식민 상황을 너무 간단하게 처리했다고 본다. 결국 홍콩인은 자신과 타인에 대한 스스로의 왜곡을 원만하게 해석 못한다는 것이다.

2. 북진 - 남진

홍콩은 첨단 자본주의를 구가해 왔다. 그래서 홍콩은 자본주의의 상징으로 자리 매김한 지 오래다. 그런 측면에서 홍콩 경제가 중국보다 발달했음을 들어 경제문화적으로 '북진' 한다고 말한다. 홍콩이 북진 자본주의의 교두보 내지는 당당한 중심이라는 것이다. 그래서 한때 '홍콩 대만 문화 제국주의'는 후식민 담론의 주 관심사였다. 천광싱은 대만의 남진을 이렇게 비판한 적이 있다. "대만의 정치경제 문화구조가 미국과 일본이라는 수퍼 제국주의에 편승했다. 이 구조 속에 존재하는 대만 국족-국가의 욕망은 더욱 강한 자본주의 국가가 아닌 더욱 약한 국가로 향한다." 그래서 그는 대만을 '차次'제국으로 정의한다.[10]

탄궈건은 도회가 발전하고 소비주의가 대두되며 대중문화가 부상하는 과정에서 자본주의와 식민주의가 각각 다른 형식으로 홍콩인을 착취하였다고 보았다.[11] 이런 관점의 연장선상에서 본다면 홍콩 사회의 소비주의와 대중문화는 중국을 향한 '차次' 제국의 조건을 담보한다. 홍콩을 기반으로 북진하는 정치경제 발전을 쿵가오펑은 심지어 '북진 식민주의'[12]라고까지 불렀다. 이에 대해 궈사오탕郭少棠은 홍콩을 위해 이를 변명했다. 1980년대 대륙이 개혁 개방하고 세계 각국의 자본이 대륙으로 몰려들면서 새로운 반半제국주의식 경제체제가 정착되었고, 홍콩이 각국 북진의 교두보로 이용되면서 홍콩의 북진 상상과 북진 식민주의는 대륙 사회경제 거변巨變의 삽입곡이 되었다는 것이다.[13]

홍콩의 경제적 역할의 중요성에 근거하여 예인충은 저우레이의 우려를 일축한다. 그는 홍콩이 중국의 장난감이 되지 않았을뿐만 아니라, 자아 공간을 찾아서 북쪽으로 반격하는 중이라고 본다. 즉 문화적으로나 경제적으로 시시각각 '북침' 중이라는 것이다. 이 논리는 21세기 자본주의 무대에서 홍콩은 더 이상 남들이 마음대로 할 수 있는 작은 섬이 아니라는 인식에서 출발하는데, 홍콩식 경영, 홍콩 스타일, 홍콩 패션 등등이 대륙을 대공습 중이기도 하다. 예인충은 저우레이가 홍콩 내 각기 다른 집단 간의 문화 동력을 무시하여 영화, 가요 등의 문화가 북진하고 있음을 경시한다고 본다.[14] 사실 중국 정부는 홍콩을 이용할만 하다고 보며, 한편으로 홍콩의 자본은 중국을 이용하여 자기 확대를 거듭해 오고 있다. 그래서 홍콩 자본과 중국 정부 간에는 '혈맹'의 관계가 성립되어 있다고 볼 수 있다.

예인충은 량빙쥔의 '홍콩 = 변경' 담론에 대해 문제 제기를 한다. 혼종과 변경이라는 이름의 지도로 식민주의와 중원 민족주의를 반대한 량빙쥔의 구도 속에서는 판사오메이潘少梅가 시종일관 강조하는 정치경제문화 맥락[15]을 볼 수 없다는 점을 비판한 것이다. 홍콩이 국제적 그리고 지역적 자본주의 위치에 있는데, 이것이 바로 신식민 구도라는 것이다. 판사오메이는 마사오 미요시三好將夫를 인용했다. 즉 다국적 자본이 국경을 초월하여 신식민 문화를 만든다는 것이다. 그 역시 전통적 좌파 관점에 완전히 동의할 수는 없지만, 량빙쥔의 홍콩 = 변경 담론이 각종 자본, 매체, 인구, 의식형태의 착종현상을 직시할 수 없음을 말한다.[16]

스수메이史書美는 북진 상상론의 가장 근본적인 모순은 그것의 목적이 모호하다는데 있다고 했다. 북진 상상은 독특한 홍콩문화의 정체성을 인정하는 선에서 출발하는 것이고, 간접적으로 홍콩이 보유한 독특한 문화현상을 인정하는 것이다. 아울러 북진 상상의 제기가 혼종 담론이나 틈새 담론 중 자아 변경화를 바로 잡았다면, 나아가서 북진 상상을 일종의 신식민주의로 귀납하여, 자아 비판적인 의식으로 홍콩의 첨단 자본주의 문화를 보았다면 역시 그것의 공로라는 것이다.[17]

중국정부의 정치경제적 실체는 주권 회귀 이후 수렁에 빠진 홍콩 경제를 회생시키는데 큰 영향력을 발휘한 바 있다. 그것을 중국의 남진이라고 본다면, 이제 중국은 홍콩의 경제문화에 직접적으로 작용한다. 내친 김에 중국 지도자들은 실기하지 말고 기회가 있을 때마다 홍콩의 경제를 발전시켜야 한다[18]는 '진리'를 수시로 확인한다. 대륙의 관변학자들 역시 꾸준히 홍콩이 처한 정치경제적 딜레마에 대해 홍콩인의 각성을 꾸준히 촉구한다. 즉 홍콩의 당면과제는 정치적 안정과 순차적 발전, 경제 발전과 사회 안녕 그리고 홍콩과 대륙 사이 '1국가 2체제' 틀 속에서의 건설적 관계 구축인데, 이 3대 기본 가치를 손상하는 어떠한 기도나 행동도 용납될 수 없다[19]는 것이다. 하지만 경제 위주의 사유와 비정치화의 책략은 교육 수준이 비교적 낮고 연령대는 높은 하층민에게 유효하나 중산 계층에게는 흡인력이 떨어진다는 류자오자劉兆佳의 평가[20]는 주목할 만하다.

그래서 리샤오량李小良은 현재로서는 대륙이 홍콩을 식민하는지 아니면 홍콩이 대륙을 식민하는지, 정답이 없이 뒤엉켰으며 상호 착취하는 상태라고 보았다.[21] 북경을 중심으로 하는 중원 문화와 홍콩을 중심으로 하는 시장 주도의 소비문화 사이에서 상호 영향, 상호 대항하는 과정으로 보는 것이 타당할 것이다.

3. 근대 자아 - 전근대 타자

문화대혁명의 영향으로 1967년 홍콩에서 좌파 주도의 대규모 폭동이 발생한 이래 영국 식민 정부는 유사한 애국 운동의 발발을 방지하기 위해 일관된 탈중국화, 탈국족화, 본토화 정책 기조를 유지했다.[22] 이러한 시도는 전통적 개념으로 중국에 대한 탈국족화로 정의할 수 있다. 따라서 홍콩은 '조국'이 될 수 없다는 점이 유형무형으로 인식되기 시작했는데, 그것은 '홍콩은 우리 집'이라는 공익광고로 구체화되기도 했다. 장기간에 걸친 이데올로기 교육의 결과 홍콩에 거주하는 사람들에게 홍콩인은 '진보, 부유, 문명'으로, 대륙인은 '낙후, 빈궁, 반문명'[23]으로 기억되었다. 이런 관점에서 저우레이의 담론이 첫째, 식민주의가 식민지 민족의식 해체에 미친 영향을 무시했고, 둘째, 식민자가 식민문화를 식민지에 어떻게 내화했는지를 간과했으며, 셋째, 식민과 후식민시기 사회구조의 불평등을 간과했고, 넷째, 홍콩 하층민의 경우를 모두 간과했다는 예웨이렌의 의견은 설득력이 있다.

주야오웨이는 중국성에 대한 저우레이의 견해에 대해 저우레이의 홍콩 경험이 '이중 타자성'(중국이나 서방을 막론하고 홍콩 역시 그에겐 타자임이 분명하니까.)에 대한 미묘함을 더욱 절실하게 깨닫게 했다고 했다.[24] 홍콩 사회 심리와 문화 선택의 해석에 대해서, 저우레이와 저우레이를 비판하는 사람들에게는 의식형태 편향이라는 공통점이 있다. 다만 정치적 입장만 다를 뿐이다. 저우레이의 정치적 입장은 홍콩인의 반反좌적이면서 자본주의 지향적인 심리를 반영한다. 따라서 반좌적인 저우레이를 비판하는 쪽은 신좌파라고 보아도 무방하다.

추징메이는 홍콩은 결코 자아와 타자를 절대적 대립원소로 삼지 않았다고 본다. 따라서 홍콩의 문화적 정체성은 혼종이라는 것이다. 비판하는 쪽에서는 그들이 홍콩과 중국을 도시/농촌, 선진/ 후진, 근대/전근대 등으로 2분화 또는 지나치게 도식화했다는 것이며, 자아와 타자가 상호 교섭하는 과정을 무시했다는 것이다. 그는 홍콩 문화 신분 정체성을 조국으로의 회귀가 생산한 집체적 우려로 이해한다.[25] 그래서 각 텍스트에서 이런 경향을 중점적으로 찾는다.

추징메이의 담론은 목적론teleology으로 정의되는데, 원래의 각종 차이를 근대성 목적에서 녹여 버린다. 그는 홍콩을 근대성의 전형으로 삼는다. 영화를 통해 홍콩 생활에 여러 가지 불만을 묘사하는데도, 여전히 홍콩의 근대화라는 시각으로 타자 중국을 전근대로 이해한다. 이에 대해 예인충은 전근대의 집이 바로 근대화 홍콩의 뿌리인 바 일맥상통하는 것이며, 동시에 근대적 자아와 전근대적 타자 간의 관계라고 정의한다. 간단한 2원 대립의 구조가 아니라 복잡한 권력관계를 내포하는데, 중국과 홍콩 그리고 농촌과 도시는 소실된 것이 아니라 근대라는 축선 상을 관통한다고 본다.

4. 재再국족화 - 국제화 - 본토화

주권 회귀 10년차를 기록하고 있는 홍콩은 1997년이라는 시기를 중심으로 역사적으로 큰 변화가 발생한 듯하다. 하지만 영국 대신에 중국이라는 새로운 빅브라더big brother의 등장 외에 뚜렷한 변화는 없다고 할 수 있다. 다만 새로운 지배자가 홍콩의 신분적 정체성의 주류라고 할 수 있는 중국이기에, 또 홍콩에 대한 지배권의 확보과정이 중국으로 대표되는 '중화인민공화국'적 국족 신분의 회복과정이라는 점에서 다소 복잡한 의미를 지닌다는 것 외에는 말이다. 주권 이양과 더불어 매우 강력한 모습으로 '중국국족'은 재림하고 있다.

천타오원陳韜文과 리리펑李立峯은 1997년 주권 회귀 이후 홍콩의 전반적 상황을 '재再국족화, 국제화, 홍콩 본토화'로 정리했다.[26] 10년 동안 홍콩인들은 '우리는 누구인가?'라는 정체성 찾기에 골몰해왔다. 그동안 중국은 중국대로 홍콩인들에게 중국적 정체성 부여라는 막중한 임무에 충실했으며, 홍콩인들은 홍콩인들대로 기존의 방식에 따라 자아 정체성을 침범하는 상황에 기민하게 대응해왔다. 최근 왕경우王賡武는 홍콩이 잠을 자고 있던 식민지에서 공산주의 면전에서 영용英勇한 국제 자본주의의 상징이 되었다[27]고 했는데, 재편된 홍콩의 위상을 잘 말해 준다.

최근 중국-홍콩 관계를 보면 상호인식의 문화 기호가 애국과 민주로 편성됨을 알 수 있다. 현시점 '중국국족'의 상징이라고 할 수 있는 애국이라는 기호가 '홍콩국족'의 형성에 일정하고도 지속적인 영향을 미치는데, 그 결과는 민주라는 기호로 구체화되고 있다. 줄곧 자유는 있으나 민주는 없는 공간으로 회자되어 온 식민 공간이 중국국족이나 홍콩국족에 의해 민주의 성지처럼 인식되고 있음이 흥미롭다.

국족화는 이익공동체로 재탄생하는 것이라고 할 수 있다. 중국은 애국으로, 홍콩은 민주로 자신의 이익에 대한 확대를 도모한다는 점에서 각기 국족 신분으로서의 뚜렷한 정체성을 보여준다. 그것은 중국이 '1국가'로 분명한 정체성을 가지기에, 홍콩은 '2체제'로 더욱 큰 정체성을 소유하게 되는 논리인 것이다. 정치적인 위협이 경제적으로 치명적인 분위기를 조성할 수 있는 상황은 어디에나 잠복해 있다. 그래서 홍콩국족에 의한 '홍콩공화국'의 출범을 상상할 수도 있는 것이다.

뤄융성羅永生은 국족주의의 건립과 확장은 문화항쟁의 공간을 찬탈한다고 본다. 그리고 문화조정, 민족주의 심지어 반反자본주의나 반反식민주의의 이름으로, 서발턴의 반항과 다른 문화 공간과 반체제적인 문화계획을 대체한다는 점을 우려한다.[28] 홍콩문화는 1970년대부터 홍콩 본토화라는 특색을 체현하면서도 시종 그것의 사회적 본질 – 틈새성, 변경성, 혼종성에 맞서지는 못했다. 이것이 홍콩본토화의 가장 큰 장애겠지만, 이런 특색은 장기간 '정치가 없는' 식민지 사유가 지속되었음에도, 영국 식민자가 마음대로 조종하거나 제조할 수 없는 것이었다. 역사와 사회변화야말로 그것의 가장 중요한 동력인 것이다. 그래서 리어우판은 홍콩의 정치문화는 이미 하나의 '잡체雜體'로서, 이미 정치와 문화를 결합했다고 보았다.[29]

저우레이는 홍콩 후식민의 장래를 '이중 불가능'으로 정리했다. 홍콩은 영국 식민주의에 굴복하지 않았듯이 중국 국족주의의 재림에도 굴복하지 않을 거라는 것이다. 바야흐로 대륙의 정치 식민은 직간접적으로 홍콩을 강요하고 있다. 홍콩은 탈식민화의 열정을 통해 반反식민의 방법으로 자신의 민족적 가치를 확인한다. 최근 사회 변화가 홍콩 문화의 변경성(각종 문화의 변경, 각종 가치의 변경)과 혼종성(각 유형과 각 층차의 문화)을 심화하는데, 홍콩의 사회와 문화는 이미 후공업이나 포스트모던 단계에 진입했다. 1993년에 악바르 압바스Ackbar Abbas는 홍콩 사회가 벌써부터 식민정부 또는 식민자의 계획이나 예측을 벗어나 상대적으로 자주적인 자아 문화를 가진 사회로 발전하고 있다고 했다. 그러니까 간과해서는 안 되는 것은 식민지 홍콩이 식민자인 중국보다 각 방면에 걸쳐 선진적이라는 것이며, 갈수록 전통문화나 민족의 개념에 연연하지 않는 문화의 보편화가 확대될 것이라는 점이다. 중원 중심 문화의 변경으로서, 또 서방문화의 변경으로서 홍콩 문화의 자아 창조는 얼마나 지난한 일인가! ❀

1장 홍콩 도시 공간의 특징

1) 2006년 9월 11일자 『중앙일보』 40면, K 자동차 전면광고 참조.

2) Heinrich Klotz, 「모더니즘과 포스트모더니즘」, 이진우 엮음, 『포스트모더니즘 의 철학적 이해』(서광사, 2001년 1판 6쇄), 213쪽.

3) 『明報』, 2007年 1月 22日字 1面.

4) 1954년 독일 뮌헨 출생, 1970년 U.C. Berkeley 와 독일 Essen University에 서 수학. 2001년 『China in Transition』, 2002년 『Sitting in China』, 2005 년 『Hong Kong:Front Door/Back Door』 출간.

5) Heinrich Klotz, 「모더니즘과 포스트모더니즘」, 이진우 엮음, 『포스트모더니즘 의 철학적 이해』(서광사, 2001년 1판 6쇄), 213쪽.

6) 李歐梵, 「上海與香港:雙城記的文化意義」, 『中國現代文學與現代性十講』(復旦大學 出版社, 2002年), 114쪽.

7) Jürgen Habermas, 「모더니즘과 포스트모더니즘의 건축」, 이진우 엮음, 『포스 트모더니즘의 철학적 이해』(서광사, 2001년 1판 6쇄), 226쪽.

8) 胡恩威 主編, 『香港風格』(CUP, 2006年 9月 5版), 184쪽.

9) 胡恩威 主編, 『香港風格』(CUP, 2006年 9月 5版), 184쪽.

10) Denis Hiault 지음/김주경 옮김, 『홍콩』(시공사, 2006년 1월 초판 8쇄), 48쪽.

11) Jürgen Habermas, 「모더니즘과 포스트모더니즘의 건축」, 이진우 엮음, 『포스 트모더니즘의 철학적 이해』(서광사, 2001년 1판 6쇄), 221쪽.

12) 許寶强, 誰在扼殺社區經濟, 胡恩威 主編, 『香港風格 2-消滅香港』(進念二十面 體, 2006年 8月 2版), 75쪽.

13) Jürgen Habermas, 「모더니즘과 포스트모더니즘의 건축」, 이진우 엮음, 『포 스트모더니즘의 철학적 이해』(서광사, 2001년 1판 6쇄), 221쪽.

14) Joe L. Kincheloe 지음/성기완 옮김, 『버거의 상징-맥도날드와 문화권력』(아 침이슬, 2004년), 50쪽에서 재인용.

15) Joe L. Kincheloe 지음/성기완 옮김, 『버거의 상징-맥도날드와 문화권력』(아

침이슬, 2004년), 66쪽에서 재인용.

16) 김현, 『폭력의 구조/시칠리아의 암소』(문학과 지성사, 1999년 8월 3쇄), 236쪽.

17) 胡恩威, 「消滅小販等於消滅香港」, 胡恩威 主編, 『香港風格 2 - 消滅香港』(進念
二十面體, 2006年 8月 2版), 105쪽.

18) 李歐梵, 『都市漫遊者』(Hong Kong:Oxford University Press, 2002), 123쪽.

19) 胡恩威 主編, 『香港風格 2-消滅香港』(進念二十面體, 2006年 8月 2版), 39쪽.

20) 龍應台 編, 『思索香港』(次文化堂, 2006年 6月), 63쪽에서 재인용.

21) 李歐梵, 『明報月刊』, 2005年 1月號, 26쪽.

22) 『중앙일보』, 2006년 8월 8일자 참조.

23) 毛孟靜 等, 『文化起義』(CUP, 2004年 12月 初版), 3장 전체.

24) Jürgen Habermas, 「모더니즘과 포스트모더니즘의 건축」, 이진우 엮음, 『포스
트모더니즘의 철학적 이해』(서광사, 2001년 1판 6쇄), 229쪽.

25) 胡恩威 主編, 『香港風格2-消滅香港』(進念二十面體, 2006年 8月 2版), 55쪽.

26) 龍應台, 『龍應台的香港筆記』(天地圖書, 2007年 1月 4版), 11쪽.

27) 한편, 인근 도시인 중국의 대표적 경제특구인 深圳의 지하철은 형식, 분위기가
홍콩의 그것과 매우 흡사했다. 승강장에는 음식 금지, 흡연 금지, 쓰레기 금지,
스케이트보드 금지경고가 있다. 경고판 아래 벌금표기가 없어 홍콩과 다른 점이
라고 생각했으나 따로 큰 포스터에 벌금 2백-5백-1천RMB 등 하나하나 기록되
어 있다. 매우 특이한 점은 역사 내에서 취재하거나 사진 촬영하려면 역사 내 요
원에게 연락하라는 공지사항이다. 열차 내에는 장애인용 의자인 휠체어의 위치
가 크게 확보되어 있고, 우리의 경로 우대석에 해당하는 자리에 '필요한 사람 전
용석(如需要人士專座)' 이라고 표시되어 있는 점이 특징이다.

28) Georg Simmel, 김덕영/윤미애 옮김, 『짐멜의 모더니티읽기』(새물결, 2005년
2월 1판1쇄), 23쪽.

29) 『중앙일보』, 2007년 2월 2일자 보도 참조.

30) Georg Simmel, 김덕영/윤미애 옮김, 『짐멜의 모더니티읽기』(새물결, 2005년
2월 1판1쇄), 52쪽.

31) 권용선, 『이성은 신화다, 계몽의 변증법』(그린비, 2003년 4월 초판 2쇄), 47쪽.

32) 『중앙일보』, 2006년 9월 7일자 참조. UNFPA가 발표한 합계출산율은 2000-
    2005 합계 출산율을 바탕으로 2006년도 출산율을 추계한 수치다.

33) 胡恩威 主編, 『香港風格2-消滅香港』(進念二十面體, 2006年 8月 2版), 55쪽.

34) 李歐梵, 「都市與現代性」, 馮品佳 主編, 『通識人文十一講』(麥田出版, 2004年 9
    月), 28쪽.

2장 홍콩문학의 정체성

1) 魯迅, 「再談香港」, 『而已集』, 『魯迅全集』 卷3(人民文學出版社, 1991年 5次 印刷),
   541쪽.

2) 최근 중국의 베이징 사회과학연구소와 홍콩의 중문대학이 공동으로 조사한 자료
   에서 중국 및 타이완의 200대 도시 중 홍콩은 너무 협소한 아파트와 도심 공해
   때문에 중국인들이 사는 도시 중 주거환경 부문에서 타이베이와 심천보다 순위
   가 뒤로 밀렸다. * 중국 도시 주거환경 순위 1. 타이베이 2. 심천 3. 가오슝 4.
   홍콩(수요저널 2006년 4월 12일자) - 물론 표면적으로 200대 도시에서 4위를
   기록한 것은 훌륭한 결과라고 볼 수 있지만, 타이베이나 심천의 후순위로 밀린
   이유인 너무 협소한 아파트와 도심의 공해는 주목할 만하다. 특히 중국개혁개방
   의 상징공간인 심천의 후순위는 그 상징성이 크다고 할 것이다.

3) 黃子平, 『香港文學評論精選-害怕寫作』(天地圖書, 2005), 10쪽.

4) 黃維樑, 『香港文學初探』(香港:華漢, 1988年 2版), 16쪽.

5) 劉登翰 主編, 『香港文學史』(香港作家出版社, 1997), 41쪽.

6) 劉登翰 主編, 『香港文學史』(香港作家出版社, 1997), 41쪽.

7) 袁良駿, 『香港小說史』(海天出版社, 1999), 37-41쪽.

8) 홍콩문학이라는 어휘에 대한 등장 역사와 홍콩의식이 맞물리는 과정은 陳國球,

『文學史書寫形態與文化政治』(北京大學出版社, 2004), 262-3쪽을 참고하기 바람.

9) 蘇耀昌, 「香港人身分的形成與轉變」, 喬健 等 主編, 『文化/族群與社會的反思』(北京大學出版社, 2005), 136-143쪽.

10) 劉登翰 主編, 『香港文學史』(香港作家出版社, 1997), 164쪽에서 재인용.

11) 黃康顯, 『香港文學的發展與評價』(香港秋海棠文化企業, 1996), 12-15쪽.

12) 劉登翰 主編, 『香港文學史』(香港作家出版社, 1997), 164쪽에서 재인용.

13) 黃維樑, 『香港文學初探』(香港:華漢, 1988年 2版), 2쪽.

14) 劉以鬯, 「五十年代初期的香港文學」, 犁靑 等 主編, 『管見－香港作家聯會會員文學評論集』(香港:明報出版社, 2004), 249쪽.

15) 小思, 『新晚報』, 1980年 10月 21日, 13쪽, 劉以鬯, 「五十年代初期的香港文學」, 犁靑 等 主編, 『管見－香港作家聯會會員文學評論集』(香港:明報出版社, 2004), 249쪽에서 재인용.

16) 絪人, 「難解的結」, 『新宇』 第17期(1981. 05), 22쪽, 劉以鬯, 「五十年代初期的香港文學」, 犁靑 等 主編, 『管見 － 香港作家聯會會員文學評論集』(香港:明報出版社, 2004), 249쪽에서 재인용.

17) 黃繼持, 「文藝・政治・歷史與香港」, 『八方』 第7輯, 76쪽, 方忠, 「香港當代文學的格國與走向」, 黃維樑 主編, 『活潑紛繁的香港文學－－一九九九年香港文學國際硏討會論文集』(上)(中文大學出版社, 2000), 47쪽.

18) 1980년, 홍콩대만문학연구회(港台文學硏究會) 廣東省 廣州에서 창립. 1982년 6월, 제1차 홍콩대만문학학술세미나 廣東省 廣州에서 개최. 1986년 7월, 중국문학의 대동大同세계학술대회 서독에서 개최. 1986년 12월, 대만홍콩 및 해외화문문학학술토론회 廣東省 深圳에서 개최. 1988년 12월, 홍콩문학국제세미나 홍콩중문대학에서 개최.

19) 陳國球는 1980년대 홍콩문학에 대한 주요논문으로 劉以鬯의 「香港的文學活動」(1981. 03), 黃維樑의 「生氣勃勃:一九八二年的香港文學」(1983. 01), 黃繼持의 「從香港文學槪況談五六十年代的短篇小說」(1983. 03), 黃維樑의 「香港文學硏究」(1983. 08), 盧瑋鑾의 「香港早期新文學發展初探」(1984. 01), 劉以鬯의 「五十年代初期的香港文學」(1985. 04), 黃康顯의 「從文學期刊看戰前的香港文學」(1986,

01), 楊國雄의「關於香港文學史料」(1986, 01), 劉以鬯의「香港文學的進展槪況」
(1986, 12), 黃繼持의「能否爲香港文學修史」(1987, 05), 盧瑋鑾의「香港文畢研
究的幾個問題」(1988, 10), 梁秉鈞의「都市文化與香港文學」(1989, 05)을 들고 있
다. 陳國球, 「文學史書寫形態與文化政治」(北京大學出版社, 2004), 264쪽.

20) 施建偉, 「香港文學的中國性/世界性和香港性」, 黃維樑 主編, 『活潑紛繁的香港文
學--一九九九年香港文學國際硏討會論文集』(上)(中文大學出版社, 2000), 26쪽.

21) 1980년 9월, 홍콩 30년 좌담회가 新晚報 주최로 개최, 홍콩문학에 대한 관심제
기. 1983년 5월, 홍콩 시정국 도서관이 홍콩문학을 주제로 하는「中文文學週」강
연회 개최. 1985년 4월, 홍콩 중서구 문화예술협회와 홍콩대학이 공동으로「홍
콩문학강좌」개최. 1985년 4월, 홍콩대학 아시아연구센터(亞洲硏究中心)가「홍
콩문학세미나」개최. 1985년, 월간『香港文學』창간. 1985년 11월, 홍콩침회(浸
會)문학사단이「97과 홍콩문학」강좌 개최. 1988년 12월,「홍콩문학국제세미나」
홍콩중문대학에서 개최.

22) 關錦鵬 감독, 梅艶芳/張國榮 주연(1989-홍콩영화상 최우수영화상 수상).

23) 顔純鉤, 『關於一場與晚飯同時進行的電視直播足球比賽, 以及這比賽引起的一場不
很可笑的爭吵, 以及這爭吵的可笑結局』, 趙稀方, 『小說香港』(北京:三聯書店,
2003), 136쪽에서 재인용.

24) 黎海華, 「城市節奏與香港散文」, 陳炳良 編, 『香港文學探賞』(香港:三聯書店,
1991), 113쪽에서 재인용.

25) 黎海華, 「城市節奏與香港散文」, 陳炳良 編, 『香港文學探賞』(香港:三聯書店,
1991), 115-6쪽에서 재인용.

26) 袁良駿, 「關於香港小說的都市性與鄕土性」, 黃維樑 主編, 『活潑紛繁的香港文學-
1999年香港文學國際硏討會論文集』(上)(中文大學出版社, 2000), 409쪽에서 재
인용.

27) 許子東, 「略論近年的香港短篇小說」, 黃維樑 主編, 『活潑紛繁的香港文學--一九九
九年香港文學國際硏討會論文集』(上)(中文大學出版社, 2000), 474쪽에서 재인
용.

28) 黎海華, 「城市節奏與香港散文」, 陳炳良 編, 『香港文學探賞』(香港:三聯書店,

1991), 92쪽에서 재인용.

29) 黎海華, 「城市節奏與香港散文」, 陳炳良 編, 『香港文學探賞』(香港:三聯書店, 1991), 92쪽에서 재인용.

30) 黎海華, 「城市節奏與香港散文」, 陳炳良 編, 『香港文學探賞』(香港:三聯書店, 1991), 93쪽에서 재인용.

31) 黎海華, 「城市節奏與香港散文」, 陳炳良 編, 『香港文學探賞』(香港:三聯書店, 1991), 93쪽에서 재인용.

32) 蔡益懷, 『想象香港的方法-香港小說(1945-2000)論集』(中國社會科學出版社, 2005), 31쪽.

33) 蔡益懷, 『想象香港的方法-香港小說(1945-2000)論集』(中國社會科學出版社, 2005), 33쪽.

34) 黎海華, 「城市節奏與香港散文」, 陳炳良 編, 『香港文學探賞』(香港:三聯書店, 1991), 95쪽에서 재인용.

35) 黎海華, 「城市節奏與香港散文」, 陳炳良 編, 『香港文學探賞』(香港:三聯書店, 1991), 101쪽에서 재인용.

36) 袁良駿, 「關於香港小說的都市性與鄉土性」, 黃維樑 主編, 『活潑紛繁的香港文學-1999年香港文學國際研討會論文集』(上)(中文大學出版社, 2000), 406쪽.

37) 趙稀方, 『小說香港』(北京:三聯書店, 2003), 191쪽.

38) 趙稀方, 『小說香港』(北京:三聯書店, 2003), 191쪽.

39) 趙稀方, 『小說香港』(北京:三聯書店, 2003), 217쪽.

40) 方忠, 「香港當代文學的格國與走向」, 黃維樑 主編, 『活潑紛繁的香港文學--一九九九年香港文學國際研討會論文集』(上)(中文大學出版社, 2000), 50쪽.

41) 劉登翰 主編, 『香港文學史』(香港作家出版社, 1997), 209쪽.

42) 劉以鬯, 『酒徒』, 趙稀方, 『小說香港』(北京:三聯書店, 2003), 191쪽에서 재인용.

43) 陳國球, 『文學史書寫形態與文化政治』(北京大學出版社, 2004), 281쪽에서 재인용.

44) 張美君, 「雅與俗 引言」, 張美君/朱耀偉 編, 『香港文學文化研究』(Hong Kong: Oxford University Press, 2002), 427쪽에서 재인용.

45) 羅孚, 「回顧本世紀香港文學二三事」, 吳羊璧 等, 『第3屆香港文學節 研討會講稿彙

編」(市政局公共圖書館, 1999), 82쪽.

46) 蔡益懷, 『想象香港的方法-香港小說(1945-2000)論集』(中國社會科學出版社, 2005), 197쪽.

47) 黃繼持, 「香港小說的蹤跡」, 黃繼持 等 『追跡香港文學』(Hong Kong:Oxford University Press, 1998), 22쪽.

48) 黃維樑, 『香港文學初探』(香港:華漢, 1988年 2版), 2쪽.

49) 許子東, 「香港的純文學與流行文學」, 張美君/朱耀偉 編, 『香港文學文化研究』(Hong Kong:Oxford University Press, 2002), 437쪽.

50) 黃維樑, 『香港文學初探』(香港 : 華漢, 1988年 2版), 3-12쪽.

51) 鄭樹森, 「大衆文學 敍事 文類-武俠小說札記三則」, 鄭樹森, 『從現代到當代』(三民書局, 民83), 119쪽.

52) 蔡益懷, 『想象香港的方法-香港小說(1945-2000)論集』(中國社會科學出版社, 2005), 199-201쪽.

53) 趙稀方, 『小說香港』(北京:三聯書店, 2003), 189쪽.

54) 趙稀方, 『小說香港』(北京:三聯書店, 2003), 189쪽.

55) 중화인민공화국 홍콩특별행정구 기본법 제1장 총칙 제5조에 "홍콩특별행정구는 사회주의 제도와 정책을 시행하지 않고, 원래의 자본주의 제도와 생활방식을 유지하는바, 50년 동안 불변이다"라고 명문화되어 있다.

56) 홍콩 선관위는 2005년 6월 15일 행정장관 후보 등록을 마쳤는데, 예상대로 쩡인취안은 각계 대표로 구성된 800명의 선거인단 중 708명의 추천을 받았다. 반면 야당 지도자 리융다는 후보자 등록 요건(추천자 100명 이상)에 훨씬 못 미치는 51명을 확보하는 데 그쳤다. 그는 "사람이 아니라 제도에 패배했다"며 탄식했다. 이런 공방전이 벌어져도 홍콩인들은 "경제가 잘돼야 한다"며 정치 무관심 증세를 드러낸다. "시끄러운 선거가 빨리 끝나 다행"이라는 젊은 층마저 있었다. (『중앙일보』, 2005년 06월 17일, 제16면 참조)

3장 중국과 홍콩

1) Gayatri Spivak 지음/태혜숙 옮김, 『다른 세상에서』(도서출판 여이연, 2004년 재판), 194쪽.

2) 국족에 해당하는 영어단어는 nation이다. 네이버 영어사전에 의하면 nation은 1. (한 정부 아래 공통의 문화, 언어 등을 가진) 국민 (people) 2. (국민으로 이루어진) 국가 (country) 3. 민족, 종족 4. 부족 그리고 방언의 의미까지 지니고 있다. 본문에서는 대체로 이 모두를 포괄하는 입장에 동조하면서 특히 자기 이익을 지향하는 국민공동체라는 의미로 사용하고자 한다. 민족과 nation이라는 용어에 대한 역사적 함의는 方維規의 논문 「論近代思想史的'民族', 'Nation' 與 '中國'」(『二十一世紀』網絡版, 2002年 6月號 總第3冊)을 참고하기 바람.

3) 周佩霞/馬傑偉, 『愛國 政治審査』(次文化堂, 2005), 13쪽.

4) 周佩霞/馬傑偉, 『愛國 政治審査』(次文化堂, 2005), 21쪽.

5) 고부응, 『초민족시대의 민족정체성』(문학과지성사, 2002), 45쪽.

6) 馬傑偉, 「市井國族主義:重劃大陸與香港的文化版圖」, 吳俊雄/馬傑偉/呂大樂 編, 『香港/文化/硏究』(香港大學出版社, 2006), 264쪽에서 재인용.

7) 明報編輯部, 「溫家寶希望香港抓住機遇發展經濟」, 『愛國論爭』(明報出版社, 2004), 116쪽.

8) 중국인민대학교 국제관계대학 미국연구센터 소장 時殷弘 교수, 2003년 7월 15일자, 『大公報』 참조.

9) 1984년 6월 鄧小平은 홍콩의 경제계 대표단을 접견하면서 반드시 애국자가 홍콩을 통치해야 한다고 했다. 鄧小平은 애국자에 대한 정의를 자기 민족을 존중하고, 조국이 홍콩에 대한 주권을 회복하는 것을 성심성의껏 옹호해야 하며, 홍콩의 번영과 안정에 해를 끼치지 않는 자라고 한 바 있다.

10) 明報編輯部, 「中央:港人治港以愛國者爲主體」, 『愛國論爭』(明報出版社, 2004), 64쪽.

11) 劉曉波, 『單刀毒劍 – 中國民族主義批判』(博大出版社, 2006), 281-282쪽.

12) 劉曉波, 『單刃毒劍 - 中國民族主義批判』(博大出版社, 2006), 282쪽.

13) 金慶國 等, 「大中華論과 當代 중국민족주의 분석」, 『中國學論叢』(韓國中國文化 學會, 2006年 6月), 183쪽.

14) 金慶國 等, 「大中華論과 當代 중국민족주의 분석」, 『中國學論叢』(韓國中國文化 學會, 2006年 6月), 183쪽.

15) 周佩霞/馬傑偉, 『愛國 政治審查』(次文化堂, 2005), 117-119쪽.

16) 周佩霞/馬傑偉, 『愛國 政治審查』(次文化堂, 2005), 117-119쪽.

17) 2002년 8월 어느 날 필자가 중국에서 경험했던 일이다. 방송국의 텔레비전 프로그램에 대학생들이 나와서 토론을 하고 있었다. 天津에 있는 중국의 명문대학 南開大學 학생들이 대학생의 의무인 3주간의 군사훈련을 끝내고 평가회의를 하고 있었다. 그들은 이구동성으로 군사훈련의 중요성에 대해 수차 강조하고 있었고, 훈련소 내 조교들이 보여준 자신들에 대한 헌신적인 노력에 대한 감사로 침이 마르고 있었다. 몇 명이 훈련소 내에서 있었던 감동적인 장면을 회상하자 중대장도 소대장도 대학생도 모두 눈시울이 붉어졌다. 교관 역시 빠질세라 대학생들의 진지한 훈련 태도를 칭찬하면서, 3주간의 군사훈련 역시 수업의 일부임을 누누이 역설하고 있었다. 모두의 감정이 무제한 증폭되고 있었는데, 광신도의 광신적 언행만이 진리라고 인정받는 사이비 종교 집회의 바로 그것이었다. 출석한 교수 또한 질세라 국방의식이 가장 중요하다고. 국방의식이 있어야 봉사할 수 있다고 했다. 학생들도 총을 들면서 자신감이 생겼고, 조국이 필요로 한다면 언제든지 총을 잡겠다고 화답했다. 출연진 전원이 군가를 부르면서 광적인 집회는 간신히 마무리되었다. 하지만 프로그램시작과 더불어 시작된 나의 섬뜩함은 사라질 줄 몰랐다. 집체 정신이 여전히 지배하는 곳이라는 것과 생각의 일치를 적극적으로 요구하는 행태가 지속되는 곳이라는 생각을 떨쳐 버릴 수가 없었다. 다시 채널을 다른 곳으로 돌렸는데, 고등학생 군사지식 대회가 방영되고 있었다. 교생들의 발언 역시 애국, 애국, 애국의 연속이었다. 애국에 관해서 표현 가능한 모든 모범 답안이 계속 나오고 있었다. 국방의식이 있어야 봉사할 수 있다면서, 총을 들면서 비로소 책임감이 생긴다는 말까지 발전하고 있었다. 모두가 격한 감정에 대한 자제를 못하고 있었다. 어차피 차분한 감정으로는 얘기가 안되는 주제인지도 모른다. 아무튼 그 당시 필자의 충격은 매우 컸다.

18) 周佩霞/馬傑偉, 『愛國 政治審査』(次文化堂, 2005), 19쪽.

19) Denis Hiault 지음/김주경 옮김, 『홍콩』(시공사, 2006년 1월 초판 8쇄), 79쪽.

20) Denis Hiault 지음/김주경 옮김, 『홍콩』(시공사, 2006년 1월 초판 8쇄), 79-80쪽.

21) 2005년 6월 程翔 사건 - 싱가포르 『海峽時報』의 주 중국특파원으로 대만에 중국 정보 제공 혐의로 중국 공안에 체포된 바 있다. 그 전에는 중립지 『明報』 북경 특파원 席羊을 '국가 기밀 누설'이라는 죄목으로 12년간 징역형에 처했다.

22) 『중앙일보』, 2006년 5월 26일자에서 재인용.

23) (楊聰榮, 1992), 王家英, 「土語政策與族群認同」, 王家英 編著, 『過渡期香港民意與政治』(田園書屋, 1997), 89쪽에서 재인용.

24) 吾英, 「普通話在香港的變遷」, 編輯委員會, 『選擇香港 選擇自己』(香港商報出版社, 2004), 182쪽.

25) 吾英, 「普通話在香港的變遷」, 編輯委員會, 『選擇香港 選擇自己』(香港商報出版社, 2004), 183쪽.

26) 吾英, 「普通話在香港的變遷」, 編輯委員會, 『選擇香港 選擇自己』(香港商報出版社, 2004), 183쪽.

27) Denis Hiault 지음/김주경 옮김, 『홍콩』(시공사, 2006년 1월 초판 8쇄), 67쪽.

28) Denis Hiault 지음/김주경 옮김, 『홍콩』(시공사, 2006년 1월 초판 8쇄), 53쪽.

29) 王家英, 「土語政策與族群認同 : 香港市民的普通話能力/族群意識及相關態度初探」, 王家英 編著, 『過渡期香港民意與政治』(田園書屋, 1997), 85쪽.

30) 고부응, 『탈식민주의 이론과 쟁점』(문학과지성사, 2003), 66쪽.

31) 패튼 총독의 민주화 방안 요지 - 선거권자 연령인하(21세 → 18세), 직접선거구제 변경(2석 2표제 → 1석 1표제), 직능 단체 선거방법 변경(현행 21개 이외에 9개 직능대표 선거구를 신설, 직능단체 재직 전종업원 270만 명에게 선거권 부여), 선거위원회 선거방법 변경(선거위원회 구성원 전원을 주민직접선거로 선출하는 구의회 의원으로 구성), 독립적인 선거구 분할/선거위원회 설치 등.

32) 고부응, 『초민족시대의 민족정체성』(문학과지성사, 2002), 16쪽.

33) 「江澤民不信港人自發爭民主」, 『蘋果日報』, 2006年 8月 16日字 참조.

34) 明報編輯部, 「周南: '還政於民' 一貫是英國 '以華制華' 的手段」, 『愛國論爭』(明報出版社, 2004年), 47-58쪽.

35) 영국의 허느(Hurd) 외상(1992. 10. 11) 과 메이저 수상(1992. 11. 15) 등 영국 정부 고위층은 패튼 총독의 민주화 방안에 대한 강력한 지지를 표명하였다. 패튼 총독은 자신의 개혁안에 대해 미국, 일본, 캐나다, EC 등 강대국의 지지 (1992년 11월에 캐나다가, 1993년 3월에 미국이 공식적인 지지를 표명)를 요청함으로써 중국 측의 격분을 야기했다. 이에 대해 중국 측은 사전에 충분한 협의 없이 일방적으로 발표한데 대해 패튼 총독을 맹렬히 비난하는 동시에 사전 동의 없는 국제적 협정이나 계약 및 국내조치는 1997년 주권 반환이후 파기하겠다는 극단적인 선언으로 대응했다.

36) 고부응, 『초민족시대의 민족정체성』(문학과지성사, 2002), 28쪽.

37) 홍콩의 해외 이민 추세는 1987년 3만 명, 1988년 4만5천명, 1989년 4만2천명, 1990년 6만2천명, 1991년 5만8천명, 1992년 6만6천명을 기록했다.(1997년 중국반환에 따른 홍콩 장래문제의 현황과 전망 - 97협의회 회의 결과, 주홍콩총영사관/한국무역협회 홍콩지부, 1993. 04 참조) 1984년부터 1994년까지 10년 동안 60만 명이 홍콩을 '탈출' 했고, 100만 명의 주민들이 떠날 수 있는 방법 찾기에 골몰했다. (Denis Hiault 지음/김주경 옮김, 『홍콩』, 시공사, 2006년 1월 초판 8쇄, 70쪽 참조)

38) Thomas B. Macaulay, 「식민지 교육에 대한 보고서(1835)」, 고부응, 『초민족시대의 민족정체성』(문학과지성사, 2002), 51쪽에서 재인용.

39) 陳智遠/黃培烽 編, 『咖啡 沙龍 文化 香港 人』(香港聯合書刊物流有限公司, 2006年 4月), 62쪽.

40) 陳智遠, 『思索香港』(明報出版社, 2004年 7月), 부록참조.

41) 司徒華, 「愛國愛民主非對立」, 明報編輯部 主編, 『愛國論爭』(明報出版社, 2004), 176쪽.

42) 陳智遠, 『思索香港』(明報出版社, 2004年 7月), 부록참조.

43) 王家英, 「土語政策與族群認同:香港市民的普通話能力/族群意識及相關態度初探」, 王家英 編著, 『過渡期香港民意與政治』(田園書屋, 1997), 85쪽.

44) 陳智遠, 『思索香港』(明報出版社, 2004年 7月), 부록참조.

45) 『중앙일보』, 2005년 12월 22일자 참조.

46) 『중앙일보』, 2005년 12월 5일자에서 재인용.

47) 『중앙일보』, 2006년 6월 6일자 참조.

48) Dinesh Chandra Sen, 「History of Bengali Language and Literature(Calcutta, 1911)」, Gayatri Spivak 지음/태혜숙 옮김, 『다른 세상에서』, (도서출판 여이연, 2004년 재판), 366쪽에서 재인용.

49) 王家英, 「土語政策與族群認同:香港市民的普通話能力/族群意識及相關態度初探」, 王家英 編著, 『過渡期香港民意與政治』(田園書屋, 1997), 79쪽.

50) 李敬忠, 「粤語是漢語族群中的獨立言語」, 『第二屆國際粤方言研討會討論集』(暨南大學出版社, 1990), 28-29쪽, 이해우, 「홍콩의 언어현상과 전망」, 『중국어문학논집』 7호(1995년 6월), 537쪽에서 재인용.

51) (Bloomfield, 1993), 이해우, 「홍콩의 언어현상과 전망」, 『중국어문학논집』 7호 (1995년 6월), 536쪽에서 재인용.

52) (Hobshawm, 1990;Smith, 1991), 王家英, 「土語政策與族群認同 : 香港市民的普通話能力/族群意識及相關態度初探」, 王家英 編著, 『過渡期香港民意與政治』 (田園書屋, 1997), 88쪽에서 재인용.

53) 王家英, 「土語政策與族群認同:香港市民的普通話能力/族群意識及相關態度初探」, 王家英 編著, 『過渡期香港民意與政治』(田園書屋, 1997), 80쪽.

54) 王家英, 「土語政策與族群認同:香港市民的普通話能力/族群意識及相關態度初探」, 王家英 編著, 『過渡期香港民意與政治』(田園書屋, 1997), 81쪽.

55) 馬傑偉, 「市井國族主義:重劃大陸與香港的文化版圖」, 吳俊雄/馬傑偉/呂大樂 編, 『香港/文化/研究』(香港大學出版社, 2006), 280쪽에서 재인용.

56) 戴萍, 「上世紀七十年代出生的港人訪談錄」, 『明報月刊』2005年 7月號, 87쪽.

57) 王宏志/李小良/陳清僑, 『否想香港』(麥田出版, 1998年 初版 2刷), 241쪽.

58) 王家英, 「土語政策與族群認同」, 王家英 編著, 『過渡期香港民意與政治』(田園書屋, 1997), 78쪽.

59) Stephen Morton 지음/이운경 옮김, 『스피박 넘기』(엘피, 2003), 225쪽.

60) 陳智遠/黃培烽 編, 『咖啡 沙龍 文化 香港 人』(香港聯合書刊物流有限公司, 2006年 4月), 25쪽에서 재인용.

4장 홍콩문학와 문학의 주체성

1) 陸離, 牟宗三敎授訪問記「從生命的角度看古往今來的靑少年問題」, 1970年 7月 24日 第940期, 小思 編, 『舊路行人-中國學生周報文輯』(香港:次文化有限公司, 2000年 再版), 252쪽.

2) 盧瑋鑾, 「香港文學硏究的幾個問題」, 黃繼持 等 『追跡香港文學』(Hong Kong:Oxford University Press, 1998), 59쪽.

3) 許子東 編, 『香港短篇小說選 1998-1999』(香港:三聯書店, 2001年), 1,6,10,11쪽.

4) 盧瑋鑾, 「香港故事」, 潘毅/余麗文 編, 『書寫城市-香港的身分與文化』(Hong Kong:Oxford University Press, 2003), 500쪽.

5) 鄭培凱, 「序」, 鄭培凱/馬家輝 編著, 『文化超現代』(香港:商務印書館, 2000), 4-5쪽.

6) 周蕾, 「殖民者與殖民者之間-九十年代香港的後殖民自創」, 『今天』 28(1995), 185-206쪽, 葉蔭聰, 「邊緣與混雜的幽靈-談文化評論中的香港身分」, 陳淸僑 編, 『文化想像與意識形態』(Hong Kong:Oxford University Press, 1997) 43쪽에서 재인용.

7) 鄭濡蕙, 「走向現代-記「二十世紀中外文化與現代化」講座」, 『明報月刊』, 2004年 4月號, 79쪽.

8) 葉維廉, 『解讀現代·後現代生活空間與文化空間的思索』(臺北:東大, 1992) 149-50쪽. 林凌瀚, 「文化工業與文化認同」, 陳淸僑 編 『文化想像與意識形態』(Hong Kong:Oxford University Press, 1997), 229쪽에서 재인용.

9) 鄭培凱, 「序」, 상동, 5쪽.

10) 葉蔭聰, 「邊緣與混雜的幽靈 – 談文化評論中的香港身分」, 陳淸僑 編 『文化想像與

意識形態』(Hong Kong:Oxford University Press, 1997), 31쪽.

11)『明報』, 2004년 7월 4일, 「周日話題」

12)『明報』, 2004년 7월 4일, 「周日話題」

13)『明報』, 2004년 7월 5일.

14) 白廣基, 「詩人李天命掀引衆生思潮」, 李天命, 『從思考到思考之上』第13版(香港: 明報出版社, 2002年 初版), 277쪽.

15) 白廣基, 「詩人李天命掀引衆生思潮」, 李天命, 『從思考到思考之上』第13版(香港: 明報出版社, 2002年 初版), 277쪽.

16) 白廣基, 「詩人李天命掀引衆生思潮」, 李天命, 『從思考到思考之上』第13版(香港: 明報出版社, 2002年 初版), 278쪽.

17) 黃熹, 「與李天命論盡人生」, 李天命, 『從思考到思考之上』第13版(香港:明報出版 社, 2002年 初版), 25쪽.

18) 黃熹, 「與李天命論盡人生」, 李天命, 『從思考到思考之上』第13版(香港:明報出版 社, 2002年 初版), 27쪽.

19) 李天命, 『破惘』(明報出版社, 1996年 6版), 155쪽.

20) 羅孚, 「香港文學和武俠小說」, 『香港文學』2003年 1月號, 陶然 主編, 『香港文學 文論選』(香港文學出版社, 2003), 255쪽.

21) 黎海華, 「城市節奏與香港散文」, 陳炳良 編, 『香港文學探賞』(香港:三聯書店, 1991), 90쪽.

22) 也斯, 「都市文化·香港文學·文化評論」, 潘毅/余麗文 編, 『書寫城市-香港的身 分與文化』(Hong Kong:Oxford University Press, 2003), 525쪽.

23) 黃維樑, 「重鎭/財富/奇觀-香港專欄雜文的評價」, 犁靑/舒非/漢聞 主編, 『管見 -香港作家聯會會員文學評論集』(明報出版社, 2004), 176쪽.

24) 羅孚, 「香港文學和武俠小說」, 『香港文學』2003年 1月號, 陶然 主編, 『香港文學 文論選』(香港文學出版社, 2003) 256쪽.

25) 周蕾, 「殖民者與殖民者之間 – 九十年代香港的後殖民自創」, 陳淸僑 編, 『文化想 像與意識形態』(Hong Kong:Oxford University Press, 1997) 45쪽에서 재 인용.

26) 也斯,「都市文化・香港文學・文化評論」, 潘毅 余麗文 編, 『書寫城市-香港的身分與文化』, 520쪽.

5장 둥챠오董橋와 디아스포라 홍콩인

1) 李天命, 『殺悶思惟』(明報出版社, 2006年 7月 初版), 33쪽.

2) 한편, 충북 보은군의 경우 지난해 결혼을 신고한 205건 중 82건(40%)이 국제결혼이었다. 이어 전남 함평군(37.6%), 전북 임실군(37.5%), 전북 진안군(37.4%), 충북 단양군(37.3%)이 뒤를 이었다. 전반적으로 농촌 지역에서 높은 비율을 보이고 있지만, 서울(18.2%), 경기(10.4%), 부산(9.9%), 인천(13.4%) 등의 대도시권도 비교적 높은 비율을 나타내고 있다. (『중앙일보』, 2006년 4월 3일자 참조)

3) 『중앙일보』, 2006년 4월 4일자 참조.

4) 陳光興/백지운 외 옮김, 『제국의 눈』(창비, 2003), 153쪽에서 재인용.

5) Amin Maalouf/박창호 옮김, 『사람잡는 정체성』(이론과 실천, 2006), 56쪽.

6) 장정아, 「'홍콩인' 정체성의 정치: 반환 후 본토자녀의 거류권 분쟁을 중심으로」, 2003년 2월, 서울대학교 대학원 인류학과 인류학전공 박사논문, 1쪽.

7) 이렇게 많은 董橋의 창작품에 비해서 董橋에 대한 연구는 거의 전무한 실정이라고 해도 과언이 아니다. 아마도 홍콩에서조차 홍콩문학에 대한 인식을 확보하기 시작한 시간이 그리 길지 않았던 탓으로 보인다. 劉登翰이 편집한 최초의 홍콩문학사인 『香港文學史』(홍콩작가출판사, 1997)에는 3쪽 정도로 董橋를 소개하는 정도로 그치고 있는데, 저간의 대다수 홍콩문학 관련 성과물이 대동소이한 편이다. 1989년 4월 『讀書』에 羅孚가 柳蘇라는 필명으로 발표한 문장 「你一定要看董橋」가 董橋의 가치를 가장 높게 평가한 것으로 볼 수 있다. 최근 尉天驕가 저서 『台港文學名家名作鑑賞』(북경대학출판사, 2003)에서 董橋에 대해 6쪽에 걸쳐

비교적 소상하게 다루고 있다. 하지만 대부분이 董橋 산문의 기교적 특징이나 문체 분석에만 연구초점을 고정시켜두고 있다.

8) 羅孚의 적극적인 소개로 董橋는 홍콩의 대표 브랜드 문학상품으로 대륙에서 큰 호응을 받아 한 때 "董橋熱"을 형성하기도 했다.

9) 羅孚, 「你一定要看董橋」, 陳國球, 『文學史書寫形態與文化政治』(北京大學出版社, 2004年), 270쪽에서 재인용.

10) 劉紹銘, 「舊情解構-董橋自選集 導言」, 尉天驄, 『台港文學名家名作鑑賞』(北京大學出版社, 2003年), 250쪽.

11) 陳子善 編, 『董橋文錄』附錄-訪董橋談散文寫作, 『董橋文錄』(四川文藝出版社, 1996年), 679쪽.

12) 董橋, 「在玻璃窗前想起的」, 『雙城雜筆』, 陳子善 編, 『董橋文錄』(四川文藝出版社, 1996年), 42쪽.

13) 董橋, 「尋根」, 『這一代的事』, 陳子善 編, 『董橋文錄』(四川文藝出版社, 1996年), 301쪽.

14) 饒芃子, 『世界華文文學的新視野』(中國社會科學出版社, 2005), 39쪽에서 재인용.

15) 董橋, 「所謂鄉愁」, 『雙城雜筆』, 陳子善 編, 『董橋文錄』(四川文藝出版社, 1996年), 23쪽.

16) 이의 배경에 대하여 『중국어문논역총간』 17집에 발표한 졸고 「炎黃자손의 디아스포라로 읽는 해외 중국인의 경향성」을 참고하기 바람.

17) 董橋, 「住上十年八年」, 『雙城雜筆』, 陳子善 編, 『董橋文錄』(四川文藝出版社, 1996年), 17쪽.

18) 董橋, 「住上十年八年」, 『雙城雜筆』, 陳子善 編, 『董橋文錄』(四川文藝出版社, 1996年), 17쪽.

19) 董橋, 「住上十年八年」, 『雙城雜筆』, 陳子善 編, 『董橋文錄』(四川文藝出版社, 1996年), 18쪽.

20) 董橋, 「在玻璃窗前想起的」, 『雙城雜筆』, 陳子善 編, 『董橋文錄』(四川文藝出版社, 1996年), 41쪽.

21) 董橋, 「雨聲并不詩意」, 『另外一種心情』, 陳子善 編, 『董橋文錄』(四川文藝出版社,

1996年), 227쪽.

22) 董橋, 「"唔 ,,,,,, "我說」, 『雙城雜筆』, 陳子善 編, 『董橋文錄』(四川文藝出版社, 1996年), 50-51쪽.

23) 董橋, 「歸鴻」, 『雙城雜筆』, 陳子善 編, 『董橋文錄』(四川文藝出版社, 1996年), 29쪽.

24) 董橋, 「龍, 鳳凰, 狗」, 『雙城雜筆』, 陳子善 編, 『董橋文錄』(四川文藝出版社, 1996年), 15쪽.

25) 董橋, 「談中國現代文學大系」, 『雙城雜筆』, 『董橋文錄』(四川文藝出版社, 1996年), 86쪽.

26) 劉兆佳, 「'香港人' 或 '中國人':香港華人的身分認同 1985-1995」, 『二十一世紀』 (網絡版, 2002年 10月號 總第7册).

27) 董橋, 「有這樣一則廣告」, 『雙城雜筆』, 陳子善 編, 『董橋文錄』(四川文藝出版社, 1996年), 19쪽.

28) 董橋, 「飜譯與繼承外國文學遺産商兌」, 『另外一種心情』, 陳子善 編, 『董橋文錄』 (四川文藝出版社, 1996年), 120쪽.

29) 董橋, 「强姦, 飜譯」, 『另外一種心情』, 陳子善 編, 『董橋文錄』(四川文藝出版社, 1996年), 240쪽.

30) 董橋, 「住上十年八年」, 『雙城雜筆』, 陳子善 編, 『董橋文錄』(四川文藝出版社, 1996年), 18쪽.

31) 董橋, 「强姦, 飜譯」, 『另外一種心情』, 陳子善 編, 『董橋文錄』(四川文藝出版社, 1996年), 240쪽.

32) 董橋, 「世界上最大的書店」, 『另外一種心情』, 陳子善 編, 『董橋文錄』(四川文藝出版社, 1996年), 193쪽.

33) 董橋, 「"月亮? 哪一個月亮?"」, 『這一代的事』, 陳子善 編, 『董橋文錄』(四川文藝出版社, 1996年), 285쪽.

34) 劉兆佳, 「'香港人' 或 '中國人':香港華人的身分認同 1985-1995」, 『二十一世紀』 (網絡版, 2002年 10月號 總第7册)에서 재인용.

35) 董橋, 「在玻璃窗前想起的」, 『雙城雜筆』, 陳子善 編, 『董橋文錄』(四川文藝出版社, 1996年), 42쪽.

36) 董橋, 「所謂鄉愁」, 『雙城雜筆』, 陳子善 編, 『董橋文錄』(四川文藝出版社, 1996年), 24쪽.

37) 董橋, 「所謂鄉愁」, 『雙城雜筆』, 陳子善 編, 『董橋文錄』(四川文藝出版社, 1996年), 24쪽.

38) 董橋, 「鏡子里的展望」, 『這一代的事』, 陳子善 編, 『董橋文錄』(四川文藝出版社, 1996年), 279쪽.

39) 董橋, 「小心輕放」, 『跟中國的夢賽跑』, 陳子善 編, 『董橋文錄』(四川文藝出版社, 1996年), 416쪽.

40) 董橋, 「鏡子里的展望」, 『這一代的事』, 陳子善 編, 『董橋文錄』(四川文藝出版社, 1996年), 279쪽.

41) 董橋, 「小心輕放」, 『跟中國的夢賽跑』, 陳子善 編, 『董橋文錄』(四川文藝出版社, 1996年), 416쪽.

42) 고자카이 도시아끼(小坂井敏晶), 『민족은 없다』(뿌리와 이파리, 2003), 73쪽.

43) 董橋, 「給女兒的信」, 『這一代的事』, 陳子善 編, 『董橋文錄』(四川文藝出版社, 1996年), 295쪽.

44) Jacques Attali/이효숙 옮김, 『호모 노마드 – 유목하는 인간』(웅진, 2005년 8월 5쇄), 31쪽.

45) 董橋, 「給女兒的信」, 『這一代的事』, 陳子善 編, 『董橋文錄』(四川文藝出版社, 1996年), 296쪽.

46) 董橋, 「給女兒的信」, 『這一代的事』, 陳子善 編, 『董橋文錄』(四川文藝出版社, 1996年), 297쪽.

47) 龍應台, 『明報月刊』, 2006年 4月號, 41쪽.

48) 劉再復, 『明報月刊』, 2006年 4月號, 36쪽.

49) 龍應台, 『明報月刊』, 2006年 4月號, 41쪽.

50) 『중앙일보』, 2006년 7월 31일자, 월요 인터뷰 참조.

6장 루쉰魯迅의 홍콩

1) 嚴家炎,「魯迅晚年與左翼文化界內部的鬪爭」,『明報月刊』, 2002年 9月, 60쪽에서 재인용.

2) 毛澤東,「新民主主義論」,『毛澤東選集』第2卷(人民出版社, 1991年 6月 2版), 698쪽.

3) 魯迅,「北京通信」1925年 5月 8日, 王得后,「魯迅在二十一世紀」, 一土 編,『21世紀:魯迅和我們』(人民文學出版社, 2001年 3月), 71-2쪽에서 재인용.

4) 嚴家炎,「魯迅晚年與左翼文化界內部的鬪爭」,『明報月刊』, 2002年 9月, 58쪽.

5) 錢理群,「以"立人"爲中心-魯迅思想與文學的邏輯起點」,『與魯迅相遇』(北京:三聯書店, 2004年 2月 2次印刷), 81쪽.

6) 정재서,「광인일기:해체인가, 재신화인가-신화로써 신화읽기」, 1999년 12월 21일 한국중국현대문학학회 세미나 발표문.

7) 魯迅,「吶喊/自序」, 李家源 譯,『世界文學全集』卷44(東西文化社, 1975. 10 1刷), 10쪽.

8) 李歐梵,「來自鐵屋子的聲音」,『現代性的追求』(北京:三聯書店, 2000年 12月 1版), 40쪽.

9) 魯迅,「吶喊 自序」,『魯迅全集』卷1(人民文學出版社, 1991年 5次 印刷), 415쪽.

10) 魯迅,「集外集拾遺」, 英譯本短篇小說集 自序,『魯迅全集』卷7(人民文學出版社, 1991年 5次 印刷), 389쪽.

11) 林賢治,『人間魯迅』(安徽教育出版社, 2004年 1月 1版), 9쪽.

12) 魯迅,「書信/致蕭軍」,『魯迅全集』卷13(人民文學出版社, 1991年 5次 印刷), 196쪽.

13) 王得后,「魯迅在二十一世紀」, 一土 編,『21世紀:魯迅和我們』(人民文學出版社, 2001年 3月), 81쪽에서 재인용.

14) 魯迅,「從百草園到三味書屋」,『朝花夕拾』,『魯迅全集』卷2(人民文學出版社, 1991年 5次 印刷), 278쪽.

15) 魯迅,「從百草園到三味書屋」,『朝花夕拾』,『魯迅全集』卷2(人民文學出版社, 1991年 5次 印刷), 278쪽.

16) 魯迅,「從百草園到三味書屋」,『朝花夕拾』,『魯迅全集』卷2(人民文學出版社, 1991年 5次 印刷), 280쪽.

17) 魯迅,「從百草園到三味書屋」,『朝花夕拾』,『魯迅全集』卷2(人民文學出版社, 1991年 5次 印刷), 280쪽.

18) 魯迅,「從百草園到三味書屋」,『朝花夕拾』,『魯迅全集』卷2(人民文學出版社, 1991年 5次 印刷), 281쪽.

19) 林賢治,『人間魯迅』(安徽教育出版社, 2004年 1月 1版), 8쪽.

20) 林賢治,『人間魯迅』(安徽教育出版社, 2004年 1月 1版), 9쪽.

21) 林賢治,『人間魯迅』(安徽教育出版社, 2004年 1月 1版), 9쪽.

22) 林賢治,『人間魯迅』(安徽教育出版社, 2004年 1月 1版), 9쪽.

23) 譚國根,『主體建構政治與現代中國文學』(Hong Kong:Oxford University Press, 2000), 83쪽.

24) 鄭擇魁,「魯迅與越文化傳統」, 紹興市魯迅研究學會 編,『紹興魯迅研究專刊』第14期(紹興文化印刷廠, 1993年 10月19日), 18쪽.

25) 楊禮平,「吳越文化與魯迅精神」, 紹興市魯迅研究學會 編,『紹興魯迅研究專刊』第12期(紹興文化印刷廠, 1991年 9月9日), 18쪽.

26) 鄭擇魁,「魯迅與越文化傳統」, 紹興市魯迅研究學會 編,『紹興魯迅研究專刊』第14期(紹興文化印刷廠, 1993年 10月19日), 14쪽.

27) 楊禮平,「吳越文化與魯迅精神」, 紹興市魯迅研究學會 編,『紹興魯迅研究專刊』第12期(紹興文化印刷廠, 1991年 9月9日), 16쪽.

28) 楊禮平,「吳越文化與魯迅精神」, 紹興市魯迅研究學會 編,『紹興魯迅研究專刊』第12期(紹興文化印刷廠, 1991年 9月9日), 16쪽.

29) 魯迅,「論費厄潑賴應該緩行」,『吳中杰評點 魯迅雜文』(復旦大學出版社, 2002年 6月 第2次印刷) 上卷 297쪽.

30) 남영신,『국어사전』(성안당, 1999년 1월 초판 3쇄), 1005쪽.

31) 劉再復,「張愛玲的天才特點和她的悲劇」,『明報月刊』, 2000年 12月, 42쪽.

32) 李歐梵, 尹慧珉 譯, 『鐵屋中的吶喊』(香港:三聯書店, 1991年), 4쪽.

33) 魯迅, 「從百草園到三味書屋」, 「朝花夕拾」, 『魯迅全集』卷2(人民文學出版社, 1991
年 5次 印刷), 281쪽.

34) 魯迅, 『兩地書』, 『魯迅全集』卷11(人民文學出版社, 1991年 5次 印刷), 31쪽.

35) George Novack, 『새롭게 보는 논리학』(책벌레, 2000년 12월), 181쪽.

36) 吳中杰, 『吳中杰評點 魯迅雜文』上卷(復旦大學出版社, 2002年 6月 第二次印刷),
387쪽.

37) 吳中杰, 『吳中杰評點 魯迅雜文』上卷(復旦大學出版社, 2002年 6月 第二次印刷),
388쪽.

38) 魯迅博物館/魯迅研究室 編, 『魯迅年譜』第2卷(人民文學出版社, 1983年 4月 1
版), 373쪽. 蒙樹宏 編著, 『魯迅年譜稿』(廣西師範大學出版社, 188年 8月 1版),
206쪽.

39) 劉再復/李澤厚, 『告別革命』(香港:天地圖書, 1995年), 74쪽.

40) 魯迅, 「再談香港」, 『而已集』, 『魯迅全集』卷3(人民文學出版社, 1991年 5次 印刷),
541쪽.

41) 袁良駿, 『香港小說史』第1卷(深圳:海天出版社, 1999年 3月 1版), 388쪽.

42) 曾敏之, 「空間」, 柳泳夏 編, 『百年中國散文選』(신아사, 2003年2版), 205쪽.

43) 魯迅, 「文化偏至論」, 『魯迅全集』卷1(人民文學出版社, 1991年 5次 印刷), 53쪽.

44) 殷克琪, 『尼采與中國現代文學』(南京大學出版社, 2000年 3月 1版), 48쪽.

45) 이진우, 『지상으로 내려 온 철학』(푸른 숲, 2000년 4월), 137쪽.

46) George Novack, 『새롭게 보는 논리학』(책벌레, 2000년 12월), 134쪽.

47) Isaiah Berlin, 신복룡 옮김, 『칼 마르크스』(평민사, 1982년 3월 4판), 161쪽.

48) 譚國根, 『主體建構政治與現代中國文學』(Hong Kong:Oxford University
Press, 2000), 212쪽.

49) 劉再復/李澤厚, 『告別革命』(香港:天地圖書, 1995年), 214쪽.

50) 송두율, 『현대와 사상』(한길사, 1990년 9월), 205쪽.

51) 錢理群, 「以"立人" 爲中心-魯迅思想與文學的邏輯起點」, 『與魯迅相遇』(北京:三聯
書店, 2004年 2月 2次印刷), 84-5쪽.

52) 錢理群, 「"立人":魯迅思想的一個中心」, 『魯迅作品十五講』(北京大學出版社, 2004年 6月 第3次), 147쪽.

53) 劉再復/李澤厚, 『告別革命』(香港:天地圖書, 1995年), 75쪽.

54) 송두율, 『현대와 사상』(한길사, 1990년 9월), 171쪽.

55) 魯迅, 「吶喊/自序」, 李家源 譯, 『세계문학전집』 권44(동서문화사, 1975. 10 1쇄), 10쪽.

56) 김용옥, 「푸는 글-최근세사의 한 반성으로」, 라오서 지음/ 최영애 옮김/ 김용옥 풀음, 『루어투어시앙쯔』(윗대목)(통나무, 1989년 중판), 109쪽.

57) 히야마 히사오檜山久雄, 정선태 역, 『동양적 근대의 창출』(소명출판, 2000년 12월), 147쪽.

58) 王得后, 「魯迅在二十一世紀」, 一土 編, 『21世紀:魯迅和我們』(人民文學出版社, 2001年 3月), 91쪽에서 재인용.

7장 홍콩 지식인 천이페이岑逸飛의 비판의식

1) 王丹, 『什麼是知識分子立場?』, 『明報月刊』, 2001년 5월호, 49쪽에서 재인용.

2) 王丹, 『什麼是知識分子立場?』, 『明報月刊』, 2001년 5월호, 49쪽에서 재인용.

3) 최근 시사주간지 타임(Time)은 박사학위를 받았다는 사실만으로는 지식인이 아니며 심지어 대학교수도 반드시 지식인이 아니며, 과학자는 제한적 조건하에서 지식인이라고 할 수 있다고 했다. 만하임(Karl Mannheim)은 지식인은 어떤 계급에도 예속되지 않는 사상자유의 권력을 가지고 있어야 한다고 했다. 아울러 진정한 지식인만이 자신의 사상적 사명을 담당할 수 있으며 진정으로 의식형태적 사상과 유토피아적 사상을 구분할 수 있다고 보았다. 푸코(Michel Foucault)는 모든 일에 대해 원죄의식을 가지고 있는 소위 지식인에 대해 공감하기 어려운데

왜냐하면 그런 지식인은 생각, 저술, 발언, 시사분석 등 모든 면에서 스스로 진
리를 장악하고 있다는 모습을 보이기 때문이라고 했다. 부르디외(Pierre
Bourdieu)는 지식인은 경직된 체제에 반대하는 성격을 지녀야 하며, 지식영역
의 자기애적 유아唯我주의에 반대해야 하며, 순객관적 객관연구를 반대해야 하
며, 다른 사유방식과 사회 내에 기형적으로 존재하는 반성적 사유까지도 소개할
줄 알아야 한다고 했다. 사이드(Edward W. Said)는 지식인의 생명은 현황에
대해 이의를 제기하는데 있는 바, 약소 단체의 불공정한 상황을 위해 발언해야
하며, 다른 종류의 자료를 찾고, 매장된 문건을 발굴해서 이미 망각되거나 방치
된 각 종류의 역사에 반환해 주어야 한다고 본다. 또 지식인에게는 지켜야 할 자
리도 근거지도 없다고 했다.(王岳川, 「當代中國知識分子的精神生態」, 『發現東
方』, 北京圖書館出版社, 2003. 12, 198-200쪽에서 재인용)

4) 사르트르, 「作品을 쓴다는 것은 무엇인가」, 김현/김주연 편 『文學이란 무엇인가』
　　(서울:문학과 지성사, 1988년 2월 17쇄), 47쪽.

5) 공자가 정명 사상을 제기한 배경은 당시 이미 나타나고 있던 혼란한 사회질서를
　　바로잡고 싶었기 때문이다. 공자의 문제제기는 명분과 실제 논쟁의 발단이 분명
　　하다.(『中國大百科全書』, 哲學 2 , 1987년, 1163쪽)

6) 岑逸飛, 「特區怪病」(明報副刊時代版, 2003年3月31日)

7) 岑逸飛, 「特區怪病」(明報副刊時代版, 2003年3月31日)

8) 岑逸飛, 「特區怪病」(明報副刊時代版, 2003年3月31日)

9) 岑逸飛, 「前鋒與門將」(明報副刊時代版, 2003年6月2日)

10) 岑逸飛, 「以虞待不虞者勝」(明報副刊時代版, 2003年4月6日)

11) 岑逸飛, 「以虞待不虞者勝」(明報副刊時代版, 2003年4月6日)

12) 岑逸飛, 「沙士病攻防戰」(明報副刊時代版, 2003年5月18日)

13) 岑逸飛, 「香港初露曙光」(明報副刊時代版, 2003年4月3日)

14) 岑逸飛, 「前鋒與門將」(明報副刊時代版, 2003年6月2日)

15) 岑逸飛, 「刀劍合璧」(明報副刊時代版, 2003年5月30日)

16) 岑逸飛, 「前鋒與門將」(明報副刊時代版, 2003年6月2日)

17) 岑逸飛, 「前鋒與門將」(明報副刊時代版, 2003年6月2日)

18) 수요저널 www.wednesdayjournal.net, 2004년 2월 25일자 보도.

19) 岑逸飛, 「吃野味何罪?」(明報副刊時代版, 2003年6月14日)

20) 岑逸飛, 「香港初露曙光」(明報副刊時代版, 2003年4月3日)

21) 岑逸飛, 「香港初露曙光」(明報副刊時代版, 2003年4月3日)

22) 岑逸飛, 「以虞待不虞者勝」(明報副刊時代版, 2003年4月6日)

23) 岑逸飛, 「沙士病聯想」(明報副刊時代版, 2003年4月6日)

24) 岑逸飛, 「以虞待不虞者勝」(明報副刊時代版, 2003年4月6日)

25) 岑逸飛, 「香港特色」(明報副刊時代版, 2003年7月8日)

26) 岑逸飛, 「香港初露曙光」(明報副刊時代版, 2003年4月3日)

27) 『明報』, 2004년 7월 4일, 周日話題.

8장 황웨이량黃維樑과 홍콩문화

1) 曾敏之, 「有良知, 憂患意識不死」, 『明報月刊』, 2000年 05月號, 75쪽.

2) 白先勇主講, 「眉眼盈盈處/21世紀上海, 香港, 臺北承擔融合中西文化的重要任務」, 『明報月刊』, 2000年 05月號, 40쪽.

3) Leslie A.White with Beth Dillingham, 이문웅 역, 『문화의 개념』(서울:일지사, 1996), 69쪽.

4) 劉再復, 「香港:沒有敵人的文化」, 『明報月刊』, 1998年 03月號, 13쪽.

5) 余英時, 「香港的自由與學術文化」, 『明報月刊』, 1998年 03月號, 15쪽.

6) 余英時, 「香港的自由與學術文化」, 『明報月刊』, 1998年 03月號, 16쪽.

7) Leslie A.White with Beth Dillingham, 이문웅 역, 『문화의 개념』(서울:일지사, 1996), 25쪽.

8) 譚少薇, 「飲茶與香港身分認同」, 『明報月刊』, 2000年 05月號, 18쪽.

9) 譚少薇, 「飲茶與香港身分認同」, 『明報月刊』, 2000年 05月號, 20쪽.

10) 黃維樑, 「遁入淸閑」, 『突然 一朶蓮花』(上海人民出版社, 1996), 167쪽.

11) 黃維樑, 「享福的人受苦了」, 『突然, 一朶蓮花』(上海人民出版社, 1996) 138-9쪽.

12) 舒非, 「超市, 書和北角」, 『明報月刊』, 2000年 07月號, 105쪽.

13) 김영민, 『文化, 文禍, 紋和』(서울:동녘, 1998), 30쪽.

14) 黃維樑, 「草菅人命」, 『大學小品』(香港出版公司, 1985), 26-7쪽.

15) 郭少棠, 「創建中國旅遊的香港模式」, 『明報月刊』, 2000年 06月, 25쪽.

16) 梁秉鈞, 「都市文化與香港文學」, 復旦大學臺灣香港文化硏究所 選編, 『臺灣香港
暨海外華文文學論文選』(福州:海峽文藝出版社, 1990), 46쪽.

17) 이진우, 『지상으로 내려온 철학』(서울:푸른숲, 2000), 143쪽.

18) 黃維樑, 「自律 · 官律 · 民律」, 『大學小品』(香港出版公司, 1985), 14쪽.

19) 黃維樑, 「我常常把電燈關掉」, 『突然, 一朶蓮花』(上海人民出版社, 1996), 221쪽.

20) 黃維樑, 「馴服租金這野馬」, 『大學小品』(香港出版公司, 1985), 20쪽.

21) 黃維樑, 「馴服租金這野馬」, 『大學小品』(香港出版公司, 1985), 21쪽.

22) 黃維樑, 「醫德」, 『大學小品』(香港出版公司, 1985), 24쪽.

23) 黃維樑, 「遁入淸閑」, 『突然, 一朶蓮花』(上海人民出版社, 1996), 168쪽.

24) 陳雲, 「旅遊陷落了, 文化來救贖?」, 『明報月刊』, 2000年 06月號, 21쪽.

25) 黃維樑, 「香港牛」, 『大學小品』(香港出版公司, 1985), 5-6쪽.

26) 黃維樑, 「豊盛與簡朴」, 『突然, 一朶蓮花』(上海人民出版社, 1996), 218쪽.

27) 劉再復, 「香港:沒有敵人的文化」, 『明報月刊』, 1998年 03月號, 14쪽.

28) 陳雲, 「旅遊陷落了, 文化來救贖?」, 『明報月刊』, 1998年 03月號, 22쪽.

29) 黃維樑, 「記者被毆和水門案」, 『大學小品』(香港出版公司, 1985), 16쪽.

30) 劉再復, 「香港:沒有敵人的文化」, 『明報月刊』, 1998年 03月號, 13쪽.

31) 黃維樑, 「投下期望的一票」, 『突然, 一朶蓮花』(上海人民出版社, 1996), 145-6쪽.

32) 윤완철, 「디지털 정보 시대와 인간」, 최혜실 엮음, 『디지털 시대의 문화예술』(문
학과지성사, 1999), 73쪽에서 재인용.

33) 黃維樑 , 「肥皂劇與煙酒劇」, 『大學小品』(香港出版公司, 1985), 12쪽.

34) 김영민, 『자색이 붉은 색을 빼앗다』(동녘, 2001), 256쪽.

35) 안영섭, 「권력 감시틀 무너지나」, 『조선일보』 2001년 7월 3일자 시론.

36) 黃維樑, 「自律, 官律, 民律」, 『大學小品』(香港出版公司, 1985), 13-4쪽.

37) 黃維樑, 「從百花齊放到五朶金花」, 『大學小品』(香港出版公司, 1985), 18-9쪽.

38) 黃維樑, 「爲香港文化辯護之餘」, 『突然, 一朶蓮花』(上海人民出版社, 1996), 135쪽.

39) 余英時, 「香港的自由與學術文化」, 『明報月刊』, 2000년 05月號, 16쪽.

9장 방법으로서의 홍콩

1) 魯迅, 「再談香港」, 『而已集』, 『魯迅全集』 3권(人民文學出版社, 1991年), 541쪽.

2) 영어 원문에서 그는 'self writing'이라고 했고, 중국어로는 '自創'으로 번역된다.

3) 周蕾, 「殖民者與殖民者之間:九十年代香港的後殖民自創」, 『今天』 1995년 28호, 193쪽.

4) http://www.xschina.org/show.php?id=5619

5) Rey Chow, 『디아스포라의 지식인』(장수현·김우영 옮김, 이산, 2005), 45~46쪽.

6) 朱耀偉, 「香港故事 引言」, 張美君/朱耀偉, 『香港文學@文化研究』(Oxford University Press, 2002), 4쪽.

7) Gayatri Spivak, 『다른 세상에서』(태혜숙 옮김, 도서출판 여이연, 2004), 194쪽.

8) 李歐梵, 「香港文化的邊緣性初探」, 『今天』 1995년 28호, 80쪽.

9) 葉蔭聰, 「邊緣與混雜的幽靈-談文化評論中的'香港身分'」, 『香港文化研究』 1995년 3호, 16~26쪽.

10) 陳光興, 「帝國之眼: '次'帝國與國族-國家的文化想像」, 『臺灣社會研究季刊』 1994년 17호, 159, 700쪽.

11) 譚國根, 『主體建構政治與現代中國文學』(Oxford University Press, 2000), 212쪽.

12) 孔誥烽, 「初探北進殖民主義-從梁鳳儀風暴看香港夾縫論」, 『香港文化研究』 1995년 3호, 30-43쪽.

13) 郭少棠, 「無邊的論述 - 從文化中國到後殖民地反思」, 陳清僑 編, 『文化想像與意識形態』(Oxford University Press, 1997), 170쪽.

14) 葉蔭聰, 「邊緣與混雜的幽靈-談文化評論中的 '香港身分'」, 『香港文化研究』 1995 년 3호, 16~26쪽.

15) 潘少梅, 「後殖民時期 香港和女性寫作」, 『今天』 1995년 28호, 109~116쪽.

16) 葉蔭聰, 「邊緣與混雜的幽靈 - 談文化評論中的 '香港身分'」, 『香港文化研究』 1995년 3호, 16~26쪽.

17) 史書美, 「'北進想像' 的問題」, 陳清僑 編, 『文化想像與意識形態』(Hong Kong: Oxford University Press, 1997), 153쪽.

18) 明報編輯部, 「溫家寶希望香港抓住機遇發展經濟」, 『愛國論爭』(明報出版社, 2004), 116쪽.

19) 중국인민대학교 국제관계대학 미국연구센터 소장 時股弘교수, 『大公報』(2003 년 7월 15일)참조.

20) 馬嶽, 「民主化與香港的後殖民政治之路」, 『二十一世紀』 2007년 6월호, 19쪽.

21) 李小良, 「'北進想像' 斷想」, 『香港文化研究』 1995년 4호, 73쪽.

22) 周佩霞/馬傑偉, 『愛國 政治審查』(次文化堂, 2005), 13쪽.

23) 周佩霞/馬傑偉, 『愛國 政治審查』(次文化堂, 2005), 21쪽.

24) 朱耀偉, 『當代西方批評論述的中國圖像』(駱駝, 1996), 143쪽.

25) 邱靜美, 「跨越邊界:香港電影中的大陸顯影」, 『今天』 1995년 28호, 133~152쪽.

26) 陳韜文/李立峯, 「再國族化 國際化與本土化的角力:香港的傳媒和政治」, 『二十一世紀』 2007年 六月號, 43~53쪽.

27) 王賡武, 「走向新的現代性:香港回歸的歷史視覺」, 『二十一世紀』 2007年 六月號, 11쪽.

28) 羅永生, 「後殖民評論與文化政治」, 『書寫城市-香港的身分與文化』(Hong Kong :Oxford University Press, 2003), 104쪽.

29) 李歐梵, 「批判空間:論現代中國的文化批判領域」, 廖炳惠 編, 『回顧現代文化想像』(時報文化出版社, 1995), 23쪽.

✿ 참고문헌

한글 단행본과 논문

Amin Malouf/박창호 옮김, 『사람잡는 정체성』(이론과 실천, 2006)

Benedict Anderson 지음/윤형숙 옮김, 『상상의 공동체』(나남출판, 2005년 4쇄)

David Harvey/구동회, 박영민 옮김, 『포스트모더니티의 조건』(한울, 2000년 재판 3쇄)

Denis Hiault 지음/김주경 옮김, 『홍콩』(시공사, 2006년 1월 초판 8쇄)

Gayatri Spivak 지음/태혜숙 옮김, 『교육기계안의 바깥에서』(갈무리, 2006)

Gayatri Spivak 지음/태혜숙 옮김, 『다른 세상에서』(도서출판 여이연, 2004년 재판)

Gayatri Spivak 지음/태혜숙 옮김, 『포스트식민 이성 비판』(갈무리, 2005)

George Novack, 『새롭게 보는 논리학』(책벌레, 2000년 12월)

Georg Simmel, 김덕영/윤미애 옮김, 『짐멜의 모더니티읽기』(새물결, 2005년 2월 1판1쇄)

Horkheimer and Adorno/김유동 옮김, 『계몽의 변증법』(문학과 지성사, 2002년 3월 2쇄)

Isaiah Berlin, 신복룡 옮김, 『칼 마르크스』(평민사, 1982년 3월 4판)

Jacques Attali/이효숙 옮김, 『호모 노마드 – 유목하는 인간』(웅진, 2005년 8월 5쇄)

Joe L. Kincheloe/성기완 옮김, 『버거의 상징-맥도날드와 문화권력』(아침이슬, 2004년 8월 초판)

John Story/박모 옮김, 『문화연구와 문화이론』(현실문화연구, 1999년 9월 3쇄)

Leela Gandhi 지음/이영욱 옮김, 『포스트식민주의란 무엇인가』(현실문화연구, 2000)

Marco Martiniello, 윤진 옮김, 『현대사회와 다문화주의:다르게, 평등하게 살기』(한울, 2002)

Meaghan Morris, Brett de Bary, 강내희 옮김, 『흔적 2-인종공포와 이주의 기억』(문화과학사, 2002)

Rey Chow, 장수현/김우영 옮김, 『디아스포라의 지식인』(이산, 2005)

Stephen Morton 지음/이운경 옮김, 『스피박 넘기』(엘피, 2003)

Stuart Hall 외/전효관, 김수진 옮김, 『모더니티의 미래』(현실문화연구, 2000년 3월 2쇄)

고부응, 『초민족시대의 민족정체성』(문학과지성사, 2002)

고부응, 『탈식민주의 이론과 쟁점』(문학과지성사, 2003)

고자카이 도시아끼(小坂井敏晶), 『민족은 없다』(뿌리와 이파리, 2003)

권용선, 『이성은 신화다, 계몽의 변증법』(그린비, 2003년 4월 2쇄)

金會峻, 「홍콩문학의 독자성과 범주」, 『中國語文論叢』 제25집(2003.12)

김현, 『폭력의 구조/시칠리아의 암소』(문학과 지성사, 1999년 8월 3쇄)

서동욱, 『차이와 타자 - 현대 철학과 비표상적 사유의 모험』(문학과 지성사, 2000)

송두율, 『현대와 사상』(한길사, 1990년 9월)

李家源 譯, 『세계문학전집』 권44, (동서문화사, 1975년 10월 1쇄)

이무용, 『공간의 문화정치학』(논형, 2005년 초판)

이욱연, 「중국인 디아스포라와 高行健의 문학」, 『중국어문학』 14집

이진우 엮음, 『포스트모더니즘의 철학적 이해』(서광사, 2001년 6쇄)

이진우, 『지상으로 내려 온 철학』(푸른 숲, 2000년 4월)

임지현 외, 『우리 안의 파시즘』(삼인, 2005년 1월 9쇄)

임지현, 『민족주의는 반역이다』(소나무, 2005년 초판 6쇄)

임춘성, 「金庸 소설을 통해본 '僞君子'와 '眞小人'의 實用理性」, 『中國 現代文學』 제22호(2000. 06)

임춘성, 「중국 근현대 무협소설의 근현대성」, 『中國現代文學』 제29호 (2004. 06)

장정아, 『'홍콩인' 정체성의 정치:반환 후 본토자녀의 거류권 분쟁을 중 심으로』(서울대학교 대학원 인류학박사학위논문, 2003. 02)

정근식 · 염미경, 「디아스포라, 귀환, 출현적 정체성-사할린 한인의 역 사적 경험」, 『在外韓人研究』 9, 2000

최영애 옮김/ 김용옥 풀음, 『루어투어시앙쯔』(통나무, 1989년 중판)

한국사연구회 편, 『근대 국민국가와 민족문제』(지식산업사, 1995)

히야마 히사오(檜山久雄), 정선태 역, 『동양적 근대의 창출』(소명출판, 2000년 12월)

중국어 단행본과 논문

Chris Barker/羅世宏 等譯, 『文化研究-理論與實踐』(台北:五南, 2005 年 6月 2刷)

Harold R. Isaacs 著, 鄧伯宸 譯, 『族群』(立緖文化, 2004)

Jan Morris 著, 黃芳田 譯, 『香港 1840-1997 大英帝國殖民時代的終 結』(馬可孛羅文化, 2006)

ROUNDTABLE & Friends, 『What if 108 個如果』(CUP, 2005)

Sharon Zukin/張廷佺 等譯, 『城市文化』(上海教育出版社, 2006年 4月)

『魯迅全集』(人民文學出版社, 1991年 5次 印刷)

魯迅博物館/魯迅研究室 編, 『魯迅年譜』 第2卷(人民文學出版社, 1983年
　4月 1版)

盧瑋鑾, 『香港故事』(Hong Kong:Oxford University Press, 1996)

盧惠明, 陳立天, 『香港城市規劃導論』(香港:三聯書店, 1999年 2刷)

羅貴祥, 盧婉雯, 『香港-多一點顏色』(香港特別行政區政府民政事務局,
　2006年 11月 初版)

譚國根, 『主體建構政治與現代中國文學』(Hong Kong:Oxford
　University Press, 2000)

陶然 主編, 『香港文學文論選』(香港文學出版社, 2003)

犁青 等 主編, 『管見-香港作家聯會會員文學評論集』(香港:明報出版社,
　2004)

明報編輯部, 『愛國論爭』(明報出版社, 2004)

毛孟靜 等, 『文化起義』(CUP, 2004年 12月 初版)

蒙樹宏 編著, 『魯迅年譜稿』(廣西師範大學出版社, 188年 8月 1版),

潘亞玲, 「愛國主義證義」, 『二十一世紀』(網絡版, 2006年 6月號 總第51冊)

潘毅/余麗文 編, 『書寫城市-香港的身分與文化』(Hong Kong:Oxford
　University Press, 2003)

方維規, 「論近代思想史的 '民族', 'Nation' 與 '中國'」(『二十一世紀』網絡
　版, 2002年 6月號 總第3冊)

璧華, 『香港文學論稿』(香港:高意, 2001)

費孝通, [法]德里達 等著, 『中國文化與全球化』(江蘇教育出版社, 2003)

謝均才 編, 『我們的地方/我們的時間:香港社會新編』(Hong Kong:

Oxford University Press, 2002)

小思 編, 『舊路行人-中國學生周報文輯』(香港:次文化有限公司, 2000年
　　再版)

紹興市魯迅研究學會 編, 『紹興魯迅研究專刊』 第12期(紹興文化印刷廠,
　　1991年 9月9日)

紹興市魯迅研究學會 編, 『紹興魯迅研究專刊』 第14期(紹興文化印刷廠,
　　1993年 10月19日)

孫維新, 朱旭 等 編著, 『經典中國』(上海譯文出版社, 2004)

梁沛霖, 戎子由 合編, 『李天命的思考藝術』(香港:明報出版社 1994年 18版)

吳羊璧 等, 『第3屆香港文學節 研討會講稿彙編』(市政局公共圖書館,
　　1999)

吳俊雄 等 編, 『香港文化研究』(香港大學出版社, 2006)

吳俊雄, 張志偉 編, 『閱讀香港普及文化』(Hong Kong:Oxford
　　University Press, 2002)

吳俊雄, 馬傑偉, 呂大樂 編, 『香港文化研究』(香港大學出版社, 2006)

吳俊雄, 張志偉 編, 『閱讀香港普及文化 1970-2000(修訂版)』(Hong
　　Kong:Oxford University Press, 2002)

吳中杰, 『吳中杰評點 魯迅雜文』 上卷(復旦大學出版社, 2002年 6月 第二
　　次印刷)

王家英 編著, 『過渡期香港民意與政治』(田園書屋, 1997)

王宏志, 李小良, 陳清僑, 『否想香港-歷史/文化/未來』(臺北:麥田出版,
　　1998)

王岳川, 『發現東方』(北京圖書館出版社, 2003)

王賡武 主編, 『香港史新編(上下)』(香港:三聯書店, 1998年 1月 2刷)

饒芃子, 『世界華文文學的新視野』(中國社會科學出版社, 2005)

龍應台, 『龍應台的香港筆記』(天地圖書, 2007年 1月 4版)

牛曉彥 編著, 『中國城市性格』(中國物資出版社, 2005年 6月)

袁良駿, 『香港小說史』第1卷, (深圳:海天出版社, 1999年 3月 1版)

袁勇麟, 『當代漢語散文流變論』(上海:三聯書店, 2002)

尉天驕 主編, 『台港文學名家名作鑑賞』(北京大學出版社, 2003)

劉登翰 主編, 『香港文學史』(香港作家出版社, 1997)

劉再復/李澤厚, 『告別革命』(香港:天地圖書, 1995年)

劉兆佳, 「'香港人' 或 '中國人':香港華人的身分認同 1985-1995」, 『二十
　　一世紀』(網絡版, 2002年 10月號 總第7册)

劉曉波, 『單刀毒劍 – 中國民族主義批判』(博大出版社, 2006)

殷克琪, 『尼采與中國現代文學』(南京大學出版社, 2000年 3月 1版)

李歐梵, 『又一城狂想曲』(Hong Kong:Oxford University Press,
　　2006)

李歐梵, 『中國現代文學與現代性十講』(復旦大學出版社, 2002年)

李歐梵, 尹慧珉 譯, 『鐵屋中的吶喊』(香港:三聯書店, 1991年)

李歐梵, 『中國現代文學與現代性十講』(復旦大學出版社, 2002年 10月 1版)

李新宇, 『魯迅的選擇』(河南人民出版社, 2003年 8月 1版)

李天命, 『從思考到思考之上』第13版(香港:明報出版社, 2002年 初版)

李天命, 『破惘』(香港:明報出版社, 1996年 6版)

一士 編, 『21世紀：魯迅和我們』(人民文學出版社, 2001年 3月)

任桂全 駱及鋼 編著, 『名城紹興』(浙江攝影出版社, 2004年 1月)

林子揚, 『一國沒兩制便沒有新香港』(拾出版, 2004)

林賢治, 『人間魯迅』(安徽教育出版社, 2004年 1月 1版)

岑逸飛, 『悟得智慧』(香港:明窗出版社, 2003)

岑逸飛, 『閑情逸趣集』(香港:華漢文化事業公司, 1987)

張豈之, 『中國歷史十五講』(北京大學出版社, 2004年 第3次 印刷)

張魯高, 『先驅者的痛苦-魯迅精神論析』(安徽教育出版社, 2004年 3月 2次印刷)

張美君, 朱耀偉 編, 『香港文學文化研究』(Hong Kong:Oxford University Press, 2002)

錢理群, 『魯迅作品十五講』(北京大學出版社, 2004年 6月 第3次)

錢理群, 『與魯迅相遇』(北京:三聯書店, 2004年 2月 2次印刷)

鄭宏泰, 「香港華人的身分認同:九七前後的轉變」, 『二十一世紀』(網絡版, 2002年 10月號 總第7冊)

鄭培凱, 馬家輝 編著, 『文化超現代』(香港:商務印書館, 2000)

鄭樹森, 『從現代到當代』(三民書局, 民83)

趙稀方, 『小說香港』(北京:三聯書店, 2003)

宗廷虎 編, 『名家論學』(復旦大學出版社, 1990年 2次 印刷)

周佩霞, 馬傑偉, 『愛國 政治審查』(次文化堂, 2005)

陳國球, 『文學史書寫形態與文化政治』(北京大學出版社, 2004)

陳錦華 等, 『香港城市與房屋:城市社會學初探』(香港:三聯書店, 1997年 6月)

陳炳良 編, 『香港文學探賞』(香港:三聯書店, 1991)

陳子善 編, 『董橋文錄』(四川文藝出版社, 1996)

陳定家 主編, 『全球化與身分危機』(河南大學出版社, 2004)

陳智遠, 『思索香港』(明報出版社, 2004年 7月)

陳智遠/黃培烽 編, 『咖啡 沙龍 文化 香港 人』(香港聯合書刊物流有限公司, 2006年 4月)

陳清僑 編, 『文化想像與意識形態』(Hong Kong:Oxford University Press, 1997)

陳翠兒 等,『THE 逼 CITY』(香港特別行政區政府民政事務局, 2006年 11月 初版)

陳華忠 主編,『紹興文藝』(文化藝術出版社, 2001年 8月 1版)

蔡益懷,『想象香港的方法－香港小說(1945-2000)論集』(中國社會科學 出版社, 2005)

湯禎兆,『雜踏香港』(香港:青文書屋, 2004年 11月)

編輯委員會,『選擇香港 選擇自己』(香港商報出版社, 2004)

包亞明 主編,『後大都市與文化研究』(上海教育出版社, 2005年 3月)

馮驥才,『手下留情－現代都市文化的憂患』(學林出版社, 2000年 9月)

馮爾康,『18世紀以來中國家族的現代轉向』(上海人民出版社, 2005)

馮品佳 主編,『通識人文十一講』(麥田出版, 2004年 9月)

韓江雪, 鄒崇銘 著, 廖偉棠 撮影,『香港的鬱悶』(Hong Kong:Oxford University Press, 2006)

項竹成,『紹興名勝風采』(香港:天馬圖書有限公司, 2000年 12月 初版)

『香港文壇』2005年 4期(總 第38期)－董橋專輯(香港文壇有限公司)

香港民主發展網絡學者 著,『民主十問』(民網, 2005)

許子東 編,『香港短篇小說選 1998-1999』(香港:三聯書店, 2001)

胡恩威 主編,『香港風格2-消滅香港』(進念二十面體, 2006年 8月 2版)

胡恩威,『香港風格』(CUP, 2006年 9月 5版)

黃繼持 等,『追跡香港文學』(Hong Kong:Oxford University Press, 1998)

黃維樑 主編,『活潑紛繁的香港文學(1999年香港文學國際研討會論文 集)』(香港中文大學 新亞書院/中文大學出版社, 2000)

黃維樑,『香港文學再探』(香港:香江出版有限公司, 1996)

黃維樑,『香港文學初探』(香港:華漢, 1988年 2版)

黃子平,『香港文學評論精選 - 害怕寫作』(天地圖書, 2005)

영어 단행본

Abbas, A., *Hong Kong: Culture and the Politics of Disappearance* (University of Hong Kong Press, 1997)

App.adurai, Arjun, *Modernity at Large: Cultural Dimensions of Globalization* (University of Minnesota Press, 1996)

Barker, Francis, Peter Hulme and Margaret Iverson (eds), *Colonial Discourse / Postcolonial Theory* (Manchester University Press, 1994)

Chan, Johannes MM, HLFu and Yash Ghai (eds), *Hong Kong's Constitutionalebate - Conflict Over Interpretation* (The University of Hong Kong Press, 2000)

Chan, Ming K. & Gerald A.Postiglione (eds), *The Hong Kong Reader - Passage to Chinese Sovereignty* (NY: M.E.Sharpe, 1996)

Cheung, Sidney CH and Siumi Maria Tam, *Culture and Society of Hong Kong: A Bibliography* (The Chinese University of Hong Kong , 1999)

Peter Cookson Smith, *The Urban Design of Impermanence-Streets, Places and Spaces in Hong Kong* (MCCM, 2006)

인터넷 신문

수요저널 http://www.wednesdayjournal.net
위클리홍콩 http://www.weeklyhk.com

사항색인